Globalization and Innovation Management
Open markets and organizational Coordination

グローバル化と
イノベーションの経営学

開かれた市場と企業組織による調整

秋野 晶二 ｜ 關 智一 ｜ 坂本 義和
山中 伸彦 ｜ 井口 知栄 ｜ 荒井 将志　編著

税務経理協会

目　次

序章　成長様式の転換と市場における調整
　　～本書のテーマと分析視角 ································· 1
　第1節　米国主要大企業の変遷と成長 ························· 1
　第2節　本書の分析視角 ···································· 3
　第3節　本書の内容と構成 ·································· 5

第Ⅰ部　グローバル化とイノベーションの基礎理論

第1章　企業経営の基礎 ···································· 11
　第1節　企業とは何か ····································· 11
　第2節　企業の目的と経営管理 ······························ 12
　　1　営利原則と企業の目的～経済的目的と社会的機能 ········· 12
　　2　企業の行動と基幹職能 ······························· 14
　　3　管理とはいかなる活動か ····························· 15
　第3節　経営環境と戦略的適応 ······························ 18
　　1　企業の経営環境とはなにか ··························· 18
　　2　環境適応と戦略機能の分化 ··························· 20
　第4節　企業活動と成長 ··································· 22

第2章　企業成長様式とその変化 ···························· 25
　第1節　企業成長に関する経験的事例 ························ 25
　第2節　チャンドラーにみる企業成長と企業戦略 ·············· 27
　第3節　チャンドラーにみる企業成長と調整機構 ·············· 31
　第4節　チャンドラーにみる企業成長様式のまとめ ············ 33

第5節　近年における企業環境の変化と企業成長様式 …………… 34
　第6節　企業成長様式の多様化と新しい「見える手」 …………… 37

第3章　企業成長と国際化 ……………………………………………… 41
　第1節　はじめに ……………………………………………………… 41
　第2節　企業を取り巻く環境の変化と企業成長 …………………… 41
　第3節　多国籍企業が海外直接投資をする要因 …………………… 43
　第4節　多国籍企業によるエントリーモード（参入方法）……… 45
　　1　輸出による企業の国際化 ……………………………………… 47
　　2　非出資型国際生産による企業の国際化～ライセンス契約 … 48
　　3　非出資型国際生産による企業の国際化～フランチャイズ契約 … 48
　　4　出資型国際生産による企業の国際化～海外直接投資 ……… 49
　　5　近年のエントリーモードの変遷 ……………………………… 51
　第5節　多国籍企業によるホスト国における国際経営戦略 ……… 52

第4章　企業成長と多角化 ……………………………………………… 59
　第1節　多角化とは …………………………………………………… 59
　第2節　多角化のタイプ ……………………………………………… 61
　第3節　多角化の誘引 ………………………………………………… 63
　第4節　多角化の遂行と組織構造 …………………………………… 64
　第5節　多角化遂行後のマネジメント ……………………………… 66
　第6節　多角化の進展 ………………………………………………… 67

第5章　企業成長とイノベーション …………………………………… 73
　第1節　はじめに ……………………………………………………… 73
　第2節　クローズドイノベーションと企業の大規模化 …………… 74
　　1　イノベーションの制度化と中央研究所 ……………………… 74
　　2　生産性のジレンマとコンピテンシー・トラップ …………… 75

3　破壊的イノベーションとスカンクワークス ……………………… 77
　　　4　クローズドイノベーションの"限界" ……………………………… 80
　　第3節　オープンイノベーションと"境界"を越える企業 ………………… 82

第Ⅱ部　グローバル化とイノベーションの史的展開

第6章　日米企業の国際化の歩み ……………………………………… 89
　　第1節　米国企業の対外直接投資と企業成長 ……………………………… 89
　　　1　米国主導の国際経済体制の確立 …………………………………… 89
　　　2　米国の軍事経済化と米国企業の対外直接投資 …………………… 90
　　　3　ブレトンウッズ体制の終焉と米国多国籍企業の成長戦略 ……… 92
　　第2節　日本企業の対外直接投資と企業成長 ……………………………… 95
　　　1　戦後日本企業における海外進出の展開 …………………………… 95
　　　2　地域別海外拠点の特徴と日本企業の成長様式 …………………… 98

第7章　日米企業の多角化の歩み ……………………………………… 103
　　第1節　米国企業の多角化戦略 ……………………………………………… 103
　　第2節　日本企業における多角化の実態〜歴史的推移 ………………… 108
　　　1　高度経済成長期における多角化の動向 …………………………… 108
　　　2　安定成長期における多角化の動向 ………………………………… 110
　　第3節　米国企業における多角化の限界と新たな動き ………………… 111
　　第4節　日本経済の不振と「選択と集中」〜1990年代以降の
　　　　　　多角化戦略の変化 …………………………………………………… 113

第8章　日米企業の研究開発活動の歩み ……………………………… 119
　　第1節　米国における研究開発投資の推移 ……………………………… 119
　　　1　米国の経済成長と研究開発投資 …………………………………… 119
　　　2　米国の研究開発投資における研究主体とその支出源 …………… 120

第2節　日本における研究開発投資の推移 …………………………… 124
　　　1　戦後日本の技術導入 ………………………………………………… 124
　　　2　日本の研究開発投資の現況と今後の課題 ……………………… 126

第9章　企業環境の変化と米国反トラスト法制度の改正 …………… 131
　　第1節　グローバル化時代の企業活動と反トラスト法 …………… 131
　　第2節　米国反トラスト法の位置づけと運用における特徴 ……… 132
　　　1　経済活動の自由の保持と米国社会 ……………………………… 132
　　　2　判例法による反トラスト訴訟と多様な規制主体 ……………… 133
　　第3節　反トラスト法の厳格化と技術革新の萌芽 ………………… 134
　　　1　企業規模の拡大と反トラスト法の厳格化 ……………………… 134
　　　2　1970年代の萌芽的IT革命と米国企業の競争力問題 ………… 137
　　第4節　行政・立法主導の反トラスト法制度の転換 ……………… 138
　　　1　経済効率性の重視に傾く反トラスト法 ………………………… 138
　　　2　IT革命の進展と水平分業 ………………………………………… 142
　　第5節　競争促進的反トラスト政策と企業活動 …………………… 144

　　　第Ⅲ部　現代企業のグローバル化とイノベーション

第10章　日本におけるエレクトロニクス産業のグローバル化と
　　　　　生産革新 ……………………………………………………………… 149
　　第1節　セル生産方式の概観と普及 ………………………………… 149
　　第2節　セル生産方式の経済的特性 ………………………………… 152
　　第3節　セル生産方式普及の背景～バブル崩壊とグローバル化 … 156
　　第4節　セル生産の導入とその後の展開 …………………………… 161

第11章　中核企業の海外生産と部品調達網～マツダの事例 ……… 167
　　第1節　はじめに～企業成長と海外生産 …………………………… 167

第2節　国内部品調達網の構築 ………………………………………… 169
　第3節　海外生産シフトとグローバルな部品調達網 …………………… 172
　第4節　お わ り に ……………………………………………………… 177

第12章　脱統合化とEMS～鴻海（ホンハイ）を事例に ……………… 179
　第1節　EMS業界の生成と急成長 ……………………………………… 179
　　1　EMSの定義 ……………………………………………………… 179
　　2　EMS業界の急成長 ……………………………………………… 180
　第2節　脱統合化の加速と台湾系EMS企業の成長 …………………… 181
　　1　製造委託企業側の要因 ………………………………………… 182
　　2　EMS企業側の要因 ……………………………………………… 183
　　3　国・産業構造の特徴・優位性 ………………………………… 184
　第3節　鴻海精密工業の事例 …………………………………………… 185
　　1　鴻海のビジネスモデルと多角化 ……………………………… 186
　　2　鴻海のグローバル化とイノベーション ……………………… 189

第13章　研究技術開発能力の国際的分散化と研究技術開発体制
　　　　　の国際化 ……………………………………………………… 195
　第1節　は じ め に ……………………………………………………… 195
　第2節　研究開発能力の国際的（地理的）分散化 ……………………… 196
　第3節　技術開発能力の国際的分散化と主要企業の変遷 …………… 197
　　1　技術開発能力の国際的（地理的）分散化の特質 …………… 197
　　2　米国特許取得企業の産業別内訳と主要企業の変遷 ………… 199
　第4節　事業活動の国際化と技術開発の国際化 ……………………… 201
　　1　IBMの研究開発の国際的ネットワーク化とその特質 ……… 202
　　2　IBMの特許技術でみた技術開発の国際化 …………………… 203
　第5節　ま　と　め ……………………………………………………… 205

第14章　グローバル標準化と技術開発～チャデモを事例に ………… 209
第1節　技術開発と標準化の競争優位 ………………………………… 209
第2節　IT革命＆WTOによる環境変化 ……………………………… 210
1　技術環境の変化 ……………………………………………………… 210
2　WTO／TBT協定と標準 …………………………………………… 211
第3節　グローバル標準化：チャデモの事例 ………………………… 212
1　電気自動車充電技術の競争 ………………………………………… 212
2　チャデモ方式とコンボ方式の登場 ………………………………… 213
3　TBT協定と国際標準化機関 ………………………………………… 215
4　国際標準の認定 ……………………………………………………… 216
5　近年の競争 …………………………………………………………… 217

第15章　企業成長とプラットフォーム戦略～アップルを事例に …… 221
第1節　アップルの成長の概観 ………………………………………… 221
第2節　アップルの成長と近代企業 …………………………………… 223
1　アップル・コンピュータの初期の成長 …………………………… 223
2　アップルの戦略転換による経営危機とその対応 ………………… 226
第3節　アップルの再成長とその成長様式 …………………………… 228
第4節　アップルの高成長とプラットフォーム ……………………… 232

あとがき ………………………………………………………………………… 237

参考文献 ………………………………………………………………………… 239

索　　引 ………………………………………………………………………… 263

図表目次

図表序-1	Fortune 500の上位100社とその成長率の変遷	1
図表1-1	企業の経営環境	19
図表2-1	水平統合の例	28
図表2-2	垂直統合の例	29
図表2-3	職能部制組織構造と事業部制組織構造の例	32
図表2-4	ガルブレイス・ネサンソンの組織の発展段階モデル	34
図表2-5	グローバル・バリュー・チェーンのガバナンス類型	37
図表3-1	エントリーモードの種類：輸出事業と非出資型・出資型国際生産	46
図表3-2	海外直接投資の際の参入方法（エントリーモード）	50
図表3-3	非出資型と出資型の戦略的組み合わせ	52
図表3-4	多国籍企業の国際戦略の類型論 I−Rフレームワーク	54
図表3-5	マルチナショナル企業，グローバル企業，インターナショナル企業，トランスナショナル企業の組織の特徴	55
図表3-6	CAGEフレームワーク	56
図表4-1	アンゾフによる成長ベクトルのマトリクス①	60
図表4-2	アンゾフによる成長ベクトルのマトリクス②	61
図表4-3	集約型と拡散型の概念図	62
図表4-4	PPMの概念図	67
図表5-1	イノベーションの4Ps	73
図表5-2	製品革新と工程革新のトレードオフ	76
図表5-3	GAFA企業が属する業界のハーシュマン・ハーフィンダール指数（HHI）	81
図表5-4	クローズドイノベーションとオープンイノベーションの概念図	83
図表6-1	米国企業の国・地域別にみる対外直接投資および収益の推移（1966-2016）	91
図表6-2	米国企業の産業別にみる対外直接投資の残高および収益率の推移（1982-2016）	93
図表6-3	国際的な戦略的技術提携の推移（1980-2000）	94
図表6-4	日本企業の直接投資の推移	96
図表6-5	海外日系事業所の販売先および調達先の変遷	99
図表6-6	海外進出と企業成長	101

図表7－1	1947年と1954年における米国企業111社の製造活動の数	105
図表7－2	米国企業における多角化カテゴリー別の割合推移	106
図表7－3	米国企業における組織構造カテゴリー別の割合推移	107
図表7－4	米国企業における戦略と組織構造の割合推移	108
図表8－1	米国のGDPおよび研究主体別による研究開発投資の対GDP比率の推移（1953－2015）	119
図表8－2	米国の性格別研究開発投資と研究主体別比率の推移（1953－2015）	121
図表8－3	米国の「企業〔上〕」および「高等教育機関〔下〕」による研究開発投資と支出源別比率の推移（1953－2015）	122
図表8－4	戦後日本の技術導入件数と米国からの技術導入の件数および比率の推移（1961－1978）	124
図表8－5	日本のGDPおよび研究主体別開発投資の対GDP比率の推移（1970－2016）	127
図表8－6	日本の研究主体別開発投資と研究主体別比率および支出源別比率の推移（1970－2016）	127
図表8－7	日米の大学における産学連携活動の比較	128
図表9－1	国家共同研究法成立後のコンソーシアムの数	140
図表9－2	届出をしたコンソーシアムの分野（1993年までの累計）	141
図表9－3	合併の事前届出数の推移	142
図表10－1	ソニー幸田の多能工スパイラルライン	150
図表10－2	エレクトロニクス企業において1990年代に導入された主なセル生産方式	151
図表10－3	電機産業の地域別直接投資件数の推移	158
図表10－4	カラーテレビとVTRの国内生産と海外生産比率の推移	159
図表10－5	海外進出企業と日本企業の関係	160
図表11－1	トヨタの国内生産台数・海外生産台数・海外生産比率（1945－2017）	168
図表11－2	マツダの総生産台数・海外生産台数・海外生産比率（1945－2017）	172
図表11－3	マツダの連結売上高と海外売上高比率（1992－2017）	173
図表11－4	マツダの完成車工場	173
図表11－5	地場サプライヤーの海外進出状況	175
図表12－1	2016年度売上高によるEMS世界ランキング	181
図表12－2	鴻海の売上高，営業利益率の推移	186

図表12-3	鴻海のM&A案件	188
図表12-4	鴻海の製造拠点	190
図表12-5	鴻海の2018年3月31日までの国別特許取得累積件数	191
図表12-6	国際特許分類でみる鴻海の特許出願件数の推移	192
図表13-1	科学技術論文著者所属機関国籍数推移	196
図表13-2	米国特許（認可）件数に占める海外（米国以外）特許比率と国籍数推移	198
図表13-3	米国特許（認可）件数に占める主要海外国籍特許比率推移	199
図表13-4	米国におけるソフトウェア技術による特許数比率	201
図表13-5	IBMの特許取得（公開件数）と研究開発の国際化（発明者国籍比率）	205
図表14-1	チャデモとコンボの比較（2012年時点）	214
図表14-2	世界の急速充電方式（2017年）（中国を除く）	217
図表14-3	充電方式別EV・PHV普及台数の推移	218
図表15-1	アップルの主要業績の推移	222
図表15-2	アップルの製品別・地域別売上高推移	229
図表15-3	プラットフォームの概念図	232

序章　成長様式の転換と市場における調整
～本書のテーマと分析視角

第1節　米国主要大企業の変遷と成長

　本書は，企業の成長に関する理論とその歴史的な歩みを踏まえ，今日の大企業の成長の実態を明らかにすることを目的としている。このようなテーマを設定するのは，大企業がこれまで成長を続けてきたパターン（本書では「成長様式」と呼んでいる）が変わっているのではないかと考えるからである。

図表序－1　Fortune 500 の上位100社とその成長率の変遷

年（期）		1970年（Ⅰ）	1990年（Ⅱ）	2005年（Ⅲ）
全体	企業数	100社	100社	100社
	年平均成長率	1970-2015年		
		8.5%		
		1970-90年		1990-2005年
		8.8%		8.1%
3期連続上位100社にランクされた企業	企業数	20社		
	年平均成長率	1970-2005年		
		8.1%		
		1970-90年		1990-2005年
		9.9%		5.9%
2期連続上位100社にランクされた企業	企業数		56社	33社
	年平均成長率		1970-90年	1990-2005年
			9.4%	6.5%
前期に上位100社ではなかった企業	企業数		44社	67社

（出所）　Fortune 500：1970 archive, 1990 archive, 2005 archive より作成。

米誌*Fortune*は，総収入に基づいて米国企業上位500社のランキングを「Fortune 500」として年1回発表している。そのデータの上位100社を対象に1970年，1990年，2005年の3年分（それぞれⅠ期，Ⅱ期，Ⅲ期と呼ぶ）について，ランキングを維持している企業の数と総収入の年平均成長率を見てみよう（図表序－1参照）。まず3つの期全体について見ると上位100社の企業は年平均成長率は8.5％となっており，Ⅰ期からⅡ期の20年間と，Ⅱ期からⅢ期の15年間とで，後者の成長率は若干下がるが，いずれも8％台とほぼ同じであることがわかる。次にこの三つの期をまたいで，いずれも上位100社を維持し続けることができた企業をみると，2割の20社だけであった。この20社について，35年間の平均成長率をみてみると，8.1％と，先の全体の平均成長率とほぼ合致している。しかしこれをⅠ－Ⅱ期の20年とⅡ－Ⅲ期の2期の15年の平均成長率をとってみると，前者が9.9％，後者が5.9％と，4％もの開きがあり，明らかに成長率が下方に屈折していることがわかる。さらにⅠ－Ⅱ期連続で100社にランキングされた企業とⅡ－Ⅲ期連続企業との成長率を比較すると，ここでも前者が9.4％，後者が6.5％と3％の違いがあり，成長率が減少している。また企業数をみると，Ⅰ期に上位100社にいた企業は20年間を経過したⅡ期に半数以上の56社が100位以内に残っているのに対して，Ⅱ期からの15年間では33社だけが100位以内にとどまることができた。Ⅰ期のランキング企業がⅡ期にランク外となり，Ⅲ期にランク内に返り咲いた復活企業は1社も存在しなかったので，約7割の67社が1990年から2005年の間に新たに100位以内にランキングされた（逆にいうと67社がランキングから脱落した）ことになる。

　こうした大企業の変遷をみると，1990年以前のいわば古参の企業にとって，90年代以降，上位を維持し，高い成長率を持続することが困難になったことが推察できる。このことは，Ⅰ－Ⅱ期連続して上位100社にランクした企業44社中37社がランクアップしたが，Ⅱ－Ⅲ期では33社中わずか7社に過ぎなかったことからもわかる。90年代以降，古参の大企業の成長が妨げられ，新たな企業が成長において優位となるような変化が生じたことを想起させる。本書はこのような90年代前後を一つの転換点として大企業の成長様式が何らかの変化を

被ったのではないかということを想定し，企業の基礎理論と80年代までの大企業の歩みを踏まえた上で，その変容の実態を解明することが課題である。

第2節　本書の分析視角

　この課題の解明に当たって，本書では，チャンドラーの企業成長とそれに伴う経営構造の変化に関する一連の研究を念頭に置いている[1]。チャンドラーは，19世紀半ば以降，米国において，大規模な産業企業が形成・成長していった過程を歴史的に跡づけ，多くの産業で大企業が同型性のある成長様式と事業構造へと変容していったことを明らかにした。そしてこのような企業を「近代（産業）企業」と名づけ，ドイツやイギリスにおいても同様に近代企業の形成や発展が見られると主張した。ここで近代企業とは，それ以前の単一機能，単一製品，地理的に限定的で，その活動が市場によって調整されていた「伝統企業」と区別され，工場，販売，購買の事務所，研究所など，多数の異なった業務単位を企業内に内部化，統合しており，これらが階層的に組織された俸給経営者によって管理されている企業である。このような近代企業は，まず大規模生産施設に投資がなされ，ついで製品固有のマーケティング，流通，購買といった職能を統合し，そして最後にこれらの諸職能を管理・統制し，企業の方針を決定する経営管理階層を構築することで形成されたとされる。このような近代企業が形成され，諸職能が内部化され，規模が拡大することによって，各職能や諸職能間の活動，企業における原材料の供給者から最終消費者に至るものの流れに対する調整を管理階層が市場に代わって担うようになり，市場による調整から管理による調整へと移行していった。チャンドラーは，このような近代企業が第二次世界大戦後，70年代はじめころでもなお優位性を持ち，支配的な地位を引き続き保持していたと主張した。

　しかしその後，チャンドラーの近代企業に対してその変容あるいは解体が論じられるようになった。その代表的論者のラングロワは，交通や通信技術などの調整技術が発展し，人口・所得の増大や市場の国際化が進むにつれて，市場

での取引主体が増え,その能力も高まる一方,取引のルーティン化,専業化や交換を促進する諸制度,生産工程間のインターフェイスの標準化などが進展して,一般に外部企業との市場を介した取引が安価で容易になる傾向があると考えた。そして1990年代以降,市場を介した取引が有利となり,企業内部に統合され管理によって調整されていた諸職能が切り離され,垂直分解・特化が進展するようになったとラングロワは論じ,近代企業がいわば解体していくとみなした(ラングロワ,2011)。つまりラングロワは,南北戦争前の構造に酷似して,「生産が無数の独立した企業により行われ,これらによる産出は広義の市場取引をつうじて調整されている」と主張し,これを「経営者の見える手が消えつつある」状況と特徴づけた。ただし,この新たな状況は,「南北戦争前とはちがい,高スループット型システムにほかならず,仕事の流れが古典的なチャンドラー的階層組織と比べてかなり緊密に調整されている」とラングロワは特徴づけた[2]。しかしながらラングロワは,大規模企業が解体したあと,専業化した企業がどのように成長したのか,また,「無数の独立した企業」が市場取引を通じてもなおどのようにして「緊密に調整され」たのか,については具体的に説明をしていない。

　本書では,90年代以降,このような変化の中で,企業がどのように成長していったのかを,チャンドラーが論じた近代企業の4つの成長方法を参考にして特徴づける。その成長方法とは「水平結合」(同一の市場向けに同一の製品を生産するために同一の製法を用いている企業を買収ないし合併する方法),「垂直統合」(ある製品を生産する前あるいは後の段階に含まれる業務単位を統合する方法),「国際化」(遠隔地にある新しい地域市場,特に外国市場への地理的拡大によって,生産単位を追加する方法),「多角化」(企業の既存技術や市場に関連した新製品を作り,新たな市場へと参入する方法)である。本書では,この成長方法を近代企業が実際に持続的に成長していったパターンである「成長様式」ととらえ,これと対比することで今日の企業の成長様式を特徴づける。

　しかし近代企業のこの成長様式はいずれも内部化による成長であり,この視角だけでは脱統合化が進展する今日の企業成長を明らかにするには十分ではな

く，外部の企業や技術，制度などの活用を通じた成長について考察する必要がある。その際，ラングロワが言う「無数の独立した企業」が市場取引を通じて「緊密に調整されている」状況についても考慮する必要がある。そこで本書では，現状を考察するに当たって「市場による調整」か「管理による調整」かという2分法ではなく，ある特定の主導的企業によって企業間関係が組織され，また市場における取引が調整されているという「市場における調整」がなされているという視角から，企業による外部の活用や企業間取引を考察する[3]。

第3節　本書の内容と構成

　1990年代以降，これまで企業に内部化され，統合されていた諸職能が切り離され，脱統合化するようになり，今日の企業は，ますます外部から製品を調達し，外部の技術を導入し，様々な提携を通じて外部のサービスを活用するようになってきた。すなわち，現代企業は，企業内部での取引の充足から外部のより開かれた市場での取引を増やし，その依存を高めるようになってきている。このことは，90年代以降，企業成長においてこれまでの内部化による成長様式に変化が生じ，また企業内における管理による調整が少なくなってきていることを意味すると考えられる。

　本書では，このような成長様式がどのように変化し，また管理による調整が市場による調整へと変化してきたのかについて，企業成長に関連する基礎理論と歴史的な発展を踏まえたうえで，今日の企業成長の実態について明らかにすることが課題である。その際，本書のタイトルに示されているとおり，グローバル化の進展とイノベーションに基づく多角化の二つの成長様式に着目する。加えて，開かれた市場において企業間で緊密な調整がなされているという観点から，企業間関係についても着目し，今日の企業の成長を考察する。

　以上の視角を踏まえて，本書は3部15章で構成され，大きくは基礎理論（第Ⅰ部），歴史（第Ⅱ部），現状（第Ⅲ部）の三つに分けられている。以下，簡単にそれぞれ各部・各章のテーマについて説明しておこう。

第Ⅰ部は，第１章から第５章で構成され，本書のテーマに関連した基礎理論がまとめられている。第１章では，企業行動を方向付ける企業の目的と企業行動の帰結としての成長に関する基礎理論が，第２章では，チャンドラーの先の４つの成長様式についてそれぞれ説明し，本書のテーマの理論的基礎が示されている。後の３つの章では，国際化と多角化という２つの成長様式に関する理論を企業成長と関連づけて検討する。第３章は国際化，第４章は多角化，第５章は多角化を実現するイノベーションに関する理論をそれぞれ整理している。

　第Ⅱ部は，第６章から第９章で構成され，成長様式である国際化と多角化，そして研究開発活動に関する近代企業の歴史的な歩みについて概観している。第６章は日米の直接投資の動向を通じて，企業の国際化の変遷と企業成長とのかかわりが考察されている。第７章では，日米の多角化に関連した実証研究に基づいて，多角化の採用状況の変遷を整理している。第８章は，多角化の基礎をなす研究開発活動について，投資と主体の推移から日米の変遷と特徴を明らかにしている。そして第９章は，米国の反トラスト法の運用と競争政策の変化について明らかにし，1980年代の競争政策の変容が，それ以降の共同研究や戦略提携などの今日の企業行動に与えた影響について考察している。

　第Ⅲ部は，第10章から第15章で構成され，90年代以降における大企業のグローバル化とイノベーションという成長様式の新たな動向の実態について，多面的に明らかにしている。第10章は，エレクトロニクス産業を例に，日本企業の成長を牽引したグローバル化に伴う国内でのセル生産方式の導入・普及・変遷とその意味について考察している。第11章では，自動車産業のグローバル化に伴う現地部品調達網の構築と国内地場サプライヤーへの影響と変容について明らかにしている。第12章は，エレクトロニクス産業の製造企業における大企業の製造機能がEMS（Electronics Manufacturing Services）にアウトソーシングされるようになる中で，急成長を遂げたEMSの発展過程とその特徴を具体的に鴻海精密工業の成長様式を例に明らかにしている。第13章では，研究開発能力，技術開発能力の国際的分散化を背景として，IBMの事例を用いて，国際的な技術開発体制の戦略的対応について検討している。第14章では，競争優位

に多大な影響を与えるようになってきた近年の標準化の変化をふまえて，具体的に新たな標準化の動向として，電気自動車（EV）の充電方式において代表的なチャデモ方式の標準化プロセスについて紹介する。最後の第15章では，アップルを事例として，その成長の変遷と今日の企業成長を特徴付けるプラットフォームに基づく成長様式とその意味について検討している。こうして本書では，第Ⅲ部の現状を踏まえて，近年の企業成長の特徴と歴史的位置づけを理解することができる。

　本書は，現代企業の解明をテーマとした研究の成果ではあるが，経営学の基礎を学んだことのある大学の学部学生や大学院修士課程の大学院生も理解し，学ぶことができることを念頭に執筆されている。また本書は，先に述べたように基礎理論，歴史，現状（事例）の三つに分かれており，それぞれ相互に参照して学ぶことができ，企業論，国際経営論，イノベーション論をはじめ，経営戦略論，経営管理論，経営組織論など，各専門分野の学習や研究を深めることができるものと期待している。

（注）
1) チャンドラー（1979）ならびにチャンドラー（1993）を参考とした。
2) ラングロワ（2011）135頁。
3) アップル社のサプライヤーとの関係に関する具体例を含めた「市場における調整」およびラングロワの問題点については，秋野（2015）56－58頁参照。

第Ⅰ部　グローバル化とイノベーションの基礎理論

第1章　企業経営の基礎

第1節　企業とは何か

　本章では，現代企業のイノベーションやグローバリゼーションをめぐる各章の議論に先立ち，企業経営の基礎的な概念や理論について確認しておきたい。さて，「企業」とはどのような存在だろうか。企業の字義を確認すると「事業を企てること，すなわち生産・営利の目的で，生産要素を総合し，継続的に事業を経営すること」あるいは「企てた事業」（『広辞苑』）とされる。また，経済辞典によれば「資本主義的体制のもとで，営利的目的をもって財・サービスの生産活動に従事し，営利的商品生産を行う組織体」として定義される（金森，荒，森口，1986, 115）。

　ここから企業の特徴を理解することができる。第一にその目的は「営利」にあり，企業行動は「営利原則」に基づく。「営利原則」とは「利潤極大化原理」ともいわれるが，資本主義経済における企業の行動原理であり，企業が「収益」と「費用」との差額としての「利潤」の獲得を目指して活動し，かつそれを極大化することを目的としていることを指す。

　第二に，企業は財・サービスの生産活動に従事する存在である。企業は営利原則に基づき利潤の獲得を目指すが，そのための具体的な活動として財やサービスの生産を行う。しかしながら，企業による財やサービスの生産活動は他者による消費を志向して遂行される。財やサービスの生産活動を通じた企業の営利の実現は，他者との交換，他者の消費行為を媒介として初めて可能となる。これは企業の生産活動が「営利的商品生産」であるということにほかならない。

　一方こうした営利的商品生産をその社会的機能の観点から見れば，企業の生産する財やサービスは現代の社会生活の物質的な基礎を支えているといえよう。

第Ⅰ部　グローバル化とイノベーションの基礎理論

人間生活の物質的な必要を充足する活動を「経済活動」と呼ぶとすれば，企業とは現代社会における生産を担う社会的仕組み，「経済的制度」ということができる。

　第三に，企業は各種の「生産要素」を結合し，継続的に生産活動を遂行する組織体である。財やサービスの生産のために企業は様々な生産要素を必要とする。こうした生産要素は，「経営資源」とも呼ばれ，代表的な経営資源として「ヒト」＝労働力あるいは人的資源，「モノ」＝生産設備，原材料あるいは物的資源，「カネ」＝資本あるいは財務的資源が挙げられる。

　企業の生産活動はインプットとしての経営資源をアウトプットとしての財やサービスへと変換する技術的プロセスとして理解できる。こうした技術的プロセスは具体的には，複数の人間の協働からなる組織と物的資源との総合から構成される複合的なシステムによって継続的に遂行される。こうした複合的なシステムの継続的かつ有効な機能を確保することが「経営」にほかならない。

　企業の「経営」は活動の永続性を仮定して行われる。すなわち，利益の算定と財産状況の把握のために一定の会計期間が設けられ，会計期間末においては企業活動の結果としての期間利益と保有資産の総計としての企業価値が確定されるが，これは事業活動の終結を意味するものではなく，事業活動は永続的に継続するものとして捉えられる。「継続事業体」あるいは「going concern」として企業を捉えるという視点は，こうした活動の永続性を仮定するということを意味している。

第2節　企業の目的と経営管理

1　営利原則と企業の目的〜経済的目的と社会的機能

　その定義に示されるように企業の目的は「営利」すなわち収益と費用の差額としての利潤の獲得にあるが，こうした営利原則のみでは現実の企業行動を十分に説明することはできない。同様に営利を目的としていながら，個々の企業はそれぞれ異なる活動に従事し，異なる決定を下し，異なる行動をとりうる。

実践的にも，営利は具体的な企業行動を方向付けるには一般的，抽象的過ぎて有効ではない。営利は目的には違いないが，その実現の可能性は無限に存在する上，それが実現されうるか否かも他者との交換，他者による消費に依存するため不確実である。こうした状況においては，営利を目的として定めたところで，その目的を実現するための手段となる行為は一義的には決定されないし，営利を実現するために具体的に何を為すべきかについては一切示されない。この点を理解しないままいたずらに営利を追及しようとしても，不確実性に直面して立ちすくむか，目前の営利機会に奔走し野放図な行動に終始しよう。

　営利は他者による消費という不確実な偶然的要因に常に依存している。すなわち営利はこうした不確実性に挑戦し，他者に働きかけ，交換へと誘い，消費を意欲させるに足る生産物を供給するという企業の具体的な活動の結果なのである。営利を追求しようとすれば，企業は他者の必要を充足し，満足をもたらすこと，他者にとっての効用や価値を創出することをまずもって目的としなければならない。人々が必要とするもの，人々にとって価値あるものの生産を目的とすることによらなければ営利は実現し得ない。

　営利を企業の「経済的目的」ということができるが，ここにおいて企業の経済的目的はその「社会的機能」である財やサービスの生産と結びつく。すなわち企業の営利は人々に必要とされる財やサービスの生産という社会的機能の遂行を通じて実現される。ドラッカーは企業の目的は営利ではなくむしろ「顧客の創造」であるとしたが（ドラッカー，1956），これは具体的な企業行動を方向付ける企業の目的としては人々に需要される財やサービスの生産におかれなければならないということであると理解できよう。

　企業はしばしば経営理念やミッションを定めているが，ここには当の企業の社会的役割や社会との関係に対する認識が表明されている。こうした経営理念やミッションは企業の具体的な事業活動に基づいて表現され，組織内外にむけて掲げられることで，企業の中長期的な戦略的意思決定や日常的な業務活動を方向付ける目的として機能すると考えられるのである。

2 企業の行動と基幹職能

　さて，営利原則は企業の具体的な戦略的意思決定や日常の業務活動を導くものではないが，企業の存続が究極的にはそれに依存せざるをえないという点において企業の意思決定や行動を制約し，規定する。このことは，企業活動を算式として表現することでより明らかとなろう。営利原則に基づいて，

　　　利益＝収益－費用であり，これは
　　　　　＝（販売量×単位価格）－（変動費＋固定費）　と示される。

　ここから，できるだけ多くの利益を獲得しようとすれば合理的な選択肢として次のような選択肢が導かれよう。すなわち第一に「収益増加」であり，第二に「費用削減」である。これら二つの選択肢は，それぞれ収益や費用がいかにしてもたらされるかという点からさらに細分される。収益増加のためには販売量の増加あるいは単位価格の上昇が必要となる。また費用削減の場合には変動費の削減あるいは固定費の削減が検討されることになろう。

　例えば販売量の増加のためには，より積極的なマーケティング活動やプロモーションが必要となろう。競合他社の分析や消費者行動の分析から，販売量の伸び悩みの原因を明らかにすることも必要となるかもしれない。流通チャネルや販売方法の改善が販売量を増加させることもあろう。

　費用の削減を試みる場合も，変動費や固定費のそれぞれについて削減をいかに実現するかが問題になる。変動費削減のためにはより安価な原材料の調達や仕入原価の削減といったことが考えられる。一方固定費の削減には生産設備の効率化や労働生産性の向上といった点が課題となろう。

　企業が現実に展開する活動はかように様々であり，その選択においては企業の理念や経営者の価値観，企業で働く人々の意識がもちろん重要な役割を果たすが，その一方でそうした選択は企業の営利原則によって根本的に制約されざるをえないのである。

　企業のこうした様々な活動はそれぞれ異なる専門的な知識やスキルを必要とし，その有効かつ効率的な遂行のために分業が編成される。こうした分業に基づいて編成された専門化された活動を「職能（functions）」と呼ぶことができる。

企業がいかなる財やサービスの生産活動に従事するかによって，当該企業がいかなる職能を保有するかは変化するが，一般的に，ある製品を製造，販売し収益を上げるような企業においては，原材料や部品調達に従事する「購買」職能，製品の製造に従事する「製造」職能，製品の販売に関わる「販売」職能が企業活動の遂行に直接的に関係する職能である。こうした企業の事業活動の遂行に直接的に関わる職能を「基幹業務」あるいは「基幹職能」という。

また，企業の事業活動は，様々な生産要素，経営資源をインプットとし，財やサービスといった顧客にとっての価値を有する生産物をアウトプットする変換プロセスと捉えることができるが，こうした変換プロセスはそれ自体としては顧客にとって価値を持たないものに価値を付加する「価値形成プロセス」である。企業の基幹職能は，原材料等から顧客に提供される最終生産物にいたる価値形成の連鎖，「バリュー・チェーン」を構成しているのである。

3　管理とはいかなる活動か

クーンツとオドンネルによれば管理とは「人々を通じて物事を成し遂げる職能」であり，その本質的な課題は「集団の目的を達成するうえに必要な組織的な努力のための内的環境を作る仕事」である（クーンツ＝オドンネル，1965，7）。ここから企業の管理とは，企業目的の達成のために組織的努力を確保しこれを機能させる職能と理解できる。

企業は社会的分業を担う存在であるとともに，それ自体の活動が分業によって構成される存在である。極めて小規模かつ単純な事業を行う場合はその限りではないが，市場経済の発達に伴う生産量や販売量の増加，活動の複雑化によって，人間の肉体的および知的限界から単独の企業家が企業活動全体を担うということは不可能になる。

チャンドラーが米国における近代企業の成立過程において明らかにしたように，交通機関の発達や輸送技術，通信技術の革新は地理的に分断された生活圏を結びつけ，人間の経済活動の空間的拡大すなわち市場の拡大をもたらす。個々の企業はこれを機会と捉え生産量や販売量の拡大を実現しようと試みるが，

アダム・スミスが論じたように，そこではそれぞれ異なる活動に従事する個人や集団による分業，専門化による分業が編成される必要がある。専門化による分業は専門化しない場合と比較して著しい生産性の向上を実現し得る。すなわち，同量の労働力の投入がなされた場合，専門化による分業はそうでない分業（単純協業）と比べ，著しい生産量の増大を期待しうるのである（スミス, 1978）。

専門化による分業では目的達成のための活動は質的に異なる部分活動に分割される。これにより，専門化された業務に活動が限定されるため，a）活動に従事する個人や集団の学習が促進され，早期の技能の増進と知識の蓄積が期待できる。さらに専門的な業務はそれぞれ異なる個人や集団に割り当てられることから同一の個人や集団が一連の業務の全体を担う場合に比べb）業務の移行や変更に伴う移動や準備の時間を節約し時間当たりの生産性の向上が期待できる。また業務の専門化はc）その業務の遂行を容易にし，作業効率を高めるための特殊な工具やジグ，作業機械等の技術的支援の発達を促進する。最後に専門化による分業によってd）労働力編成の経済性を実現することが可能となり，労働生産性を高めることができる（沼上, 2004）。

専門化による分業は生産性の向上を実現しうるものの，専門化のゆえに交換と調整を必要とする。専門化によって個々の職務や職能はそれのみでは完結しておらず価値形成プロセスの一部を担うに過ぎない。それゆえ，企業としての価値形成プロセスの遂行には，専門化された諸活動の成果の交換と相互依存関係の調整が不可欠である。専門化による分業は全体の価値形成プロセスの分解を不可避的に伴うため，分断された価値形成プロセスを統合し，全体としての効率的な価値形成を実現しうるような調整活動が必要になるのである。

したがって，企業の管理問題とは，第一に，生産性の向上を実現し有効な目的達成を可能とするような組織内分業をいかに編成するか，という課題であるといえよう。個人の職務や集団の職能を，複数の異質な職務や活動を含むものとして編成する場合，注意や関心の集中が阻害され，専門化による学習効果や熟練形成，知識の蓄積は阻害される。異質な職務や活動を遂行するための準備費用も発生しよう。こうした問題はいずれも適切な専門化の失敗と考えられる。

その一方で専門化を過度に追求することは，交換の頻度を増すのみならず交換の経路を複雑にし，調整費用を著しく高めたり柔軟性を欠如させたりといった帰結をもたらす。個々の職務担当者においては，過度の専門化は職務の意味喪失，労働疎外をもたらし，深刻なモラールダウンを引き起こしかねない。こうしたモラールダウンは生産量の量的減少をもたらすだけでなく，学習や知識の蓄積を阻害し，生産性の向上や付加価値の実現を困難にする（ピコー，ディートル，フランク，2007）。

またこうした専門化の問題は，そもそも企業としてどのような事業活動を行うのか，その事業活動を遂行するためにいかなる職能に従事するのかという問題でもある。企業の経営資源が常に希少であるということを考えれば，これはより上位の管理的決定であり，企業全体の資源配分に関わる決定であることから戦略的な意思決定の問題であるといえよう。

さらに第二に，企業の管理問題とは，専門化によって分断された価値形成プロセスを統合し企業全体として効率的な価値形成を実現しうるような交換プロセスと調整システムをいかに確保するかという問題であると考えられる。交換と調整は，それ自体としては生産活動に従事せず価値形成には貢献しないため，もっぱら費用を発生させる活動である。それゆえ，低費用でかつ有効な統合を実現する交換と調整のシステムを形成するかが課題となる（ピコー，ディートル，フランク，2007）。

管理者による直接的な監督や指示・命令は組織としての統制の確保という点では安定した強固な調整システムといえるが，生産量の増加，従業員規模の拡大に伴い管理者も増加することから管理費用の増大を招く。また職務や活動の専門性や複雑さが増すにつれて情報や知識の限界から管理者は適切な監督や指示を行うことは難しくなる。誤った監督や指示，命令は専門化の効果を消失させかねない。

こうした状況においては権限委譲を進め分権的な調整システムを実現することが重要な管理問題となる。しかしながら権限委譲を進めることは，活動の統制やモニタリングを難しくし，組織全体としての調整を困難にする。そこで補

完的な調整メカニズムとして業務計画の策定や業務手続，ルール制定，人事研修を通じた能力の標準化や価値観の共有，業務の成果や業績によるコントロールといった様々な施策が検討されることになるが，いかなる調整メカニズムが適合的であるかは，専門化された職務や職能の内容，そこで期待される成果に依存する。

　したがって，専門化による分業の効果を損なわないような調整メカニズムを選択し，組織として低費用かつ有効な統合を確保しうるような調整システムを形成，維持することが重要な管理課題となる。

第3節　経営環境と戦略的適応

1　企業の経営環境とはなにか

　企業は市場経済のなかで営利原則に基づいて財やサービスの生産活動を担うが，その活動は企業が直接コントロールすることは難しい様々な要因によって少なからず影響を及ぼされる。企業の直接的な統制の及ぶ範囲の外に存在するという意味で企業の外部にあって企業全体あるいはその一部の意思決定や行動に影響を及ぼし，時にこれを制約するような要素の集合を「環境」ということができる。こうした「環境」諸要因は，多様であるとともに程度の差はあれ変動的であり，その変化は新たな事業機会をもたらす一方で既存の営利機会を脅かす。「環境」諸要因の変化は企業の営利の実現可能性を制約する。それゆえ企業にとってこうした「環境」変化への「適応」が重要な戦略的課題となる。

　企業にとっての「環境」は多様な領域の様々な要因から構成されるが，企業の意思決定や行動との関わりの強さや影響の仕方によって，「タスク環境」と「一般環境」に分類される（ダフト，2002）。

　「タスク環境」とは企業がその活動において直接に相互作用し，それゆえその変化が企業の目標達成や行動に直接的な影響を及ぼすこととなるような環境要因の集合である。一方「一般環境」とはその変化による影響が企業のみに限定されることなく広く一般的に及ぶような環境領域であり，企業が日常的かつ

頻繁に相互作用するような領域ではないため直接的に企業に対して影響を及ぼすことは少ないものの，タスク環境の変化を通じて間接的に影響を及ぼすような環境要因の集合であると考えられる。こうしたタスク環境や一般環境がどのような環境要因から構成されるのかについては**図表1－1**のように示される（ダフト，2002, 89）。これらがどのように企業活動に影響を及ぼすこととなるのか，具体的に考えてみよう。

図表1－1　企業の経営環境

環境	特徴	具体的要因
タスク環境	企業が直接に相互作用し，その目標達成や競争力に直接影響を与える環境領域	業界：競争相手，規模，収益性，関連業界 原材料：納入業者，製造業者，不動産，サービス業者 市場：顧客，製品・サービスの潜在的顧客 人的資源：労働市場，人材紹介業者，人材派遣業者，教育機関，他企業の従業員，労働組合 国際環境：外国企業との競争，買収，海外市場への進出，外国の慣習，規制，為替レート；グローバリゼーション
一般環境	企業行動や決定，日常業務に直接的な影響を及ぼさないけれども間接的な影響を及ぼす環境領域	政府：国，地方自治体による法規制，租税，行政サービス，司法制度，政治システム；財界と業界団体 社会文化：人口動態，価値観，ライフスタイル，宗教，教育制度，労働倫理，消費者運動，歴史，伝統，行為志向 経済状態：景気，失業率，インフレ率，GDP成長率，設備投資，物価指数 技術：技術発展（基礎研究）のトレンド，技術的知識，ICT，次世代技術 財務資源：株式市場，銀行，個人投資家 自然環境：天然資源，気候，立地，環境汚染

（出所）　ダフト（2002, 89）に基づき筆者作成。

営利を実現するには，顧客のニーズを充足し，顧客にとっての価値を創出しなければならないが，そのためには「市場」の変化すなわち顧客のニーズの変化や価値観の変化をいち早く認識する必要があろう。また競争のなかで営利を実現するには競合企業の動きに目を配る必要もあるかもしれない。「業界」の動向にも敏感でなければ市場や産業の変化を見逃しかねない。グローバル化した今日においては「国際環境」，外国企業との競争や海外市場の動向，グローバルなサプライチェーンの構築などは重要な戦略的要因となる。

また，顧客に対して財やサービスを供給していくために，企業は様々な経営資源を調達しなければならない。より価値のある財やサービスの供給には，よ

り質の良い「原材料」や高品質の部品，優れた「人的資源」が必要となろう。そのためには，原材料市場やサプライヤーの動向を注視する必要があろうし，新たな財やサービス提供の基礎となるような「技術」の革新にも目を配る必要があろう。

　こうしたタスク環境や一般環境の諸要因の変化は複雑に関連し合いながら企業にとっての事業機会や脅威をもたらす。「機会」とは「企業がその競争上のポジションや経済的パフォーマンスを向上させるチャンス」であり，一方「脅威」とは「企業の外部にあって，その企業の経済的パフォーマンスを減殺する働きをするすべての個人，グループ，組織」と定義できる（バーニー，2003，48－49）。企業は環境の変化がもたらす機会を競合に先駆けて捉えられるよう行動する必要があるし，脅威を回避するかあるいはその影響を最小限にしうるよう対処する必要がある。こうした環境変化による機会や脅威に対処することこそ企業の環境適応にほかならない。

2　環境適応と戦略機能の分化

　すでに言及したように，技術革新を伴う市場経済の発展は潜在的な有効需要の量的な拡大をもたらすが，そうした有効需要を利潤として実現しようとする多くの企業の活動それ自体によって需要は充足され，市場は飽和する。市場の飽和に直面した企業は新たな事業機会を探索，発見し，有効需要を新たに創出せねばならない。企業は製品やサービスの差別化や事業の多角化を通じてこうした事業機会の創造，有効需要の創出を試みるが，競争のなかで展開される企業の差別化や多角化の成功は，有効需要の多様化，いわば市場の質的拡大をもたらす。こうした市場の質的拡大はその有効需要の潜在量に依存して量的拡大をも惹起し得るであろう。

　市場の量的拡大と質的拡大は企業にとって事業機会の拡大をもたらすが同時に環境諸要因の多様性を増し，それぞれが変動的であることが環境の複雑性と不確実性を増大させる。こうした経営環境の複雑性と不確実性は，企業経営にとってそうした環境への適応それ自体を重要な課題として提起する。

経営環境が単純で安定的である場合には，ひとたび環境に適合的な事業構造（ビジネスモデル）が構築され，そうした事業の遂行に適合的な組織デザインが形成されれば，管理上の課題は業務遂行上の効率性の向上に置かれる。すなわち，こうした環境においてはルールの制定や標準作業方法の設定，業務計画の策定と維持を通じてひとたび効率的な業務遂行ルーティンが確立されれば，環境への適応はさほど大きな問題とはならない。仮に環境の変化が生じても周期的な季節的変動であるような場合，あるいは経営者の経験則によって対処しうる変化であるような場合には，経営者は日常的な業務遂行ルーティンの維持に注意を払いつつ，時折生じる変化に対処するということが可能である。こうした環境においては日常的な事業管理と例外的に生じる変化への適応というマルチタスクへの対応は深刻な問題とはならない。

しかしながら，複雑かつ変動的な経営環境においては，事業活動や経営組織の複雑性が増すとともに，環境変化に対する適応が頻繁に要請されることから企業の日常的な管理と突然生じる変化への対応を両立することは極めて複雑かつ困難な業務となる。

多角化によって質的に異なる複数の市場に対応するために，企業は多様な市場にあわせて事業組織を分化させ，多角化した各事業を分権的に運営させるような組織構造を形成するが，同時にこうした組織構造の形成は，分権的に運営される各事業全体の統合を実現するとともに，企業全体の経営資源をそれぞれの事業にいかに配分するか，さらに将来の環境の変化を踏まえて企業全体の視点からいかなる多角的な事業編成を選択するかを決定しなければならない。

それぞれ異なる事業を運営する事業組織間の資源配分，さらに将来の環境の変化を見据えた事業編成の選択は，問題となる事柄の領域という点においても，またその決定の時間的射程という点でも各種の事業の経営とは異なる水準の意思決定であり，企業全体の長期的な未来を拘束しうる意思決定であり，それゆえ，戦略的な決定となる。こうした類の意思決定はもはやマルチタスクとして対処しうる職能ではなく，このことが戦略的な意思決定それ自体を独立した職能として成立させるにいたる。

こうした状況に至って，企業の経営管理職能は日常的な業務上の管理，事業上の経営管理を担う事業上の管理，さらに企業全体の長期的な環境適応に関わる戦略的経営管理として垂直的に分化することとなる。

第4節　企業活動と成長

　いわゆる生物学的な意味での成長は細胞の増殖を伴いつつ生物が成体へと変化していく過程として理解できる。企業の成長もこれに類する現象として端的には企業がその事業規模ならびに企業自体の規模をも拡大していくことと理解できよう。しかしながら，生物学的な成長と企業の成長との間の相違は，前者が成体に至った時点で成長の過程が停止するのに対して，企業においてはその活動の根本原理のうちに絶えざる拡大すなわち成長への志向性が組み込まれているという点にある。

　第1節で検討したように，資本主義経済における企業行動の根本原理は収益と費用の差額としての利潤の極大化として理解できる。ミクロ経済学の標準的な企業理論で説明されるように，企業の生産活動においてそこを超過すると生産活動の平均費用が上昇するような水準が存在する場合には，それを超えて生産を行うことは利潤を減じてしまうため，企業は利潤が極大化される最適生産量で生産活動を行うとされる。こうした説明に基づけば，利潤が極大化しうる点が企業の最適生産規模であり，企業成長の到達点となろう。

　しかしながら，実践的には企業は無限の拡大と際限のない成長を志向する。もちろん現実には市場の有効需要の規模や組織の管理能力や適応能力の限界が企業の事業規模拡大の可能性，すなわち成長の可能性を制限する。とはいえ企業は，少なくとも意図としては，無限の拡大，無限の成長を志向して行動する。

　事業規模の拡大が組織規模の拡大を伴い，組織規模の拡大が管理費用の増加を伴うことを考えれば，理論的にはその企業にとって最適な事業規模や組織規模が存在すると考えられるが，実際には活動に先立ってそうした最適規模を知ることはできない。さらに，規模の経済や習熟効果によって累積生産量の増加

に応じて生産費用が持続的に低下する「経験曲線」効果によって，企業はある水準で生産規模拡大を押し止めるよりは一層の拡大を実現しようとする。

加えて，企業の利潤実現の可能性は元来不確実であるうえ，競合他社との熾烈な競争や予測し得ない環境の変化といった「脅威」はこうした利潤実現の可能性を一層不確実にする。こうした不確実性が，企業をしてそれに対する備えとして常に可能な限りの利潤を獲得しようと行動させることになる。ドラッカーによればこうした不確実性に対する備えとしての利潤は未来の「危険を補填するに足るプレミアム」の唯一の源泉[1]なのである（ドラッカー，1956, 62）。

かくして，最適生産規模が事前には知りえないこと，経験曲線効果が生産規模拡大への強い動因となること，加えて企業経営に本質的に伴う不確実性が未来のリスクへの備えとして利潤の蓄積を企業に要請することから，現実の企業経営においてはその根本原理のうちにより一層の事業規模拡大，より一層の利潤獲得を目指す成長志向が組み込まれることとなる。

企業行動におけるこうした成長志向は，市場の拡大に合わせて未充足の有効需要による収益拡大を志向した生産規模や販売規模拡大といった事業規模の量的な拡大をもたらす。事業規模の量的拡大は，それが首尾よく成功を収めた場合には，まさにその成功のゆえに競合企業の参入をもたらし，競争の激化は超過利潤を消失させる。競争の激化のみならず様々な環境諸要因の変化はしばしば「脅威」となり，利潤の拡大を脅かし企業の成長を制約する。

こうした状況に直面し企業はその成長志向を量的な拡大から企業の質的な変化を伴う質的成長へと転換することとなる。すなわち，競合との「差別化」や，地理的に異なる市場あるいは異なるニーズや技術による市場への「多角化」を通じた質的成長によって，成長のフロンティアを拡大しようとするのである。

しかしながら，こうした質的成長の成否は差別化や新製品や新技術を創出する「イノベーション」と，多角的な事業経営を推進しうる組織デザインや管理機構のイノベーションの実現に依存しており，それゆえ企業の質的成長は企業自体の質的な変革の成否に規定されると考えられる。

経営環境の変化に伴う機会や脅威への適応といった企業外部からの要請のみ

ならず,企業は量的,質的な成長を積極的に推進する内的な要請を有する。専門化による分業は生産活動の持続的遂行を通じて学習を促進し,「経験曲線」効果をもたらす。こうした経験曲線効果は活動投入あたりの生産量の増加というかたちで生産性の向上を実現しよう[2]。こうした生産性の向上は,収益の増加につながらない限り,単なる在庫として費用を増大させるだけであるから,市場に未充足の需要があるかないかに関わらず,生産性の向上を利潤として実現すべく企業は積極的に市場機会を探索し,事業の量的成長を実現しようとする。

　生産性向上をもたらす学習は企業の量的成長を推し進めるにとどまらない。人間が備える柔軟な知的能力や創造性は,同種の活動におけるエネルギーや時間の効率的な利用を可能にするような学習(習熟あるいは熟練の蓄積)のみならず,新たな発見や知識の創造を伴うような学習を可能にする。こうした新たな発見や知識の創造を伴う学習は企業におけるイノベーションをもたらすが,こうしたイノベーションを収益の増加,利潤の拡大として実現するために企業は既存市場の飽和など外的な脅威に晒されなくとも積極的に多角化を推進し,質的成長を遂げようとする動因を有するのである(加護野,1989)。

　以上の議論から,企業の成長とは「より一層の利潤獲得を実現しようとする企業の現実的要請に基づいて,企業が事業規模の量的拡大を遂げるとともに多角化を通じて質的拡大を遂げる現象」であり,その帰結としての収益規模の拡大や組織規模の拡大,さらに事業領域の拡大であると捉えることができよう。

(注)
1) ドラッカーのこうした企業理論や経営学説については優れた研究の蓄積から多くを学ぶことができる。例えば藻利(1959),三戸(1971),岡本(1972)などが挙げられる。
2) 加護野はこれを「成長の経済」として説明している(加護野,1989)。

第2章　企業成長様式とその変化

第1節　企業成長に関する経験的事例

　本章の課題は，企業成長を実現する方法を検討することにある。そこで本章では，チャンドラーによる米国大企業生成の歴史的説明に焦点を当て，本書における企業成長の基本的様式として提示したい。

　チャンドラーは19世紀後半から20世紀初頭の米国における主に製造業の大企業生成と展開を多数の歴史的実証研究を用いることで明らかにした[1]。19世紀中盤から後半にかけて鉄道や電信といった輸送や情報のインフラストラクチャーが整備されたことによって大量流通が可能となったこと，また各地域分断されていた銀行が連結し離れた場所での決済が可能となったこと，等により国内を網羅する全国市場が形成された。さらに証券市場の発達や，投資銀行やブローカによる引受シンジケートの確立によって，資金調達が容易となった。この様な状況において，製造企業は，機械技術の進展や科学的管理法といった新たな経営管理方法の導入から大量生産を実現することを可能にした。石油精製，砂糖精製，ウィスキー，鉄鋼，タバコ，ミシン，農機具，事務機などといった資本集約的産業において大量生産方式を導入した例が顕著であったとされるが，そのためには工場新設や機械導入といった高額の設備投資が必要であった。それゆえ設備投資を行った企業は，投資額に見合った最小効率規模を確保するために工場の稼働率を高める必要があり，販売シェア率の拡大や販売地域の拡張が求められた。こうした動きは，過剰生産による企業間競争を意味し，多くの場合，価格競争による企業同士の利幅の削り合いにつながった。そこで多くの産業において，価格協定や生産割り当て，売上高分配といった企業間協調が行われたが，協定を破る企業や協定に囚われない新規参入企業の出現

により多くが失敗に終わった。そこで産業内の有力な企業が自社による市場調整を目論み，同業他社を統合する水平統合を展開した。その結果，鉄鋼業のU.S.スチール，石油精製業のスタンダード・オイル，タバコ製造業のアメリカン・タバコ，農機具製造業のインターナショナル・ハーベスターといった企業がほぼ独占と言える市場シェアを獲得し，巨大企業へと成長した。

　水平統合を実現した企業は，そこで蓄えた利益をサプライチェーンにおける他機能に向けることを開始し，それを担う企業の統合や自社による他機能への進出を行うことで垂直統合を展開した。例えば，製粉業や食品業において機械による連続工程が，自社による袋詰めや缶詰，瓶詰を可能とし，それらのパッケージングを担っていた中間業者の役割を必要のないものとした。またミシン，農機具，タイプライター，エレベーター，ボイラー，印刷機といった当時の新製品に対し，既存の卸売業者や小売業者では製品説明やアフターサービスの対応ができず，ゆえに自社による販売網の確立を行った。このように統合の直接的契機は多岐にわたっていたが，一般化すると，生産を担う企業が卸売商や大型小売商といった流通を担う企業を統合するケースや生産を担う企業が原材料や部品を供給する企業を統合するケースとまとめられる。そして垂直統合を経た企業は，原材料から最終販売までのモノと情報の流れを把握し，管理することを可能とした。

　続いてこれら企業のうち多角化を展開する事例がみられた。多角化展開の具体的な理由も様々であったが，例えば垂直統合企業はその圧倒的競争力から独占禁止法の対象となる可能性があり，これ以上の統合が難しく投資先を研究開発に変更し，多くの場合，中央研究所の設立に至った。そしてそこで研究開発された技術が多角化につながった。製品開発という狭義のイノベーションを計画的に遂行することで多角化を実現した例である。また垂直統合の展開過程において蓄積された経営資源に対し，状況において未利用という事態が生じている場合，その未利用資源を活用することで多角化が遂行されたとされる。

　これらの企業行動の展開と並行して国際化の動きも行われていた。チャンドラーによれば企業の海外進出は遠隔地への地理的拡大の延長上にあるものとさ

れる。多国籍企業となった企業の多くは，統合企業が国内の販売組織を拡張するのと同時期に広範な海外販売組織を創設し，次に現地に生産工場を建設した。続いて現地において原料，半製品，資材などを調達することで完全に統合された在外子会社を運営するというプロセスを辿った。

　このようなチャンドラーが提示した大企業生成と展開の経験は，必ずしも単一の経路ではなくいくつかの経路があったわけであるが，簡略化してまとめるならば次のようになる。大量生産を実現した企業は，企業間競争や地理的拡大によってシェアの獲得を求め，その結果同業他社を統合する水平統合を行った。これにより競争力を得た統合企業は，サプライチェーンにおける他機能に進出し垂直統合を行った。また蓄積した資源を活かし多角化を遂行し製品の幅を広げることで新市場の獲得を可能にした。そしてこれらの動きと並行して海外進出を展開することで地理的拡張を実現し，多国籍企業となったというものである。

第2節　チャンドラーにみる企業成長と企業戦略

　このような大企業生成の事例において，チャンドラーは成長につながった要因としての企業戦略とそれら戦略が持つ合理性について説明を行っている。それは状況に適した企業戦略を遂行した場合，経済合理的な観点においてそれらによる利得を獲得でき，結果として企業成長につながる可能性が高まるというものである。この観点において[2]，チャンドラーは4つの戦略を企業成長様式としてあげている。第1に同一の市場向けに同一の製品を生産するための水平統合である。第2に原材料から最終組立，その後の段階の業務単位を吸収する垂直統合である。第3に地理的に遠隔な地への進出である。第4に既存技術や市場に関連した新製品を生み出す多角化である。前者2つは既存の投資を守るという防衛的動機とし，後者2つは新市場や新事業への進出であったとしている。

　それでは成長につながった戦略の第1として水平統合についてみてみたい。

第Ⅰ部　グローバル化とイノベーションの基礎理論

水平統合とは**図表2-1**で示すように，買収や吸収を通じて同じような業種や同じ様な機能が結合することで規模を拡大する企業戦略である。チャンドラーは，水平統合に関する経済合理的な説明として，産出量，価格，市場の効果的な支配が誘引になるとしている。これは当該市場を自ら統制することにより，競合他社との価格競争に巻き込まれることなく，価格の維持さらには寡占価格や独占価格を設定することで大きな利益をあげることを意味している。そして合併がなされた後は，施設と人材の合理化が行われる。これは，工場の統廃合により，生産性の低い施設や設備を廃棄し，生産性の高い施設や設備に資源を集中することで，過剰設備の整理による生産効率の向上を期待するものである。そして何よりも，生産量を増やすことにより規模の経済を働かせることを期待できる。規模の経済とは，ある範囲の生産規模で生産量が増えるに従って平均費用が下がる，という現象である。これは固定費や広告費，研究開発費などを広く薄く分散することで一製品あたりの固定費用負担を相対的に低下させることによる。また規模の経済を助長するものとして，学習効果あるいは経験効果があげられる[3]。これは累積生産量が増えることに応じて学習が促され，失敗が少なくなることや迅速な対応が可能になることによって平均費用が低下する現象である。チャンドラーは，このような規模の経済が利用された場合にのみ，水平統合による生産性の向上が可能になったと説明している。

図表2-1　水平統合の例

販売会社A　　販売会社B　　販売会社C

続いて第2の垂直統合についてみる。垂直統合とは**図表2-2**で示す様に，原材料から最終商品が顧客に届くまでのプロセスの繋がりを意味するサプライチェーンにおいて機能別の企業同士が結合することであり，規模の拡大を可能にしつつ，サプライチェーンにおけるモノや情報の流れを把握することを可能にする。サプライチェーンの流れは1社のみが担うわけではなく，多くの企業が多数介在する場合が多い。サプライチェーン内に多数の企業が存在する場合

は，自社の範囲を超えて流れを管理することになるが，垂直統合は自社の範囲内での管理の幅を広げることを意味する。なお統合の方向において，最終消費市場に近い側を前方（川下）統合，原材料に近い側を後方（川上）統合と呼ぶ。垂直統合に関する経済合理的な説明としては，何よりもサプライチェーンにおけるモノと情報の流れ（通量）を管理することで，稼働率を高めることである。例えば原材料や部品の調達失敗による生産停止などを避けることができる。これは速度の経済が働くと表現される現象であり，上記の大量生産を高水準で展開することの前提となる。大量生産を可能にする設備や機械などへの多額な投資を回収するためには，工場が常に稼働し収益を獲得し続けることが必要であるというものである。無論，工場稼働率を高めることは，投資した固定費を一製品あたりで割るにあたり，より分散させることにつながる。また垂直統合によって他機能に進出することは，サプライチェーン内における他機能企業に対する交渉力の上昇を可能にする。例えば製造組立企業が自社による部品製造を開始した場合，その部品に関する情報や状況を把握することで，他の部品製造企業に対して自社に有利な価格交渉や納期設定交渉を可能にし，自社の範囲を超えた通量の管理を容易にする可能性を高める。

図表2−2　垂直統合の例

このように水平統合と垂直統合は，基本的には大量生産から得られる規模の経済を活かすために必要な戦略と言える。すなわちコスト削減による効果を求めるものである。ただし大前提として大量生産を可能にするには，需要という明確な条件が必要である。需要が存在するゆえに大量に生産することが可能であり，上記のようないくつかの効果を期待できる。しかし大量生産により同じ製品を供給することは，消費側に飽きられるという危険を伴う。大量生産によるメリットを享受することが必然的に需要減をもたらし，ゆえに大量生産が成立しなくなるという，いわば大量生産のジレンマが生じる[4]。地理的な拡張に

よる新たな需要獲得や，製品の幅を増やす多角化による新たな需要獲得は，このような需要減を克服するための対応策として捉えることが可能である。

そこで第3の地理的遠隔地への進出についてみると，ビジネス活動範囲の地理的拡張は当然ながら新規顧客を獲得する可能性を高め，需要の拡大を期待するというものである。海外進出は，この地理的拡張の延長上にあるものとされる。鉱物や農作物といった原材料の確保のためという防衛的な理由で海外進出が行われる場合もあったが，多くの場合は市場シェアを拡大する理由であったとされる。そして製品の輸出に対し関税や輸送の費用が高まる場合，現地での生産施設建設を目的とした直接投資が行われた。

最後に第4の多角化についてみる。多角化とは，現在の製品や事業とは異なる新製品や新事業の展開を可能にするものである。多角化は環境要因と企業内要因の双方から展開される。環境要因とは，既存製品の需要減や政治社会状況の変化などである。企業内要因とは，既存の設備や能力を十分に利用する必要性や機会である。多角化遂行の経済合理的な説明は，範囲の経済からなされる。範囲の経済とは，商品やサービスの種類が増加するにつれて費用が節約できるというものであり，複数の異なる企業で複数の製品を生産した際の総費用と単一企業で複数の製品を生産した際の総費用を比較した際，単一企業の方が総費用を低くできるという現象である。これは固定費，原材料費，広告費などを共通利用すること，また副産物や未利用資源を活用すること，によるとされる。また同様の現象についてシナジーが働くと表現されることもある[5]。シナジーとは，資源の能力がうまく組み合わされることでアウトプットの逓増，あるいはインプットの逓減を実現できる効果であり，アンゾフはシナジーを2＋2＝5として表現している[6]。もちろん既存製品や事業と関連しない領域で多角化を展開する場合，当然ながらそれらの効果は期待できない。それでもその場合は，既存事業がネガティブな環境変化を被った際に，既存事業の状況とは無関係に新規事業を遂行できることから，リスク分散の効果を期待できる。

第2章　企業成長様式とその変化

第3節　チャンドラーにみる企業成長と調整機構

　チャンドラーは，企業成長に関連して，企業組織を運営する調整機構としての経営階層組織の役割についても重視している[7]。企業成長には，状況に応じた企業戦略を展開した後，それぞれに適した組織構造のデザインが必要であったというものである[8]。それは大企業となった企業が，複雑化した業務を担う巨大組織をいかに運営するかという緊急の課題に直面したことを意味していた。

　チャンドラーによると垂直統合を実現した企業は職能部制組織構造を採用したとされる。これは単一職能であった企業が垂直統合によって複数の職能を持つに至った際，現業を推進する部門としてそのまま職能別に組織を分類し運営したというものである。図表2－3を参考に，職能部制の特徴をみると，トップに権限を集中していることから各部門間の調整がやりやすく，操業度を変化させやすいという点である。しかし規模が大きくなる場合や活動が複雑になった場合は，トップに負担がかかり過ぎることになる。ゆえに企業環境が安定し，かつ単一の製品のみを展開している状況が最適とされる。

　続いて多角化についてみると，それを実現した企業は事業部制組織構造を採用したとされる。当初，多角化を推進した企業は職能部制のまま組織を運営したものの赤字が累積した。これは活動が複雑になったことで職能部制では効率的な対応が難しくなったというものである。そこで製品別の枠に基づく分権的な事業部制を採用することで，特定の製品を事業部内のみで扱うことを可能にした。また事業部制は活動地域別で採用されることもあり，海外進出に適した組織構造とも言えよう。その場合，事業部が子会社として組織される持株会社形態を採用することもあった。図表2－3を参考に，事業部制の特徴をみると，各事業部に権限と責任を与えることで事業部長が調整役となる。このことはトップの負担を減らすことを意味し，それゆえトップは現業から解放されることで全社的な意思決定，特に経営戦略に専念することが可能となったとされる。

　このような職能部制と事業部制は，それぞれ垂直統合と多角化さらには海外

図表2-3　職能部制組織構造と事業部制組織構造の例

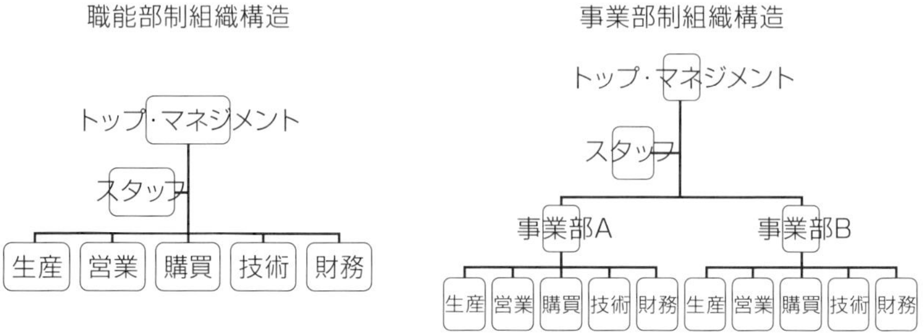

職能部制組織構造

トップ・マネジメント
└ スタッフ
　├ 生産
　├ 営業
　├ 購買
　├ 技術
　└ 財務

事業部制組織構造

トップ・マネジメント
└ スタッフ
　├ 事業部A
　│　├ 生産
　│　├ 営業
　│　├ 購買
　│　├ 技術
　│　└ 財務
　└ 事業部B
　　　├ 生産
　　　├ 営業
　　　├ 購買
　　　├ 技術
　　　└ 財務

進出という企業戦略に適合した調整機構であったとされる。チャンドラーは，このような企業戦略に応じた組織構造の採用について「組織は戦略に従う」と表現した。状況に応じた適切な戦略決定に加え，その戦略に適合した調整機構による企業運営が重要であることを示すものと言える。それら調整機構としての職能部制と事業部制は，いずれにおいても経営階層組織による調整であった。大企業となり広範囲となった経済活動を効率的に調整するために，日常的な業務を担当するミドルとローワー，全社的な意思決定を行うトップという官僚機構的な経営階層組織を創出したというものである。特に，サプライチェーンにおける通量をより良く管理するために，この様な経営階層組織は，注文のスケジューリングや仕様の標準化，在庫管理などを効果的に実行した。この通量の管理に関して，チャンドラーは，資源配分システムとしての経営階層組織の調整が市場の調整よりも効率的であったとし，大企業成立後はアダム・スミスの「見えざる手」から「見える手」に取って代わったと主張した。大企業同士による大規模な取引や大企業内による企業内取引が主流となると，企業内の経営階層組織あるいはマネジャー達こそが調整の役割を担うようになるという主張である。狭義には企業内取引による調整を想定している見解であるが，広義にはサプライチェーン・マネジメントと呼ばれるサプライチェーン内での調整もこの見解に含むことができよう[9]。

このような市場か組織内かの調整の選択問題に着目したアプローチに取引コスト理論がある[10]。取引コスト理論によれば，市場によるか組織内によるか

のメイクオアバイの決定は，それぞれの取引コストの比較の結果によるというものである。したがって「見える手」が生じる場合は，市場の取引コストが組織内の取引コストよりも高いゆえ，組織内取引（垂直統合）が選択されたと説明される。このような取引コスト理論の議論，特にウィリアムソンの議論は，チャンドラーの議論と親和性の高いものとされてきたが[11]，企業をガバナンス制度と捉えることで組織構造を捉えた場合，チャンドラーと同様の主張が行われる。ウィリアムソンは，取引コストが生じる理由の一つとして人々の機会主義を上げる。企業規模が拡大すると管理者はメンバー全員を管理することが難しくなり，メンバーの機会主義的行動が出現する。これを監視し調整すると組織内取引コストが上昇するため，それを削減するための組織構造デザインとして多段階階層組織が採用される，と説明する。具体的には，垂直統合を経て規模と複雑性が増すと職能別部門からなる単一型のU型企業（unitary form）が採用される。そしてさらに企業規模と複雑性を増加させた場合は，組織内取引コストが再び上昇するため多数の事業部を有するM型企業（multi-divisional form）が採用されるというものである[12]。

第4節　チャンドラーにみる企業成長様式のまとめ

　以上のように，チャンドラーが歴史的事例から導いた企業戦略ならびに調整機構に関する説明をみた。この様な説明は，以後のいかに企業成長を実現するかの議論に対し少なからず影響を与えたと言える。例えば，**図表2－4**はガルブレイスとネサンソンによる企業成長の経路を示す概念図である。ここでは，チャンドラーの議論を踏まえた企業戦略とその調整機構としての組織構造の推移が描かれている。彼らは成長の経路には複数あり，また必ずしも世界的な規模での事業部制組織になるとは限らないとしている。それでも米国企業における支配的な道筋を示しており，それはチャンドラーの企業成長に関する歴史的説明を強化するものである[13]。

第Ⅰ部　グローバル化とイノベーションの基礎理論

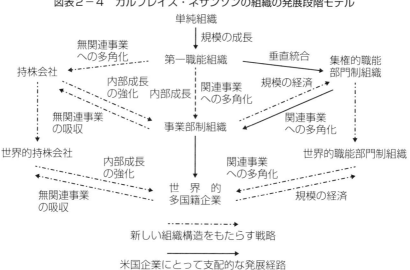

図表2－4　ガルブレイス・ネサンソンの組織の発展段階モデル

（出所）　ガルブレイス・ネサンソン（1989）139頁。

　このようにチャンドラーが示した企業成長につながった企業行動の様式は，一般化をしてもある程度妥当性があると捉えられている。そこで本書では，このような企業成長につながる企業行動を，基本的な企業成長の様式として捉えることとする。当然ながら，この成長様式は，必ず成長を導くというものではなく，企業成長を目指す際の指針に過ぎない。それでも企業成長をもたらす多くの場合において，その成長様式に何かしらの関連があるとみるものである。

第5節　近年における企業環境の変化と企業成長様式

　しかしながら，このような企業成長様式に対して，20世紀後半の環境変化からその妥当性に疑問が投げ掛けられるようになった。環境の変化とは，製造企業が自社工場を売却や閉鎖することで製造機能を切り離すというファブレス化に代表される垂直非統合，脱垂直化や垂直分解と呼ばれる現象が顕著にみられるようになったことであった[14]。この様な変化の背景には，製品のコモディ

ティ化の進展等によって，ビジネスを容易に展開できなくなったことが考えられる。例えばエレクトロニクス産業では，過当競争や同質的競争により利益率が悪くなり，またそれでも売上を得るためにプロダクト・ライフ・サイクルを短縮化することでまた利益率が悪くなるという状況にあった。その状況において，エイサー創業者の施振栄が提唱したとされるスマイルカーブの説明では，開発から販売サービスまでのサプライチェーンの流れにおいて，製造組立が最も付加価値が低いことを主張している。また費用面でみても，製造は設備投資が必要なため最も費用がかかり，さらに一度設備投資を行うと需要変動への対処が難しくサンクコストが生じる可能性が高い。製造機能を切り離しは，それらの理由により遂行されたと考えられる。

　他方，切り離された製造機能に特化した企業も出現し，不特定多数のファブレス企業から受注を行うことで企業成長を実現した。他社の製造を担う活動をOEM（Original Equipment Manufacturing）と呼ぶが，特にエレクトロニクス産業やPC産業においてその様な活動に特化する企業をEMS企業，半導体産業ではファウンドリー企業と呼ぶ。これら企業が存在することで，従来の製造企業はファブレス化を可能にしたとも言える。これら企業が製造機能に特化する理由としては，多くの企業から受注を受けることによることを前提とした，大量生産による規模の経済，購買や調達における交渉力向上，部品や材料の共通化による費用削減，などが考えられる。もちろんこれらの理由のみで即座に既存製造企業の製造機能分化やEMS企業の受注が可能になったわけではない。スタージョンは，コード化された情報や知識が企業間を結びつけることが重要であると指摘する[15]。コード化により情報や知識のやり取りにコストが掛からず，ゆえに市場取引的な連携が可能となり，反対に垂直統合を行う意義が薄れたというものである。

　いずれにせよこのような垂直非統合，脱垂直化や垂直分解といった現象は，サプライチェーンにおける企業内取引の範囲が狭まることを意味した。そしてこのような状況はまた，チャンドラー的な企業成長様式の担い手である垂直統合を経て経営階層組織を有した巨大企業の凋落傾向をも意味した。すなわち本

書が基本的成長様式と捉える企業行動に陰りがみえたというものであった。このような変化を前提としてチャンドラー的な企業成長様式について疑問を投げ掛けたラムロー，ラフ，テミンは，新たな状況を理解するためのフレームワークとしてウィリアムソンの取引コスト理論をあげるが，市場と組織の二分法ではなくそれらの中間形態である長期の関係性からの解釈を主張した[16]。それは近年の垂直統合型大企業の凋落を経営階層組織による調整から長期的な企業間の関係性による調整にとって代わったと説明するものである。

またラングロワも同様の企業環境の変化をもとに「消えゆく手」仮説を提示することでチャンドラー的な企業成長様式が時代遅れとなったことを主張した[17]。ラングロワは，市場において様々な機能が蓄積されることで，企業による調整の必要性が徐々に減ってきたと説明する。それは，アダム・スミスの「見えざる手」が19世紀後半にチャンドラーが提唱する経営管理階層による「見える手」の調整となったものが，20世紀後半に垂直統合企業の後退によって再び市場による調整に戻ったという見解である。

しかしながらこれらの議論に対し，1990年代以降の動向をみると必ずしもラングロワの主張どおり市場による調整が主流にはなっていないとの見解も多い[18]。またラムローらの主張も，日本の自動車産業や家電産業における系列取引を考えた場合，特に新しい主張ではない[19]。とは言え，市場取引あるいは企業間関係のどちらにおいても，企業間分業を可能にするものであり，ゆえに単体の企業は垂直分解やあるいは専業化といった企業行動を選択したとも言える。なおこうした動き，特に企業間関係を説明するものとしては，宮沢健一による複数の主体間のネットワークの結びつきが生むとされる連結の経済[20]，あるいはスタージョンによるネットワークの結びつきが生むとされる外的な規模の経済[21]，が参考になる。

またこのような調整機構の多様性については，企業間取引の国際化を前提としたジェレフィ，ハンフリー，スタージョンによるグローバル・バリュー・チェーンに対するガバナンスの類型が参考となる。近年の企業環境の変化は，国や地域を越えたグローバルなサプライチェーンの興隆とも言える[22]。**図表**

2－5が示す様に，ジェレフィらはサプライチェーンのガバナンス方式として市場（Market），モジュール（Modular），関係的（Relational），囚われた（Captive），経営階層組織（Hierarchy）の五つの類型を提示し，それらは諸条件において選択されると提示する[23]。

図表2－5　グローバル・バリュー・チェーンのガバナンス類型

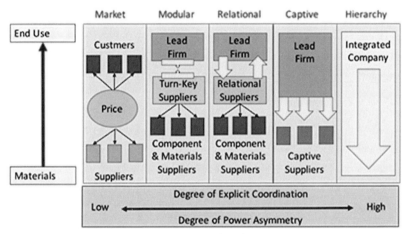

（出所）　Gereffi, Humphrey and Sturgeon（2005）p. 89.

この見解によれば，「見えざる手（消えゆく手）」も「見える手」もそして長期的な企業間関係も状況に応じて採用されることになるが，その意味で言えば，チャンドラーによる企業成長様式は主流の位置づけから相対的な位置づけに認識されるようになったとの解釈が可能かもしれない。

第6節　企業成長様式の多様化と新しい「見える手」

このように20世紀後半から21世紀にかけての企業環境の動向は，企業間関係による企業成長様式の存在感を強めることとなった。これは国際化の観点で言えば，上記のグローバル・バリュー・チェーンなどが，またイノベーション遂行の観点で言えば，オープンイノベーションやビジネス・エコシステムなどが

関係する[24]。これら企業成長様式は，成長を実現する企業行動として基本的にイノベーション（多角化）と国際化（地理的拡張）をとるものであり，チャンドラーの成長様式と同じである。ただしその担い手を考えると，チャンドラー的な巨大統合企業ではなく，企業間関係によるというものである。

このような近年の動向に対する具体的な詳細については，以下の各章で明らかにするが，その調整手法については若干先取り的に触れておきたい。既述のようにラムローらは，近年の状況に対して長期的な企業間関係による調整の妥当性を主張したが，本書では若干異なる見解を示す。それは企業間関係そのものが調整役となるのではなく，企業間関係においても調整役となる企業が存在する場合があるとみる。例えばビジネス・エコシステムでは，エコシステム全体の興隆を念頭に置くプラットフォーム企業やキーストーン企業が存在している[25]。プラットフォーム・リーダーやキーストーン企業による企業間関係内の調整は，ラングロワが主張した市場調整による「消えゆく手」では決してない。しかしながらチャンドラーの企業内の「見える手」とも範囲と構成要素が異なる。そこで本書では，その様な企業間関係について，言わば新たな「見える手」の役割を担う企業が存在しているとみる。プラットフォーム企業やキーストーン企業によるエコシステム全体を統括する調整行為を，新たな「見える手」の調整様式と捉えるものである。それは垂直統合型の企業内取引よりもはるかに開かれた状況，いわば開かれた市場取引に近いが，しかしその調整は決して市場調整によるものでなく新たな「見える手」を担う企業組織による調整が行われているとみるものである。

（注）
1) チャンドラーの企業成長の議論については，チャンドラー（1979），チャンドラー（1993）に加え，鈴木・安部・米倉（1987），鈴木（2000），下川（2009）を参考とした。
2) 企業戦略とその合理性については，チャンドラー（1979），チャンドラー（1993）に加え，青木・伊丹（1985），鈴木・安部・米倉（1987），ベサンコ・ドラノブ・シャンリー（2002），丸山（2005），淺羽・牛島（2010）を参考とした。
3) 学習曲線と経験曲線の違いについては，高橋（1995）第2章付録が参考となる。

4) フォードのT型フォードの躍進とその後の販売不振，多品種を擁したGMによるシェア逆転が好例であろう。それについては，チャンドラー（1970）が参考となる。
5) 範囲の経済とシナジーはほぼ同じ概念とされるが，その違いならびにシナジー効果の方が有効との指摘については，篠原（1992）が参考となる。
6) アンゾフ（1969）99頁。
7) 調整機構としての組織構造の議論については，チャンドラー（1967），チャンドラー（1979），チャンドラー（1993）に加え，Daems（1980），ウィリアムソン（1980），鈴木・安部・米倉（1987），丹沢（2000），岸田（2006），菊澤（2006），を参考とした。
8) チャンドラーの状況に適した対応との見解に，必ずしも最適解の対応ではなく周りに倣った収斂的な対応に過ぎないとの見解もある。その見解については，Fligstein（1990），佐藤・山田（2004）が参考となる。
9) 企業間のサプライチェーンの管理が「見える手」に該当するとの見解は，例えばHelper and Sako（2010），島本（2015）があげられる。
10) 企業間関係に対する取引コスト理論を含む新制度派経済学アプローチの各スタンスの説明としては久保（2011）が詳しい。
11) ウィリアムソンが取引コスト理論によって論理的な説明を行うに際して，しばしばチャンドラーが示す歴史的事例を用いたことによる。
12) ウィリアムソンは企業組織の分類として，持株会社のH型，調整の過程にある事業部制のM'型，本社による事業部への関与が強い$\overline{M}$型，事業部制と持株会社などの混合であるX型，にも言及している（ウィリアムソン，1980，249-251頁）。
13) ガルブレイス・ネサンソン（1989）第8章。
14) アマトーリ・コリー（2014）325-331頁。
15) Sturgeon（2002）p.451.
16) Lamoreaux, Raff and Temin（2003）．
17) Langlois（2003）．
18) 例えば，Sable and Zeitlin（2004），塩見（2009），塩見（2010），安部（2012），名和（2015）を参照。
19) 塩見（2009），島本（2015）。長期の関係性についてブランド企業による「見える手」の調整があったとみる見解については脚注9を参照。
20) 宮沢（1986）94頁，宮沢（1988）53頁。
21) Sturgeon（2002）p.471, p.489.
22) 例えば，Sturgeon and Lester（2004）を参照。
23) Gereffi, Humphrey and Sturgeon（2005）pp.83-89.
24) 国際化とイノベーションは現状において相互に深く関係する状況となっており，どちらの観点からみても両者の範囲は曖昧である。その意味でイノベーションの実現という現象に対して国や地域で明確に区切ることは難しいと言える。
25) 例えば，ガワー・クスマノ（2005），イアンシティ・レビーン（2007），立本（2017）を参照。

第3章　企業成長と国際化

第1節　はじめに

　企業が国境を超えて財（モノ）を生産し，国境を越えた市場へ財を販売し，国境を越えた市場へサービスを提供することは，第二次世界大戦以前にも見られたが，今日の世界経済のグローバル化に繋がる企業活動の国際的な展開は，1980年代以降顕著になったといえよう。1980年代に入ってから企業の国際化が進み，1990年代には多くの企業がグローバル戦略を取り入れるようになった。国境を越えた企業活動をしている企業のことを多国籍企業[1]と呼び，近年よく耳にするグローバル化を積極的に進めているのがこの多国籍企業である。
　本章では，企業を取り巻く環境の変化と，企業の戦略として国際化を進めている多国籍企業に焦点をあて，なぜ企業は国際化を進めて海外進出や海外生産をするのか，どのようにして企業は国際化を進めるのか，国際化を進めた海外の子会社（現地法人）はどのような戦略をホスト国で展開しているのか，という点について理論的に明らかにする。

第2節　企業を取り巻く環境の変化と企業成長

　企業は，更なる成長を求める場合や，ある製品の市場が飽和状態になりそうな場合などに，次なる戦略展開を模索して大きく分けて次の二つの戦略の中から選択する。すなわち，他の製品へと多角化を進めるか，同じ製品事業をグローバルに展開させるか，という戦略のいずれかを選ぶことが考えられる。
　国際化とは，各国が，何らかの形で依存し合ったり，統合したりする経済へとシフトすることであり，異なる市場（国）が，グローバル化された市場へと

統合し，依存し合うようになることである。

　企業の国際化には，市場の国際化，生産の国際化，そして国際機関の出現が関連している。市場の国際化とは，異なる市場（国）が，グローバル化された市場へと統合し，依存し合うことである。その背景には，各国の消費者の趣味や嗜好が似通っていること，企業が，標準化（世界スタンダード）されたモノを製造・販売したり，サービスを提供することが考えられる。もし各国の市場や顧客の趣味や需要が全く同じであれば，全く同じ製品を売り，サービスを提供したら良いということは明らかである。しかし，各国市場には，あらゆる「相違点」が存在しており，その各市場に存在する「相違点」が企業の経営における国ごとに異なるグローバル戦略へと導くことにつながる。

　企業が生産活動をする時に，ホスト国が異なると，生産要素（factors of production；労働，土地，資本）の質とコストの違いが存在する。技術レベルとそれに対する人件費の違いが，国による生産要素の中の労働要素の違いとなる。企業が生産の国際化を進める場合，企業は生産要素の質とコストの「違い」を活用して，製品を生産している。

　1980年代後半以降に世界経済のグローバル化が進むこととなった背景として貿易障壁及び，投資障壁が低くなったために輸出入がしやすくなり，海外直接投資がしやすくなったことがあげられる。技術の発展により，企業間や企業内におけるコミュニケーションが容易となり，交通・通信技術の発達により，各国の「距離」が近くなり，輸送費の時間とコストが削減できた。これらは世界経済のグローバル化の結果であり，これらが進むことはますますグローバル化が進む影響となり，消費者の趣味・嗜好・文化が似通ってくることにもつながり，需要が類似する。また，各国間の人の流れやものの流れが容易になることにより，各国が，ほかの国の資源に頼るようになる。

第3節　多国籍企業が海外直接投資をする要因

　多国籍企業が他国に進出する場合，しばしば現地企業でないことの不利益を被ることとなる。それではそのような不利益を被る不確実性の高い海外市場に企業はなぜ海外直接投資（Foreign Direct Investment：FDI）をするのか。伝統的に，ケイヴスは技術・経営技能，組織能力などの見えざる資産の所有から派生する企業固有の優位性を基に経済的利益を創出するために海外に生産設備などに対して海外直接投資をすると主張した（Caves, 1971）。ハイマーは，生産設備などのFDIをするために，企業の持つ不利な点を克服するような優位性を保有する必要があるとするが（ハイマー，1979），製品サイクルの流れに沿ったプロダクト・ライフ・サイクル論によってFDIをする場合もある（Vernon, 1966）。

　企業が海外進出する要因として，多国籍企業側の要因と受入れ国側の要因がある。多国籍企業側の要因としては，現地企業に対抗できる①所有の優位性（Ownership Advantage）をどの程度持っているか，そして所有の優位性がある場合，②立地の優位性（Locational Advantage）のあるどの国に進出するべきか，所有の優位性をライセンス等を通じて海外企業に渡さずに自社内で利用することによる③内部化の優位性（Internalization Advantage）を持つかどうか，という三つがあげられる。この中の立地の優位性を左右するのが，受入れ国側の要因となる。この考え方はOLIパラダイムと呼ばれ，海外直接投資の要因を説明する包括的フレームワークとして知られている（Dunning, 1993, Dunning & Lundan, 2008）。

　所有の優位性とは，多国籍企業がホスト国において，現地企業に対抗できるのに十分な有形，無形資産を保有することによる優位性であり，企業の持つ優れた技術，情報，知識，ノウハウへのアクセス等，時には特許によって保護されているような優位性を指す。卓越したマネジメントと組織の技術，資本へのアクセス，企業規模から生まれる規模の経済性なども含まれる。このような所有の優位性を多く保持する企業は，海外でもその優位性を活用することができ

るので，受入国での不利な競争条件を乗り切ることが可能となる。

　立地の優位性とは，受入れ国にどの程度自社に必要な資源があり，入手可能かにかかわる，受入れ国の持つ優位性である。企業側の海外進出の目的とマッチする場合，企業はその国へ海外進出することを意思決定する。目的としている対象は，①資源探求型（Resource seeking），②市場探求型（Market seeking），③効率探求型（Efficiency seeking），④戦略的資産探求型（Strategic asset seeking）の4つであり，どの国へ海外進出するのが最も優位性が高いのか検討する。資源探求型を目的とする企業は，天然資源，インフラ，人材，現地の企業パートナー，政府の海外直接投資規制と誘致政策などを求めて海外進出をする。市場探求型とは，企業が現地の様々なコスト（人件費，資材，関税）が見合った価格であるかどうか，市場が成長していたり地域統合が進んでいたりする等の魅力的な要素があるかどうか，という点を探求することである。近年では，スキルを持った人材や専門的な知識を持った人材を求めることや，顧客に近い市場を求めることも市場探求型に含まれている。効率探求型とは生産コストの低下に関係する目的で，政府の投資誘致政策や，輸出加工区の存在，知識集約産業の多国籍企業にとっては，産業クラスターの存在やよりよい競争環境の有無等も含まれる。

　戦略的資産探求型とは，自社の持つ所有の優位性をより高くできる知識ベースの資産や市場の有無とそのコスト，相乗効果のある資産の有無やそのコスト，現地の知識交換や相互学習の機会の有無などを目的とすることである。万が一，求めているような立地の優位が存在しない場合は，自社の優位性を自国内で活用し，製品を海外に輸出することに切り替えることにつながる。

　内部化の優位性は内部化理論によって説明される。内部化理論は，多国籍企業がどのように出現するのかについても説明している。企業は，海外での部品などの取引において，市場の不確実性と企業内で製造する内部化の総費用を比較する。市場での取引にコストがかかる場合，市場での取引をやめて企業内での取引をすることを決め，海外との市場取引も企業内の取引にすることを決めると海外進出する。内部化を誘引する要因として，バックレイとカソンは，知

識の取引の視点から,製品の性能や価値についての知識が売り手と買い手で等しくない場合や,国際市場における各国政府の介入がある場合,中間財としての「知識市場」の不完全性の存在をあげている(バックレイ・カソン 1993)。

内部化の優位性につながる外部市場の不完全性の例として,企業間の活動を調整するために必要とされる情報を提供する先物市場がない場合,外部市場で中間財の差別的な価格設定ができない場合,売り手・買い手ともに少ない寡占状況である場合,製品性能や価値についての情報が売り手・買い手で等しくない場合,国際市場における各国政府の介入がある場合などがあげられる。また,同じく内部化の優位性につながる知識の取引コストの例としては,R＆D,新製品立ち上げは同一企業のほうが効果的である点,知識は一時的に自然独占となり,差別的な価格設定が有効でない点,プレイヤーが減り,一時的に知識の独占状態となる点,知識の売り手・買い手は独占者でコンフリクトが発生しがちである点,コンフリクトの解消には内部化が有効である点,不明な知識による不確実性の発生,知識を正確に取引する場合に市場を通じると困難にとなる場合,正確な評価が難しく,人為的な価格操作がされやすい場合,無形的であるため,正確な評価がむずかしく,売り手による意図的な価格操作がされうる(正確な価格設定が困難)点をあげている。

第4節　多国籍企業によるエントリーモード(参入方法)

多国籍企業の海外進出はOLIパラダイムで説明ができ,それぞれの優位性のバランスにより,どのように海外進出をするのか,海外進出時のエントリーモードを検討することになる。エントリーモードは,経営上の管理の度合いとそれに伴うリスクの度合い,そして,非出資型と出資型で分類が可能である。例えば,多国籍企業はどのホスト国へ進出するかを考慮すると同時に,価値連鎖のどの機能を海外進出させるのか,そして,どのようなエントリーモードを使って対象とするホスト国へ進出するのかを考えなければならない。こうした意思決定の要因を学ぶことは,エントリーモードによって進出時の投資額が異

なり，本国ではないことからくる不確実性（外国企業であることの劣位）によるホスト国での失敗のリスクが存在する海外進出を通じて成長を実現しようとする企業にとっては極めて重要なことである（図表３−１参照）。

図表３−１　エントリーモードの種類：輸出事業と非出資型・出資型国際生産

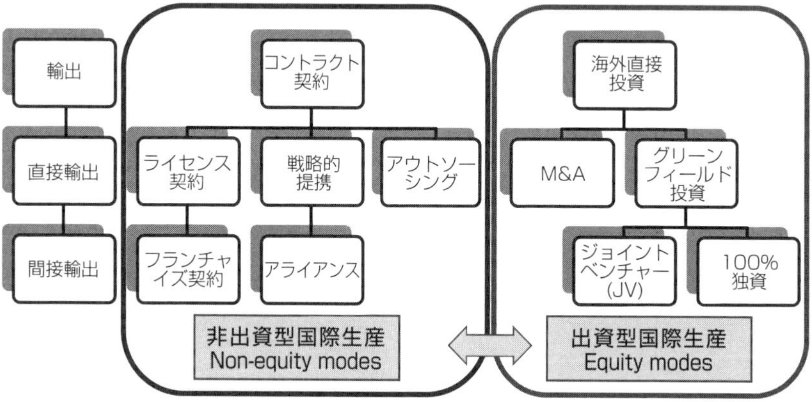

```
輸出
├ 直接輸出
└ 間接輸出

非出資型国際生産 Non-equity modes
├ コントラクト契約
│  ├ ライセンス契約
│  │  └ フランチャイズ契約
│  ├ 戦略的提携
│  │  └ アライアンス
│  └ アウトソーシング

出資型国際生産 Equity modes
└ 海外直接投資
   ├ M&A
   │  └ ジョイントベンチャー（JV）
   └ グリーンフィールド投資
      └ 100%独資
```

（出所）　筆者作成。

　ハイマーは，多国籍企業が直接的に行う投資は単なる資本の流れの現象ではなく，パッケージ化された経営資源の移転を含むと指摘している（ハイマー，1979）。多国籍企業は企業内部に蓄積された経営資源を海外市場でも有効に活用し，それを通じて，コスト削減，利潤最大化を海外市場で追及するために，様々なエントリーモードで海外に進出する。ここで，多国籍企業内部に蓄積された経営資源とは，企業固有の生産技術，経営ノウハウ，製品販売力，資金調達力，市場に関する情報収集能力などを指し，それらが多国籍企業のグローバル戦略を通じてパッケージとしてホスト国に移転される。エントリーモードを検討する際に，古典的なモデルであるウプサラ・ステージ・モデルでは，企業は時間をかけながら間接輸出，直接輸出，海外販売子会社設立，海外生産，研究開発活動の移転といったステージを上ることとで，漸近的に企業の国際化が進むとしているが（Johanson and Vahlne, 1977），近年では，エントリーモードの国際化の度合いと管理の度合いによる分類のステージを上るという考え方よ

りも，エントリーモードを戦略的に選択する，という考え方の方が当てはまるであろう。

1 輸出による企業の国際化

　所有の優位性を持つ企業がその優位性を海外でも活用したい場合，比較的に海外展開をしやすい方法は，輸出である。輸出には，企業が直接輸出する場合と，輸出の業務の全て，または一部を商社などの外部に委託する間接輸出の場合がある。通信技術等が発達していない時代には，輸出の際の「販路」や「販売チャネル」などのノウハウを持つ商社などに委託することから，輸出する企業にとって，それらのノウハウの開発のコストがかからないことがメリットとなっていた。いずれにしても，企業は製品を輸出することにより，販売ターゲットが国内市場に加えて，国際市場が加わることとなる。モノを輸出するので，対象産業は製造業となり，輸出可能な製品を製造する企業のみがこの戦略の選択が可能となる。

　輸出の選択を左右する共通する要因は，関税の有無や，為替レート，輸送費であるが，その他の要因は年代ごとに変化している。例えば，1970年代は，海外直接投資の自由化が進んでおらず，為替レートが不利益だったことに加えて，目に見える輸送コストや，目に見えないコミュニケーションコストの増加，そして海外市場や海外市場でのビジネスの不確実性の高さから，海外生産のコストが輸送コストより高くみられ，輸出を選択する企業がみられた。輸出は貿易であり，そのため，多くの場合，商品には関税がかかり，販売価格は高くならざるを得ず，さらには為替の変動によって利益が減少することも起こりえるというデメリットもみられた。

　その後，徐々にコミュニケーションコストが下がり，輸送方法も効率的になり輸送コストも下がり，海外生産のコストと輸出との差が広がり，海外生産を選択することも容易になったが，そのような環境下でも，戦略的に輸出を選択する場合がある。1980年代や1990年代には，地理的な選択と集中により，製品の製造場所を1か国または数カ国集中させる企業や，知的財産権の保護のため

に生産を本国のみに集中させる企業もあり，流通コストが低くなっても，輸出を選択している。輸出によるメリットが多いので輸出を選択していた企業が，デメリットの方が多くなってしまった場合，輸出に代替するその企業の戦略にみあったエントリーモードを選択することになる。

2　非出資型国際生産による企業の国際化～ライセンス契約

　現地生産によるコストと現地生産に伴う便益を比較し，その差が縮まってくると判断した場合，企業はバリュー・チェーンの機能を部分的に海外進出させようとする。これまで輸出していた国の企業と技術提携して現地企業に生産の機能を委託する場合（ライセンシング，またはアウトソーシング）や，自ら開発した特許技術を現地企業に使用許可を与えて生産させてロイヤリティ（使用料）を得る場合や，単純な技術供与や請負契約（コントラクティング）をする方法などがこれにあたる。ライセンシング，アウトソーシング，コントラクティングのようなエントリーモードは，企業は出資をせずに他社との契約によって国際生産が可能となるので，非出資型国際生産と呼ばれている。

　ライセンス契約とは，製造業の企業がホスト国の企業とライセンス契約を交わして，ホスト国でライセンサーの持つ技術を用いてライセンシーが生産し，ホスト国でライセンシーが販売する（または近隣地域で）方法による企業の国際化である。ライセンス契約を選択するメリットは，現地生産よりコストが低い点と，現地生産に伴う不確実性への対応が可能なことである。デメリットは，ライセンス契約をする現地企業の役割が大きく，その存在の有無が問題となるという点，ライセンス契約の確実な遵守がされるかどうかという問題，経営管理や在庫の管理が困難であるといった問題や，模倣されるリスクの存在が指摘される。さらに，ライセンシーがライセンス契約により技術力を向上させて，将来的な競合他社となる可能性もある。

3　非出資型国際生産による企業の国際化～フランチャイズ契約

　サービス業の非出資型国際生産の場合，現地に進出してレストラン等を展開

するよりも，現地企業にブランド名や，ビジネスモデル，様々なノウハウの移転を含めたフランチャイズ契約をして，ロイヤリティの支払いの代わりに，現地企業にホスト国での店舗展開を認める，という方法で国際化を選択する。フランチャイズ契約は，ホテル産業，小売産業，飲食店産業等に多くみられ，海外直接投資の費用をかけずに，海外進出が可能となり，ホスト国でホスト国の顧客が消費し，売上の一部をロイヤリティとして受け取ることができることがメリットである。しかし，本社の意向に沿わない経営がホスト国でみられたり，ブランドイメージの管理ができなくなったり，レストランの場合，メニューの味が全く異なり，評判が落ちるというデメリットも見られる。

4　出資型国際生産による企業の国際化～海外直接投資

　非出資型国際生産とは反対に，それまで輸出していた製品や，ライセンスを与えて他社が生産していた製品を代替し，現地で全て生産する出資型国際生産のエントリーモードを選択する企業もある。その場合，企業は，必ず海外直接投資をすることになり，その結果，その企業は多国籍企業となる。出資型国際生産のエントリーモードの場合，生産の全てを行う工場等を現地に造るため，現地法人を設立することになる。

　1980年代後半から現地生産を行う企業が急増し，1990年代後半になると，それまでは本国で行っていた現地生産に関連する研究開発（R&D）を，より生産拠点に近いところで行うことを目的として研究開発を海外に設立する企業も増えた。海外直接投資によって子会社設立を選択することのメリットは，ホスト国で，輸出時や非出資型国際生産に比べて低コストで生産することができる点であり，第三者との取引コストを下げることにもつながる。海外直接投資により現地法人が設立されると，製品がホスト国で生産される。設立当初は，生産された製品はホスト国で消費され，ホスト国で販売されるため，ターゲットはホスト国である。その次の段階として，ホスト国に加えて，本国や第三国（本国とホスト国以外の国）がターゲット市場となり，ターゲット市場が広がり，ホスト国からの輸出につながる。この段階では，多国籍企業の持つ生産拠点

第Ⅰ部　グローバル化とイノベーションの基礎理論

（やR＆D拠点）がグローバル生産ネットワークの一部となる一面でもある。海外直接投資は製造業（自動車産業やエレクトロニクス産業など）でもサービス業（レストランやスーパーなど）でも選択することが可能である。海外直接投資にはいくつかの方法があり，企業の意思決定により，海外直接投資の方法（エントリー・モード）を以下の方法（**図表３－２**）から選択する。

図表３－２　海外直接投資の際の参入方法（エントリーモード）

（出所）　筆者作成。

　企業の海外直接投資（FDI）には，グリーンフィールド（新規設立）投資とM＆A（買収・合併）がある。多くの多国籍企業が海外直接投資による国際化を選択しているが，その中には，完全所有の子会社の場合と，部分的資本所有の子会社（ジョイントベンチャー（合弁会社））の場合があり，M＆Aによる資本参加のみの場合も存在する。

　グリーンフィールドは新規設立と呼ばれ，設立にかんしてかかる投資額の100％を親会社が新規設立として投資することである。この場合，土地探し，工場の建設，機械の設置等，全て一からのスタートとなる。独自の進出となり，多国籍企業の本社が子会社を管理しやすい反面，海外直接投資における不確実

性がそのまま残るため，リスクも伴う進出方法である。

　ジョイントベンチャーとは，合弁会社であり，2社以上の企業が共同で海外直接投資の投資額を出資して設立する会社を意味する。パートナー企業と対等な立場であれば50：50（50％ずつ）の出資であり，対等でない場合は比率が異なる（49：51や，30：70など）。1つのプロジェクト（生産拠点設立）を共同で推進したり，情報や生産資源を共有することを目的とし，提携パートナーは当事者同士にない経営資源を活用することを大きな目的としている。

　M＆AとはMerger（吸収）and Acquisition（合併）の略で，企業の買収・合併を意味する。買収とは，他の企業を丸ごと買い取ることであり，合併とは複数の企業が法的に1つの企業となることを指している。

5　近年のエントリーモードの変遷

　近年は，非出資型のフランチャイズ契約にホスト国企業が興味を持つことも多く，非出資型のメリットとデメリット，出資型のメリットとデメリットから，**図表3－3**のように戦略的に非出資型と出資型を組み合わせて海外進出をする場合も見られる。

　近年では，このような海外進出のステージを経ていない多国籍企業も見られる。海外でのビジネスには不確実性やリスクは高いが，積極的に海外に進出する，設立当初から国際的な視野を持つような企業が増えている。このような企業のことを，ボーングローバル企業と呼ぶ。ボーングローバル企業とは急速な国際化を行うベンチャー企業や中小企業のことを指し，ナイトとカブスギルは創業から3年以内に海外市場で製品を販売し，母国以外で少なくとも25％の売上高を出している企業と定義している（Knight & Cavusgil, 1996）。

　定義によって創業年数や海外売上の割合にばらつきがあるが，ボーングローバル企業の特徴は早期の国際化プロセスにあるといえ，これまでのような段階を経ず，急速に海外進出を成し遂げることである。このような企業が台頭している背景には，市場のグローバル化，情報技術，国際物流技術やインターネットの発達と普及などといった要因があると言われている。

第Ⅰ部　グローバル化とイノベーションの基礎理論

図表3-3　非出資型と出資型の戦略的組み合わせ

タイプ	進出形態	フランチャイズシステム運営に対するコントロール
出資型 海外に直営店 （FDI）	海外支店を設立して直営店を展開する形態	・現地での監視・統制が容易
非出資型海外にFC店	直接契約型＝ダイレクトフランチャイズ	・現地での監視・統制が困難
非出資型マスターフランチャイズ契約A型	現地本部の経営はパートナー会社が担う（パートナー会社＝ストレートフランチャイズ）	・現地での監視・統制が困難となるおそれ ・一切の投資を要しないが，現地企業の能力によるところが大きい ・ロイヤリティは低額なケースが多い ・本部指導は開店までであり，その後は指導がないか，成功のために必要かつ重要な部分に限定される
出資型 マスターフランチャイズ契約B型	現地本部は合弁会社（FDI）	・現地での運営・管理には本部の意向を反映させ，事業リスクは低減する ・合弁パートナーと合同で管理・統制を行うため，合弁パートナーとの調整が必要 ・合弁会社に本国から責任者を派遣することも可能
出資型 マスターフランチャイズ契約C型	現地本部は100％子会社（FDI）	・単独で管理・統制できる ・現地での情報収集やネットワーク構築の支援が乏しい ・現地での加盟店を募集し，フランチャイズ契約による店 ・舗展開を行うサブ・フランチャイジングが容易

（出所）　日本貿易振興機構シンガポール事務所（2015）を参考に筆者作成。

第5節　多国籍企業によるホスト国における国際経営戦略

　多国籍企業が完全所有であっても部分的な所有であっても，海外直接投資をしてホスト国に進出してから，ホスト国やその地域でどのような戦略を採るのか，という視点から考えるのが国際化をめぐる戦略である。この節では，ポー

ターによる企業の国際戦略，プラハラッドとドーズのグローバル統合・ローカル適応，バートレットとゴシャールのⅠ－Rフレームワークを用いた類型論，メタナショナルアプローチ，そしてゲマワットのCAGEフレームワークの主に5つの国際化をめぐる多国籍企業のホスト国での戦略を解説する。

　ポーターは，多国籍企業の戦略として，国際的な市場という観点から「グローバル市場」と「マルチ・ドメスティック市場」という二つに分け，多国籍企業の対象としている市場の性質によって戦略を使い分けている（ポーター，1989）。グローバル市場とは対象国によって製品を変更するのではなく，全世界で同じ製品を展開するような市場であり，このような戦略を持つ企業はグローバル企業と呼ばれる。

　マルチ・ドメスティック市場とは，対象国の顧客ニーズに合わせて変更し，カスタマイズした製品を展開するような市場であり，このような戦略を持つ企業はマルチ・ドメスティック企業と呼ばれる。ポーターによる国際戦略の基本は，「トレードオフ（trade－off）」の中から選択をすることにあり，グローバル統合の効率性を求めるグローバル戦略か，コスト増となったとしても現地ニーズ適応を重視するマルチ・ドメスティック戦略か，どちらかを選択することとなる。グローバル市場で製品等を共通化させて効率性を高めるか，コストがかかっても，各国毎のニーズに適応させるか，という選択を企業は迫られることになる。

　ポーターは，多国籍企業の市場を二つの市場に分類し，それらのトレードオフの関係を主張しているが，多国籍企業はグローバル競争と同時に進出したホスト国市場においても競争を強いられているため，どちらか一方を選択することは難しいのが現実である。それゆえコスト面等でのグローバル統合のメリットを最大限に活用しつつ，各国のドメスティック市場特有のニーズにもきめ細かい対応をする必要が出てくる。その時の意思決定を本社がするのか，それとも子会社がするのか，という視点から提唱されたのがグローバル統合・ローカル適応という概念でありⅠ－Rフレームワークと呼ばれている（Prahalad & Doz, 1987）。

第Ⅰ部　グローバル化とイノベーションの基礎理論

　ポーターが「グローバル」か「マルチ・ドメスティック」か，という二つの市場の視点であったのに対し，バートレット・ゴシャールは，プラハラッドとドーズのⅠ－Rフレームワークをさらに発展させ「グローバル統合」「ローカル適応」のフレームワークには，産業の特性，企業による差異，企業内の機能による差異，機能の中のタスクによる差異，などにより様々なパターンがあることを提唱した（バートレット・ゴシャール，1990）。それが**図表３－４**の多国籍企業の類型論である。

図表３－４　多国籍企業の国際戦略の類型論Ｉ－Ｒフレームワーク

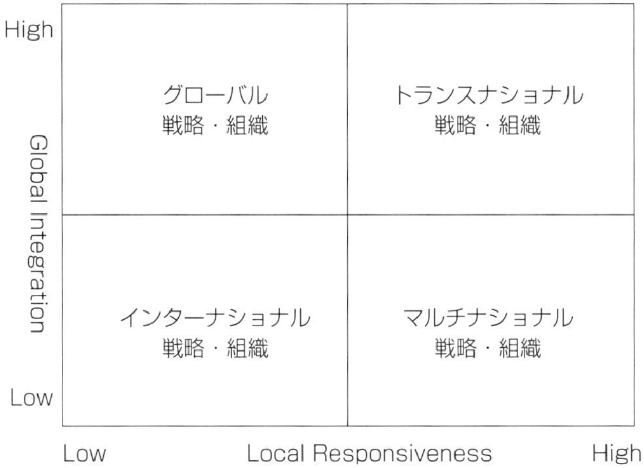

	Low　　Local Responsiveness　　High	
High Global Integration Low	グローバル 戦略・組織	トランスナショナル 戦略・組織
	インターナショナル 戦略・組織	マルチナショナル 戦略・組織

（出所）バートレット・ゴシャール（1990）より作成。

　この類型論では，国際経営戦略と組織の管理について「グローバル戦略・組織」，「マルチナショナル戦略・組織」「インターナショナル戦略・組織」「トランスナショナル戦略・組織」という４つに分類される。この類型論は多国籍企業のマネジメントが本国中心であり，主要意思決定が本社によってされるのか（集権），それとも，子会社中心であり，意思決定が海外子会社に権限委譲されているのか，という考え方よりも広い戦略的概念である。また，多国籍企業におけるマネジャーの役割を考える上でも有効なフレームワークといえる。

　そのうえで，バートレットとゴシャールは各類型を資産や能力の配置状況，

海外子会社の役割，知識の開発と普及の視点から，**図表３－５**のように各類型の特徴を定義している。

図表３－５　マルチナショナル企業，グローバル企業，インターナショナル企業，トランスナショナル企業の組織の特徴

組織の特徴	マルチナショナル企業	グローバル企業	インターナショナル企業	トランスナショナル企業
能力と組織力の構成	分散型　海外子会社は自律性が高い	中央集中型　グローバル規模でグローバルな効率性を志向	能力の中核部は中央集中型であるが，他は子会社に分散	分散，相互依存，専門化，状況毎に最適化
海外子会社の役割	現地の好機を感じとって利用	親会社の戦略を実行	親会社の能力を適応させ活用	海外の子会社単位ごとに役割を分け，子会社同士も連携し，世界的経営を統合
知識の開発と普及	各子会社単位内で知識を開発して保有	中央で知識を開発して中央で保有	中央で知識を開発し，海外子会社に移転	共同で知識を開発し，世界中でシェア

（出所）　バートレット・ゴシャール（1990）より作成。

　ここまでの多国籍企業の戦略モデルやフレームワークは主に1980年代の企業の行動が基となっている。すなわちそこでは海外子会社の自律性を高めるのか，それとも本社で中央集中的に意思決定をするのか，という議論が中心であったが，その後，ドーズ，サントスおよびウィリアムソンによって提起されたメタナショナル経営は，自国の優位性のみに立脚した戦略を採らず，世界規模での優位性を確保する戦略である。これは知識マネジメントの観点から，グローバル・イノベーションを考察する考え方でもあり，本国のみでなく世界中で価値創造を行う戦略である。

　また，メタナショナル経営はアライアンスなど，外部連携の役割を積極的に評価しようとするものであるが，この背景には，グローバルに展開している多国籍企業はホスト国の知識の戦略的な活用が可能となり，メタナショナル企業は，グローバル規模で知識を感知し，確保し，移転し，融合し，活用すること

が可能となる点があげられる。しかしながら当然これは簡単なことではなく，企業が世界中の各国での現地特有の知識資源等の新たな知識を感知する能力，確保した知識を流動化する能力，そして，知識を有効活用したイノベーションを行う組織能力の向上が必要となりうる（Doz, Santos and Williamson, 2001）。

バートレットとゴシャールによる世界市場を均一化したグローバル市場としてとらえるグローバル戦略，また，海外地域市場の差異や特殊性に対応するマルチ・ドメスティック戦略に対し，グローバルな規模でビジネスを展開する企業が直面する現実のビジネス環境は，セミ・グローバリゼーションであると主張し，これに適合した国際経営戦略を提唱したのが，ゲマワットである。

ゲマワットは，**図表3-6**のように，ホスト国との隔たり（差異）を①文化的差異（Cultural distance），②制度的差異（Administrative distance），③地理的差異（Geographical distance），④経済的差異（Economic distance）の4つの項目に分類しCAGEフレームワークとして提起し，これによって国ごとの戦略的差異を認識する必要性を説いている。国ごと，地域ごとの差異（隔たり）は，半導体のような特性を有する製品の場合と，食品のような特性を有する製品の場合など，産業や製品特性ごとにも存在する。政治的・法的差異に関しても，軍事・交通・電力・情報・天然資源のような国家的に戦略的意味を有する産業部門ほど制度的規制が大きくなる。地理的隔たりによって影響を受けやすい産業

図表3-6　CAGEフレームワーク

文化的差異	制度的差異	地理的差異	経済的差異
異なる言語 異なる民族性 異なる宗教 異なる社会規範	地域貿易ブロック 法的 制度的 政治的規制 政治面での対立 通貨 旧植民地 未整備な社会制度	物理的 国境を接していない 時差 気候 物流コスト 川・海のアクセス 通信状況	1人あたりGDP 労働コスト 資本コスト 所得水準 インフラ 情報・ナレッジ

（出所）　ゲマワット（2009）。

や製品は，単位価格が低い割に重量が重く輸送コストのかかる製品がその典型である。経済的な隔たりは，企業が供給する際の賃金コスト水準，および需要側となる顧客の所得水準が基本的な要素である。企業がビジネス活動を国際的に展開するにつれて，こうしたCAGEフレームワーク総体からの競争優位性の比較が不可避となる（ゲマワット，2009）。

　他方，事業が国際的に展開されるにつれて，市場面と生産面から，それぞれ「海外市場の有する特異性への適応化」と「生産の集約化による規模の経済性」が重要な考慮対象とならざるを得ない。そこでゲマワットはこれらの2つの要因，すなわちAdaptation（適応）とAggregation（集約），そして国ごとの差異を活用するArbitrage（裁定）を統合化したAAA戦略を提起している。AAA戦略では，CAGEフレームワークによって各国ごとの特殊性と共通性を分析し，それによって特殊性への適応化と，共通要素の集約化を図り，同時に各国ごとの差異を戦略的に活用する。差異に注目したCAGEフレームワークに基づくAAA戦略こそが，セミ・グローバリゼーション時代の有効な国際経営戦略であるといえよう。

（注）
1) 海外のホスト国（投資を受入れる国）にFDIを行い，ホスト国と本社のあるホーム国（投資する企業の本国）の二カ国以上で付加価値をつける活動をする企業を「多国籍企業」と呼ぶ。

第4章　企業成長と多角化

第1節　多角化とは

　多角化とはどのような企業行動だろうか。第2章では，チャンドラーの議論に依存して，多角化を企業成長をもたらす方法の一つと捉えた。本章では多角化について理解を深める目的から，いくつかの観点からの諸議論を紹介したい。

　まず多角化の概念規定をみると，明確かつ論者共通とされる定義は存在しないようである。多角化に関する代表的な実態研究を行ったルメルトによれば，「多角化についての，広く一般に受け入れられるような定義も測定方法も存在しない」[1)]とある。ルメルトは，それゆえ研究者は自らによる定義と測定方法を自由につくることができる，と主張するが，それは明確な絶対的な定義がないことを前提とする。日本企業を対象に同様の研究を行った吉原英樹，佐久間昭光，伊丹敬之，加護野忠男も同様の主張を行っている。彼らは「多角化という言葉は市場の多角化，業態の多角化などというように，さまざまな意味で使われうる」[2)]として自明な定義はないとしている。さらに同じく日本企業の実態研究を行った上野恭裕も「多角化という言葉は非常に曖昧な言葉であり，概念である。企業経営において多角化という言葉は一般的に語られる言葉であり，新聞報道などでもよく使われる言葉である。そのため，多角化という言葉について多用な解釈が併存している」[3)]としている。

　このような前提に立てば，概念の理解を深めるためにはルメルトの主張どおり各論者それぞれの概念定義や概念規定を参考とすることが有効であろう。例えばルメルトの研究では，「多角化の本質は，新しい能力を開発したり，現行能力の増強を求めるような新しい分野へ"拡張すること"と考えられる」[4)]としている。吉原らの研究では，「企業が事業活動を行って外部に販売する製品

第Ⅰ部　グローバル化とイノベーションの基礎理論

分野の全体の多様性が増すこと」[5]としている。これらの論者による諸定義によると，多角化とは製品や市場の観点において事業展開の幅を広げ企業成長をもたらす企業行動として捉えることができよう。そこで本章では，ややアバウトな規定ではあるが[6]，多角化について，新たな事業展開によって新たな需要を創出しゆえに企業成長につながることが期待できる企業行動，と捉えることとする。この様に多角化を企業成長との関係性で捉えるならば，それを企業成長の一手段として議論を展開したアンゾフの提示も参考となる[7]。アンゾフは，企業成長実現のためには現在の製品－市場地位と将来の製品－市場地位の関連性を考えるべきであり，その際，製品－市場範囲，成長ベクトル，競争上の利点，そして第2章で触れたシナジー概念といった戦略の構成要素と呼ぶ四つの基準を考慮すべきと提示した。そのうちの成長ベクトルとは，図表4－1で示すように，横軸に市場，縦軸に製品種別を示す製品ラインの二軸を用いて市場と製品との関連において企業がどの方向に進むべきかを表すものである。

図表4－1　アンゾフによる成長ベクトルのマトリクス①

製品ライン ＼ 市場	μ_0	μ_1	μ_2	………	μ_m
π_0	①市場浸透		②市場開発		
π_1					
π_2	③製品開発		④多角化		
︙					
π_n					

（出所）　Ansoff（1957）p.114, ExhibitⅠをもとに修正のうえ作成。

例えば「①市場浸透」は，現行製品によって既存市場で展開することから市場での占有率を上げる方向，「②市場開発」は，現行製品によって新市場で展開する方向，「③製品開発」は，現行市場で新製品を展開する方向，そして

「④多角化」は，製品と市場の両方において全く新たな展開を行う方向となる。アンゾフによれば多角化とは新製品によって新市場を開拓することであり，製品と市場の両観点において事業展開の幅を広げることを意味する。**図表4－2**が示す様に，①から③の方向は基本的に既存の製品か市場における既存路線の拡大化であるのに対し，④多角化は全く新たな展開を意味する。またアンゾフは，販売シナジー，操業シナジー，投資シナジー，マネジメント・シナジーからなるシナジー概念を用いて，多角化の実現によって得られる利点を説明している。

図表4－2　アンゾフによる成長ベクトルのマトリクス②

製品＼市場	現在	新規
現在	拡大化　→	
新規	↓	多角化

（出所）　アンゾフ（1969）160頁，第7－1図をもとに修正のうえ作成。

第2節　多角化のタイプ

多角化が新規の事業展開を意味するならば，具体的にはどのような多角化があるのだろうか。ここでは多角化のタイプについて検討してみたい。

まず関連性の観点からの分類が可能である。新製品展開や新市場開拓に際し，何らかの関連性のある展開を行うものを関連型多角化，関連性のない展開を行うものを非関連型多角化と呼ぶことが多い。関連型多角化は，技術や市場の面において既存事業と関連がある技術関連型や市場関連型に分類できるが，それらの場合は事業展開のリスクが低いと考えられる。この場合，範囲の経済や販売シナジー，操業シナジー，投資シナジーが働くことが期待されるためである。反対に非関連型多角化は，不確実な下での事業展開になることからリスクが高

いが，既存事業と関係のない分野における事業を展開することで，既存事業不振の際のリスク分散になると期待できる。なお非関連事業への展開の場合，販売シナジーや操業シナジーは関係ないものの，経営管理という職能は企業が変わっても同じとの理由からマネジメント・シナジーのみは働く可能性がある。

続いてルメルトによる分類をみてみたい。ルメルトは多角化した企業を実証するために，リグレイの先行研究を参考としながら，「専門化率（specialization ratio），関連率（related ratio），垂直率（vertical ratio）」といった測定尺度を用いた。専門化率とは企業の中の最大の売上規模をもった単位事業が売上高に占める比率，関連率とは企業の最大の売上規模をもつ関連事業グループが売上高に占める比率，垂直率は垂直統合がなされた一連の活動が売上高に占める比率，というものである。ルメルトは，区分けする際の基準としてこれらの比率を用いることで，①単一事業，②主力事業（②－1垂直的，②－2抑制的，②－3連鎖的，②－4非関連的），③関連事業（③－1抑制的，③－2連鎖的），④非関連事業（④－1受動的，④－2取得的コングロマリット）という四つの主要カテゴリーと九つの下位カテゴリーに分類した[8]。

このルメルトの分類を踏襲し若干の修正を行ったのが吉原らの研究である。同研究では，①専業型，②垂直型，③本業・集約型，④本業・拡散型，⑤関連・集約型，⑥関連・拡散型，⑦非関連型，の七つの分類を提示した。なお同研究では，ルメルトの抑制と連鎖の概念について，経営資源の利用や蓄積のパターンによる分類として，集約型と拡散型として再解釈を行っている。**図表4－3**は集約型と拡散型を示す図である。

図表4－3　集約型と拡散型の概念図

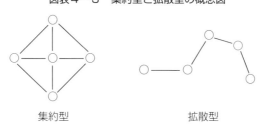

集約型　　　　　　　拡散型

（出所）　吉原ら（1981）15頁。

図中の○印は製品分野，○を結ぶ線は分野間の関連を示す。集約型は少数の種類の経営資源を様々な分野で共通利用するタイプであり，拡散型は保有する経営資源をテコに新分野に進出するタイプとされる。その上で，同研究はルメルトと同様の測定尺度である「特化率，垂直比率，関連比率」を用いて判定を行っている[9]。このようなルメルトから吉原らに踏襲された分類枠組みは，箱田昌平の研究[10] や上述の上野恭裕の研究[11]，萩原俊彦の研究[12] でも引き継がれている。なおこれら実証研究があらわす内容については，第7章において再び取り上げる。

第3節　多角化の誘引

続いてなぜ多角化を展開するのかという問題について検討してみたい。もちろん多角化展開の意思決定は，実際には各企業の意思決定者による。ルメルトによれば，「多角化というものは，それ自体が目標であるのでもなければ，また一つの設定された計画案でもない。したがって，多角化を採用しようとする企業は，それぞれ進出する事業の種類や，その企業が現在保有する経営上の強みや能力にどれだけ依存することができ，あるいはどれだけ新しい能力を開発しなければならないか，そして，またどの程度までの多角化が妥当であるかといったことを，自ら選択しなければならない」[13] とある。実際の意思決定は，様々な状況における複雑な事情から不確実的に導かれたものと考えられ，その真意を明らかにすることは難しい。そこでここでは，あくまで観察者の立場における経済合理的観点からの説明を試みたい。

淺羽茂と牛島辰男は，企業が多角化を行う理由として企業の外部の環境が事業展開を促す場合と，社内に蓄積された資源を利用して事業展開を行う場合に分け，前者を外的誘引，後者を内的誘引としている。外的誘引をもたらす外部環境の変化としては，既存事業の成熟・衰退と新しい産業の誕生をあげている[14]。このような外的環境の変化に対応した多角化の動きについて加護野は，「企業成長を産業のライフサイクルから開放するという意図のもとに経営資源

をより有望な産業分野へ移転させる行動」15)との見解を示している。

　淺羽と牛島は，内的誘引をもたらす蓄積された資源の利用として，新規事業展開に必要な資源が既存事業の展開において獲得，蓄積されていた場合に，範囲の経済やシナジーが働くことで得られる経済的メリットをあげている。第2章で説明したように，範囲の経済やシナジーが働くとは，既存資源の存在によって新たに資源を獲得する場合よりも低費用で行える，あるいはより有効に行うことができるというものである。この様な蓄積された資源の有効活用は，ペンローズによる説明が有名である。ペンローズは，企業を資源の集合体として解釈した議論を展開したが，この資源の有効活用について「いったん，現在および計画中の操業に必要な資源を入手したうえは，会社は入手した各種資源の各単位から得られる用役をできるだけ有利にしようとする動機をもつ…それゆえ，拡張によって，資源の用役を現在以上に有利に利用する方法を得ることができるかぎり，会社は拡張への動機をもつことになる。あるいはまた，どのような資源でも現在の操業に十分利用されていないかぎり，会社にとってはそれをもっと十分に使用する方法を見出す動機が存することなる」16)とし，未利用資源の活用によって多角化を展開するメカニズムを説明している。

第4節　多角化の遂行と組織構造

　次に多角化を遂行した企業が採用した組織構造をみてみよう。第2章で触れたように，チャンドラーによる米国大企業生成のプロセスの説明では，多角化した企業の多くが事業部制組織構造を採用したことを明らかにしている。それは，従来の職能別組織構造は，職能別専門化による効率性の追求を志向するため単一の生産物を対象とする場合に最高度の効率性を発揮しうるよう編成されているうえ，職能部門間の自律的な調整は行われない。そのため多角化による複数の製品展開に対応できず混乱が生じたことから，各製品や各地域別にプロフィットセンターとしての事業部を設置し，その事業部が職能別部門を包括的に有するという事業部制が考案されたというものである。

石井淳蔵，奥村昭博，加護野忠男，野中郁次郎は，このような事業部制の長所として以下の四点を挙げている。①本社機構が業務的な活動から解放され，戦略的決定に専念することができるために，環境変化に対する戦略的な変化対応能力が高められる，②各事業部は，一定の限られた環境を対象とし，それぞれ自律的であるから，環境変化に対してより迅速かつ弾力的に応答することができる，③各事業部が取り扱う業務上の問題の関連範囲は事業部内に限定されるため，各事業部が取り扱う問題はより単純化され，部門間の調整・統合のための情報伝達・意思決定の負荷が削減できる，④各事業部は，それぞれの関連環境に適合した意思決定のスタイル，物の見方，志向を生み出すことができ，異質な環境に対処できる。彼らはこの四点をまとめて，事業部制の採用は異質な企業環境への対処を容易にする[17]，と指摘している[18]。

しかしながら再び石井らによると，事業部制の拡大は，いくつかの問題を生み出したとある。それは，事業部の独走による全社的戦略の希薄化，事業部間における資源移動の難しさからの全社的資源配分の困難性，事業部間のヨコの連携が容易ではないことからの環境へのシステム的対応の困難性，といったものである。彼らは環境不確実性の高まりに事業部制では対応できなくなったと指摘し，その結果，以下にみるプロダクト・ポートフォリオ・マネジメント（PPM）に基づいた戦略計画に従ってSBU（Strategic Business Unit）組織が設定されたと説明している。SBUとは戦略策定の単位であり，事業部横断的となる。SBUを単位として，各事業部を横断して戦略を策定し，実行してゆくというものであり，これにより全社レベルの戦略と事業レベルの戦略との整合的関係が生じるとされる[19]。

また事業部制の欠点を克服する組織構造としては，事業部間の資源の重複を回避するとともに職能別と事業部制のそれぞれの長所を取り入れたマトリックス組織構造，社内資本金制度などを用いることで事業部制の各事業部により強い権限と責任を委譲するカンパニー制組織構造，また別々の企業として存続しつつグループ全体では連結している持株会社制組織構造などがあげられる。さらに近年では職能別に編成された市場対応部門と製品市場別に編成された製造

第Ⅰ部　グローバル化とイノベーションの基礎理論

部門を併せもつフロント・バック組織構造[20]の展開もみられる。

第5節　多角化遂行後のマネジメント

　多角化企業が直面する最も重要な意思決定問題は，多様な複数の事業に対していかに資源配分を行うかという問題である。この問題を解決する手法としてPPMが有名である。PPMとはボストン・コンサルティング・グループ（BCG）によって1960年代に生み出されたものである。淺羽によると，PPM以前において多角化した企業の多くは各事業部の投資収益率に基づいて資源配分を行っていたが，投資収益率では各事業の状況がわかり得ず，特に成長性はあるが軌道に乗っていない新規事業に投資が行われにくくなるという問題があった。そこで各事業の状況を考慮に入れたPPMが考案されたとある[21]。

　ではPPMとはどの様な手法であるのか，BCGによる説明をみてみよう[22]。**図表4-4**はPPMの概念図である。縦軸に製品の市場成長率，横軸に市場における自社製品の競争上の地位（相対的マーケット・シェア）をあらわしている。縦軸の製品の市場成長率は，プロダクト・ライフ・サイクルを前提としており，成長期には投資が必要であり，成長が鈍化し始めた時には再投資する必要がない，という資金流出（キャッシュ・アウトフロー）に関係する。つまり概念図の上段の二つの象限は成長率が高いことから資金流出が多く，下段の二つの象限は成長率が低いことから資金流出が少ないことを意味する。横軸の相対的マーケットシェアは，経験曲線というBCGが発見した経験則に基づいている。それは「累積生産量が二倍になると，コストは20〜30％低減する」[23]とされる。したがって相対的マーケットシェアが高い製品は，低い製品に比べて累積生産量が多いことからコストの低減率も多くなり，利幅が大きい。つまり利益として入ってくる資金流入（キャッシュ・インフロー）に関連し，概念図の右側の二つの象限は相対的マーケットシェアが低いことから累積生産量が少なく資金流入が少ないことを，左側の二つの象限は相対的マーケットシェアが高いことから累積生産量が多く資金流入が大きいことを意味する。

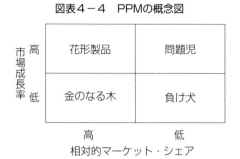

図表4－4　PPMの概念図

（出所）アベグレン，ボストン・コンサルティング・グループ（1977）71頁。

　これらを組み合わせると，右下の象限「負け犬」は資金流出入量のいずれも少なく，右上の象限「問題児」は資金流出が大きいが流入は少ない，左上の象限「花形製品」は資金流出が大きいが流入も大きい，左下の象限「金のなる木」は資金流出が少なく流入は大きい，との特徴になる。PPMでは，この各象限の特徴を前提に，自社の各事業がどの象限にあるか認識し，その上でどの事業に優先的に資源を配分すべきか，またどの事業には資源を配分すべきでないかを検討する。PPMを用いた資源配分の決定プロセスには多々あるが，セオリーの一つとしては，負け犬の位置にある事業を売却することで資金を獲得し，それを問題児の位置にある事業に積極的に投下することでその事業の相対的マーケットシェアを高め，花形製品の象限に移すべきというものである。花形製品の位置にあれば，市場成長率が鈍化した際に金のなる木の象限に移動し，将来的に少量の資金流出と同時に多量の資金流入が期待できるためである。このようにPPMは，多角化を遂行し複数の事業を有する企業にとって，いかに資源配分を行うかの決定を支援する有効なツールと捉えることができる。

第6節　多角化の進展

　ここまで多角化に関するいくつかの議論を紹介してきたが，本章の最後に多角化に関する近年に至るまでの特徴的な動向について触れてみたい。

まず1960年代の米国でみられるようになったコングロマリットの動きがある。コングロマリットも状況に応じた多義性をもつ概念であるが，ここではそれを既存事業とは関係のない企業を吸収買収して傘下におさめることで企業成長を望むもの，いわば一種の非関連型多角化として捉える。チャンドラーによると，コングロマリット企業の組織構造は本社が小さく，吸収された業務部門は多角化企業の事業部に比べより自律的であることが認められた。ただしほとんどの経営者が生粋の投資専門家であり，また本社には投資決定のための企画スタッフのみが存在し，購買，輸送，研究開発，販売，宣伝，製造などのスタッフ部門が存在しなかった。その結果，新産業や新市場への投資参入と撤退に専念できた一方で，各事業部の監視や評価においては非効率的となり新しい工程や製法を現場に導入することができなかった[24]。

このようなコングロマリット企業の組織構造がもたらした帰結は，長期的には成長とは程遠いものであった。コングロマリットを展開しても経営成果が出なかった場合，事業の積極的な売却が行われた。チャンドラーは，このような動きが長期的な能力や利益の維持を犠牲にした短期的利益の獲得であった場合，国内および国外市場で競争する上で不可欠な能力が損なわれ，破壊されたとみている[25]。また高橋伸夫も同様に，コングロマリットの動きに対し「長期的利益を犠牲にして短期的利益を追求することが蔓延し，米国の主要産業の多くをだめにしてしまったのではないか」[26]と指摘している。

このような米国の多角化企業の凋落をベースに展開された議論にコア・コンピタンス論がある。コア・コンピタンス論とは，プラハラッドとハメルによって1990年代初頭に提示されたものである。コア・コンピタンスとは次のように説明される。「多角化企業は，大きな木にたとえられる。幹と大きな枝はコア製品であり，小枝はビジネス・ユニット，そして葉，花，果実は最終製品といえよう。成長や生命維持に必要な養分を補給し，安定をもたらす根がコア競争力である」としている[27]。彼らはポートフォリオに基づいた米国多角化企業の停滞と比較する形でNEC，キヤノン，ホンダ，カシオといった日本企業を取り上げ，日本企業の多角化のスタイルを説明している。彼らは，当時好調で

あった日本企業でよくみられた事業部門間の境界を越えた技術や知識の統合,そしてそれを可能にする参加やコミュニケーションといった運営スタイルこそがコア・コンピタンスの構築を可能にするとみていたようである。コングロマリットに代表される非関連型多角化やSBUによる運営方式を採用し低調にあった当時の米国企業に対し,多角化,特に関連型多角化の持つ強みを改めて提示した議論との解釈が可能かもしれない。

　しかしながら,近年の日本企業をめぐるコア・コンピタンスの議論はプラハラッドとハメルのそもそもの概念を離れ,単に,顧客に対して他社には真似のできない自社ならではの価値を提供する中核的能力と捉えられ,それゆえそれ以外のオペレーションをアウトソーシングすべき,との論調で用いられることがある。バブル崩壊後,日本企業の多くは長い低迷期に入るが,そうしたなかで解釈の変更を余儀なくされたのかもしれない。

　バブル崩壊とその後の長期不況期における日本企業の凋落は,多角化の動向にも変化を与えた。それまでの拡張的な多角化だけでなく,不採算事業の切り離しを伴う再編成が顕著にみられるようになった。それは選択と集中というフレーズで表されることが多い[28]。いわば合併と事業分割を経験した米国企業にくらべ,依然としてオーソドックスな多角化を展開していた日本企業も事業の縮小や切り離しといった拡張路線のみではない形での企業成長の方策を選択したということになろう。詳細は第7章に譲るが,このような動きは伝統的な関連型多角化のみでは企業成長が難しくなったということを示唆している。また第2章でみた近年の企業動向を念頭に置くならば,企業間連携の下での新たな成長様式を前提とした積極的な選択と集中あるいは専業化を展開している可能性があるとみることもできる。

　もちろん多角化が引き続き企業成長に対する有効な手段であることは変わらない。いわゆる選択と集中が顕著になっても新たな多角化は同時進行で行われている[29]。また欧州の企業は1980年代から90年代においても多角化の度合いならびに事業部制組織構造の採用率が高かったとされる[30]。さらに近年では,グローバル化の動きと相まって国籍や地域を越えた大規模な多国籍企業による

第Ⅰ部　グローバル化とイノベーションの基礎理論

多角化の動きもみられる[31]。この様に新たな動きが加えられつつも多角化が企業成長の有効な手段であること自体は変わらないと言えよう。

（注）
1) ルメルト（1977）13頁。
2) 吉原・佐久間・伊丹・加護野（1981）9頁。
3) 上野（2011）27頁。
4) ルメルト（1977）15頁。
5) 吉原・佐久間・伊丹・加護野（1981）9頁。
6) 具体的な実証研究を行う場合，観察対象に対する測定基準が厳密に規定される必要がある。ゆえに多角化とは何かの定義において論者独自の定義が必要になる。
7) アンゾフの多角化概念については，Ansoff（1957），アンゾフ（1969）を参考とした。
8) ルメルト（1977）第1章。
9) 吉原・佐久間・伊丹・加護野（1981）第1章。
10) 箱田（1987）第4章。
11) 上野（2011）第3章。
12) 荻原（2007）第4章。
13) ルメルト（1977）1頁。
14) 淺羽・牛島（2010）182-186頁。
15) 加護野（1976）73頁。
16) ペンローズ（1962）88頁。
17) 石井・奥村・加護野・野中（1996）131頁。
18) 他方で，事業部制組織構造が有する短所についても言及している。いわく「各事業部がそれぞれ独立に職能部門を持つため，重複の不経済や職能的専門化の利益を享受できない」というものである（石井・奥村・加護野・野中郁，1996，131頁）。
19) 石井・奥村・加護野・野中（1996）140-141頁。
20) フロント・バック組織については，ガルブレイス（2002），小橋（2004），亀川・高岡・山中（2004）第9章を参照。
21) 淺羽（2004）31-32頁。
22) アベグレン，ボストン・コンサルティング・グループ（1977）第3章。
23) アベグレン，ボストン・コンサルティング・グループ（1977）27頁。
24) チャンドラー（1986）125-127頁。
25) チャンドラー（1993）538-542頁。
26) 高橋（1995）41-43頁，146-150頁。
27) プラハラッド・ハメル（1990）7頁。
28) 上野は，この選択と集中に対しても「あいまいな概念である。「選択と集中」という概念には文字通り「選択」と「集中」が含まれている。これらは本来，別の概

念である」,また「「選択と集中」は一般的には事業数の減少ととらえられるが,「選択」は事業数の減少とは必ずしも同じではない」と指摘している(上野,2011,27頁)。
29) 多角化と選択と集中を繰り返すことで主要な事業が以前と大きく異なるいわゆる事業変換の現象も生じている。
30) アマトーリ・コリー (2014) 279-281頁。
31) 例えば,Lopes (2015) を参照。

第5章　企業成長とイノベーション

第1節　はじめに

　かつて，シュンペーターによって，はじめて世に知らしめられたイノベーションという概念は，提唱者であるシュンペーターの思惑を遥かに超え，今も世界中の研究者によって，さまざまに解釈され続けている（**図表5－1**参照）。科学技術の進歩や経済環境の変化などによって，イノベーションが包摂する対象は，日を追うごとにその数を増やしつつあり，だからこそイノベーションの定義もまた，刻一刻と変化せざるを得ないのが実状である。そうしたなか，現在，日本企業のイノベーションは，大きな岐路に立たされている。かつて，世界市場を席巻したMade in Japanの製品・サービスも，次第に売上げの伸び悩みが明らかなものとなると，日本における"ものづくり"の限界を指摘する声が強まり始めたからである。そして，これまでの日本企業によるイノベーションに対する反省と，新たな発想への転換が強く求め始められている。

図表5－1　イノベーションの4Ps

次元	変化のタイプ
プロダクトイノベーション	組織が提供する製品／サービスの変化
プロセスイノベーション	製品／サービスが創造あるいは提供される方法の変化
ポジションイノベーション	製品／サービスが構成・伝達される状況の変化
パラダイムイノベーション	組織が何をすべきかを示す潜在的メンタルモデルの変化

（出所）　Bessant and Tidd（2015）p.17より筆者作成。

　本章では，「企業成長とイノベーション」と題し，「オープンイノベーション（open innovation）」という新展開を迎えつつある日本経済と，その戦略的活用が期待される日本企業について，主要なイノベーションの理論的変遷ととも

第Ⅰ部　グローバル化とイノベーションの基礎理論

に検討し，現在直面している課題とその構造的な背景についても概観する。

第2節　クローズドイノベーションと企業の大規模化

1　イノベーションの制度化と中央研究所

　今日，「オープンイノベーション」において，世界をリードする米国企業も，かつてはイノベーション後進国として西欧諸国の後塵を拝する時代があった。例えば，第二次世界大戦以前の米国では，企業が海外（例えば西欧諸国）の独立研究所に研究開発活動を委託する形が主流であったとされる。しかし，産業技術の高度化に伴い，研究開発活動とマーケティング，生産販売との連携の重要性が高まると，企業成長を担う新製品を組織的な編成と開発体制，一定のスケジュールの下に繰り返し生み出す，いわゆる「イノベーションの制度化（institutionalization of innovation）」の確立が目指されていった[1]。

　「戦前に設立されたベル研究所やGE，DuPontの研究所は大きく拡大された。またIBMのT. J. Watson研究所やRCA（後にHP）のSarnoff研究所，XeroxのPARCなどが設立された……（中略）……企業内研究所の黄金時代である。そこで巨額の資金，最新の設備により，最高の人材が長期的な研究開発プロジェクトに取り組んでいた。そこでは『規模の経済』が発揮された。企業内研究所へ大規模な投資を行い得る企業のみが，業界を独占し，巨額の利益を得ることができた。こうした巨額の長期的投資は，業界への参入障壁となった……（中略）……こうしたイノベーション・プロセスの背後にあるのは，企業内研究所における中央集権的なクローズド・イノベーションである。それは，垂直統合的なプロセスである。新たなことをしようとする場合，企業の内部で素材，生産設備から商品化まで研究する必要があった。研究所と外部との間には城壁により隔絶されていたので，企業は外部からの助けを受けずに，自分自身で研究開発を行う必要があったのだ（チェスブロウ，2004，45-46）。」

　第二次世界大戦以降も米国企業による企業内研究所の拡大路線は継続され，安全保障の面から巨額な軍事関連の研究開発予算が連邦政府から支出されるな

第5章　企業成長とイノベーション

ど，1950・60年代はさながら産官連携の時代であったといえる。1970年代に入り世界経済における米国のプレゼンス低下が明らかなものとなると，米国企業は，より市場ニーズに即したイノベーション源泉を求めて，今度は大学など高等教育機関との連携を模索し始め，これは現在の世界的な産学連携ブームの"はしり"となった（第8章参照）。

　大企業を中心とした「イノベーションの制度化」の確立は，従来の重化学工業分野に加え，医薬品，半導体，コンピュータ，航空機といったハイテク産業においても，米国企業に新たなイノベーション成果をもたらし続け，結果的に企業内部で生み出された付加価値の流出防止を米国企業に可能とした[2]。そのことは，政府や大学との連携を最大限に生かしつつ，事業部制などの組織拡大と資源集中の実現によって，米国企業自身が内部取引のメリットを最大限に活用してきたことの，まさしく証左であるともいえる。

2　生産性のジレンマとコンピテンシー・トラップ

　ところが，こうした「イノベーションの制度化」の確立そのものが，逆に新たなイノベーションによる成長機会を，企業から奪い取ってしまう可能性が指摘されるようになる。米国自動車産業を題材に，アバナシーによって提示された，「生産性のジレンマ（the productivity dilemma）」という問題提起である。

　「時間の経過とともに製品そして製造プロセスの発展が進むにつれ，費用は逓減し，製品設計はより標準化されたものとなり，そして変化はより少なくなる。同時に，生産工程はより効率が向上するように設計され，高いレベルでの生産性を提供するようになるものの，機械化されることで熟練労働者に依存しにくくなり，精巧で特別な装置における発展が進む。おそらくより重要な点は，製品と生産のそうした構造的変化とともに，技術革新の性質と源泉が移行することである。革新はより漸進的なものとなる。製品形状を変えたり，あるいは生産性を大幅に改良したりする可能性のある主要な革新は，企業や産業の外部からより頻繁に引き起こされる。生産性における発展は，その産業が停滞に陥るまで継続する。一般的にいうと，生産性の向上を達成するためには，革新能

力の喪失を伴わなければならない。逆にいえば、急速な革新的変化に必要な条件は、高いレベルでの生産効率を支えるために必要な条件とは大きく異なる（Abernathy, 1978, 4 ）。」

図表５－２　製品革新と工程革新のトレードオフ

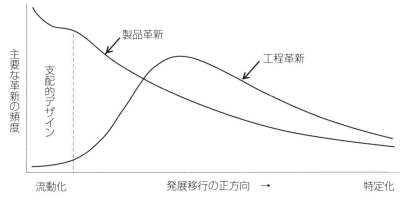

（出所）　Abernathy（1978）p.72を参考に筆者作成。

「イノベーションの制度化」によって、ようやく計画的な「製品革新（product innovation）」の実現が可能となった企業ではあるが、次なる課題は、こうして確立された「支配的デザイン（dominant design）」を基に大量生産し、いわゆる「規模の経済性（economies of scale）」を効かせることで、生産量一単位あたりの平均費用を下げることである。その際、生産段階での費用逓減に欠かせない改善や工夫こそ、「工程革新（process innovation）」と呼ばれるものである。しかし、この「工程革新」の精度が向上すればするほど、たしかに標準化された当該製品の利益は増大すると考えられるものの、そのために必要な生産システムの安定化そのものが、逆に新たな「製品革新」を生まれにくくしてしまう、とも考えられる。なぜならば、「製品革新」と「工程革新」は、まさしく「トレードオフ」の関係にあると考えられているからである（**図表５－２参照**）。

これに関連して、マーチの指摘した「exploration（探索）」と「exploitation（深化）」の議論が思い出される。いわゆる、「コンピテンシー・トラップ

（competency trap）」や「両利きの経営（ambidexterity）3)」のベースとなった議論である。先のアバナシーの議論と重ね合わせると，新たな「製品革新」を求めて様々な組み合わせを試すのが「知の探索」であるのに対し，一度成功した「製品革新」を深掘りして改良を加え続けるのが「知の深化（exploitation）」ということになる。つまり，「当面の事業が成功すればするほど，知の探索をおこたりがちになり，結果として中長期的なイノベーションが停滞」してしまうことを「コンピテンシー・トラップ」と呼び，これに「はまらないようにするため」に「知の探索と深化のバランスを保」つ「戦略・体制・ルール作りを進めること」の「重要性」を，「両利き経営」と称しているわけである4)。

「大企業の長所の一つは，その資源のおかげで現状維持能力が向上することにある。同時に，大規模化の短所としては，官僚制が確立するために，企業家的な機能に対して注意をはらうことができなくなることである。変化は官僚主義者を打倒し，それに固有な確実性と一貫性のパターンを粉砕する。組織が大規模になればなるほど，企業全体にとって社外の機会や成果を犠牲にして，社内事項（コミュニケーション，手続き，事務処理，問題など）に集中する傾向がますます強まるのである（フラハティ，1980, 29-30）。」

「クローズドイノベーション」とは，そのメリットを追求しようとすれば，必然的に組織拡大を伴うことになるわけだが，ときに行き過ぎた組織拡大そのものが，組織内部から新たなイノベーションを起こしにくくしてしまう。そして，そのことは，「大企業」自らの安定した"地位"そのものを揺るがす，新たなチャレンジャー企業の台頭の余地を作り出すことにもつながっていく。

3　破壊的イノベーションとスカンクワークス

企業成長に成功した「大手企業」にとって，自らの成長を支え続けてくれた"顧客"を重視することは，当たり前のことに思われる。しかし，こうした「既存顧客の声に真摯に耳を傾け，その要望に応えようとした5)」がゆえに，「従来とはまったく異なる価値基準を市場にもたらす6)」イノベーションに出遅れてしまう，とクリステンセンは指摘する。それは，現在の"顧客"が求め

る「知の深化」に没頭するあまり，将来のボリュームゾーン（中間所得層）となる"顧客"が求める「知の探索」を置き去りにしてしまうという意味において，一種の「コンピテンシー・トラップ」の延長線上の議論であるともいえる。いずれにせよ，その結果として，潜在市場の求める「知の探索」に先んじた後発企業の技術が，いつしか先行企業である「大手企業」にとっては自らの支配的地位を脅かす，いわゆる「破壊的技術（disruptive technology）」として立ちはだかることになる。

「……安定した企業が，破壊的技術に積極的に投資するのは合理的でないと判断することには，三つの根拠がある。第一に，破壊的製品のほうがシンプルで低価格，利益率も低いのが通常であること。第二に，破壊的技術が最初に商品化されるのは，一般に，新しい市場や小規模な市場であること。第三に，大手企業にとって最も収益性の高い顧客は，通常，破壊的技術を利用した製品を求めず，また当初は使えないこと。概して，破壊的技術は，最初は市場で最も収益性の低い顧客に受け入れられる。そのため，最高の顧客の意見に耳を傾け，収益性と成長率を高める新製品を見いだすことを慣行としている企業は，破壊的技術に投資する頃には，すでに手遅れである場合がほとんどだ（クリステンセン，2001，11）。」

これに対し，クリステンセンの示した改善策は，単純明快であった。「既存の顧客による束縛[7]」を断ち切るためには，「主流組織の価値基準と文化を変えるか」，あるいは「新しい組織をつくる」，すなわち「小規模な独立組織」を立ち上げるしかない，というのである。

「小規模な独立組織のほうが，失敗に対しても正しい態度でのぞめる可能性が高い。最初の市場への進出は，成功しない可能性が高い。そこで，失敗に対する柔軟性が必要だが，自信を失うことなく再び挑戦できるように，失敗は小さくとどめる必要がある。ここでも，失敗に対する耐久性を身に付ける方法は二つある。主流組織の価値基準と文化を変えるか，新しい組織をつくるかである。主流組織にリスクや失敗に対し，もっと寛容になるよう頼むのは難しい。その理由として最も多いのは，持続的技術の変化に投資している際は，一般に

マーケティングの失敗を許したくないからだ（クリステンセン，2001，290-291）。」

　クリステンセンの主張は，歴史的な裏付けが存在する。1943年にロッキードが組織内に設置した，「小規模な独立組織（small, independent organization）」がそれである。いわゆる，「スカンクワークス（skunkworks）」と呼ばれるものである。

　「通常の組織構造とは独立した小さなグループにイノベーションを任せるという手法で，ロッキード社が『行動開発計画』なるものを立ち上げて少数精鋭の技術者チームを集め，イギリスから供給される戦闘機用ジェットエンジン『ゴブリン』に適した機体の設計を委ねたのだ……（中略）……開発チームは，他の従業員と距離を置くため，借り受けたサーカステントに陣取った。そこに入れるのは，プロジェクトに直接携わる人間に限られていた。テントはたまたまプラスチック工場の隣に設置され，工場の悪臭がひどかったことから，この特別プロジェクトチームには『スカンクワークス』というあだ名がついた。今ではこの言葉は，大規模な組織の中の自律的グループを指すようになった（フィスマン＆サリバン，2013，137）。」

　例えば，ゴビンダラジャンらによって，「リバース・イノベーション（reverse innovation）」の事例として，広く世に知られるようになった「ローカル・グロース・チーム（LGT）」も，「スカンクワークス」の一種である。GEヘルスケアは，実際に中国やインドの農村地域にて「LGT」を主体としたマーケティング・開発活動を積極的に展開し，そこから得られた市場ニーズを製品化することで，これまで手付かずであった新興・途上国でのヘルスケア市場開拓に成功している。決して技術的には高度で優れたものではなくとも，市場が求めている製品やサービスを開発・生産することで，GEの企業成長は達成されたわけである。そしてそれは，どのような名称で呼ばれようとも，「大規模な組織の中の自律的グループ」によるイノベーション活動であったことに，何ら変わりはない。

4　クローズドイノベーションの"限界"

ただし，こうした「通常の組織構造とは独立した小さなグループにイノベーションを任せるという手法」が常に成功するかといえば，決してそう単純な話ではない。

例えば，先の「LGT」の事例でも，むしろGE内部の既存組織がLGTの活動の邪魔をしてしまう，との報告もなされている。同じ企業内に「主流組織の価値基準と文化」とは異なる「新しい組織をつくる」ことが生み出す軋轢は，想像以上に大きい。また，先のクリステンセン自身，こうした「独立組織のスピンアウト」や「スカンクワークやスピンオフ」が，あくまで「破壊的イノベーション」に「直面したときだけ」に必要とされる存在に過ぎない，とも指摘している[8]。つまり，「スカンクワークス」や「LGT」の成功事例を"過大評価"し，逆に大企業の「クローズドイノベーション」を"過小評価"することは，問題の本質を見誤ることになる。

「大手の既存企業のイノベーション力については疑問がないわけではないが，大手企業がイノベーションにおいて重要な役割を担うことに疑いの余地はない。大手の既存企業は，全社的な研究に資金を提供することで発見や発明の土台を築き，それがイノベーション・プロセスを育てる。多くのベンチャー企業は，大手の既存企業で開発されたアイディアを基に生まれたのである。ヒューレット・パッカード，インテル，それにアップルなどからスピンオフした企業がそれを証明している。大手の既存企業はこうして，小企業や政府では簡単には果たせない機能を果たしているのだ。また，大手の既存企業におけるイノベーションのプロセスは，新興企業のそれよりも高くつくことがしばしば議論の的になる。しかしこの議論は，多くの新興企業が，新製品や新規市場を生み出すために常に競争にさらされていること，そしてその多くが失敗しているという事実を無視している。失敗した新興企業が負担したコストをすべて考慮した上で，成功した新興企業のコストとそれを合わせ，イノベーションにかかわる全費用を計算した場合，新興企業が関わったイノベーションのプロセスが大手の既存企業が関わったイノベーションよりも効率的かどうかは明確ではない[9]。」

第5章　企業成長とイノベーション

図表5－3　GAFA企業が属する業界のハーフィンダール・ハーシュマン指数
（HHI）

	ポータルサイト業界		通信機器(携帯電話・PHS)業界		SNS業界		総合Eコマース (B to C) 業界	
首位事業者事業分野占拠率	Alphabet Inc (Google)	42.0%	Apple Inc	27.0%	Facebook Inc	51.0%	Amazon.com Inc	60.0%
2位事業者事業分野占拠率	Microsoft Corp	33.0%	Samsung Electronics Co., Ltd	20.0%	Tencent Holdings Ltd	28.0%	JD.com Inc.	13.0%
3位事業者事業分野占拠率	Tencent Holdings Ltd	8.0%	Microsoft Corp	10.0%	サイバーエージェント	4.0%	Alibaba Group Holding Ltd	8.0%
上位3社累積集中度		83.0%		57.0%		83.0%		81.0%
4位以下事業者事業分野占拠率	Baidu Inc.	4.0%	パナソニック	8.0%	Twitter Inc	3.0%	eBay Inc	3.0%
	ヤフー	3.0%	LG Electronics Co., Ltd	6.0%	ミクシィ	2.0%	楽天	3.0%
	NETEASE INCORPORATED	2.0%	Legend Holdings Corporation	5.0%	LINE	2.0%	Vipshop Holdings Ltd	3.0%
	Yahoo! Inc	2.0%	Lenovo Group Ltd	5.0%	ディー・エヌ・エー	2.0%	ヤフー	3.0%
	Naver Corporation	1.0%	富士通	5.0%	Kakao Corporation	2.0%	Naspers Ltd	2.0%
	IAC/InterActiveCorp	1.0%	日本電気	3.0%	YY Inc.	2.0%	Groupon Inc	1.0%
	Sohu.com Inc.	1.0%	シャープ	2.0%	Sina Corporation	1.0%	Cnova NV	1.0%
			TCL Corporation	2.0%	Snap Inc	1.0%	B2W - Companhia Digital	1.0%
			ZTE Corporation	2.0%	Weibo Corporation	1.0%	Hansae Yes24 Holdings Co.	1.0%
			京セラ	2.0%	グリー	1.0%		
			Samsung India Electronics	1.0%				
HHI		2,953		2,159		3,481		3,877

（出所）　SPEEDAより筆者作成。

　今日では，「スーパースター企業」と称される「GAFA（Google・Apple・Facebook・Amazon）」による市場支配力の強さに対して，世界中から懸念の声が上がっている。それらの企業の共通点としては，個人データを大量に蓄積していることが挙げられる。IoT（Internet of Things）時代を見据えた，市場価値の高い情報を囲い込むことで，取引企業との交渉でも常に優位に立ち，さらには特許管理を徹底するなど，競合他社へのスピルオーバー効果を極力抑え込むことにも余念がないとされる[10]。

　このように，一部の「大手の既存企業」では，グローバルな情報ネットワークとその集中管理という現代的特徴を有しつつも，むしろ伝統的な「クローズドイノベーション」によって，さらなる市場支配力の強化を実現しており，その意味では「クローズドイノベーション」の"限界"を声高に叫ぶ議論は，どこか的外れのようにも思える（図表5－3参照）。

　しかし，これまでの考察からも確認できるように，大規模化によってそのメリットを最大限に引き出し得るとされた「クローズドイノベーション」が，イノベーション創出における一般的な"合理性"を失いつつあることは，もはや自明になりつつある。それは，「クローズドイノベーション」そのものの"限界"というよりも，「クローズドイノベーション」以外の有効な選択肢が増え

たことによって，その組み合わせ次第では「クローズドイノベーション」が主流であった時代を上回る，さらなる企業成長が期待できるという意味での「クローズドイノベーション」の"限界"，として把握するのが適切であろう。

第3節　オープンイノベーションと"境界"を越える企業

　「オープンイノベーション」を目指し始めた企業イノベーションの動きを，企業と市場という視点から眺め直すと，それはあたかも企業が市場を通じて，イノベーション源泉を獲得しようとする動き，として捉えることができる。かつて，コースが論じたように，企業の存在理由を，市場取引に関わる様々な「取引コスト（transaction cost）」を節約すること，として理解しようとするならば，そもそも企業という存在は，イノベーション源泉の調達に際して，市場取引よりも優れていなければならないはずである。

　例えば，企業がイノベーションに必要な情報や資金などを調達しようとする場合，逐一市場に出向いて交渉を重ねるよりも，それら取り扱う相手先組織そのものを自らに取り込めれば，すなわち「内部化（internalization）」してしまえば，かかるコストや労力も大幅に節約できる，ということである。そして，たしかに歴史的にみれば，「クローズドイノベーション」は，内部取引そのものの拡大＝組織の大規模化によって，市場取引に優るメリットを企業にもたらしてきたといえる。しかし，そうした「クローズドイノベーション」一辺倒の"限界"が明らかなものとなるにつれ，「従来の自前主義（クローズドイノベーション）に代わり，組織外の知識や技術を積極的に取り込む『オープンイノベーション』が重要視され始めた」，というわけである（図表5－4参照）。

第5章　企業成長とイノベーション

図表5-4　クローズドイノベーションとオープンイノベーションの概念図

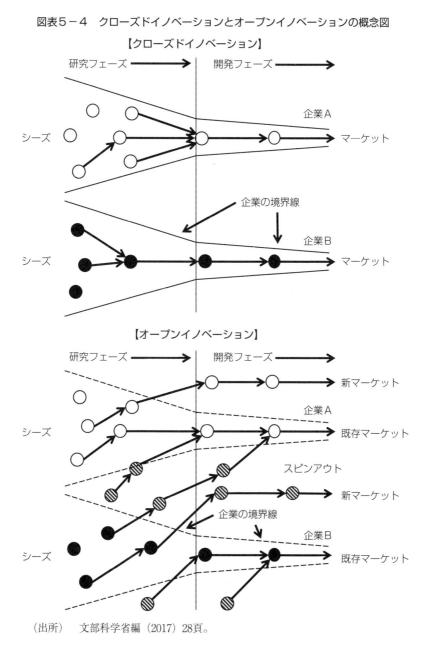

（出所）　文部科学省編（2017）28頁。

第Ⅰ部　グローバル化とイノベーションの基礎理論

「イノベーションは，古くは，エジソンやベルが個人で研究した成果を大企業に売り込み，大企業がビジネスとして営むというパターンであった。その後，大企業においては，自らで研究を行う中央研究所を構え，基礎研究から製品開発までの全てを自社で行う自前主義の下でイノベーションを起こしてきた。一方，1980年代の米国ではこのような自前主義は急速に衰え始め，大企業中心のイノベーションから大学とベンチャー中心のイノベーションにシフトしてきた。新しい技術の発明発見から経済的価値を生み出すまでのプロセスを全て大企業が行うのではなく，新しい技術のシーズを生むところは大学や公的研究機関が担い，そのシーズを産業化する部分はベンチャー企業が行い，大企業は技術開発や事業化のうまくいきそうなものを取り込んでいくというモデルである。そして，今や，イノベーションのプロセスは，自社だけではなく，大学やベンチャー企業をも巻き込んだプロセスに変化してきており，大学やベンチャーから技術を導入するプロセス，共同研究や共同開発，ベンチャーの買収等，様々な手法を取り入れた，いわゆるオープンな手法によるイノベーションの創出がなされるようになってきている（文部科学省編，2017，25）。」

かつてフォスターは，「なぜトップ企業が敗れるのか」という問いに対して，「技術の進歩」が時間の経過とともに「成熟」し，次第に投下費用に見合うだけの「成果」をもたらさなくなること，つまり「限界（limits）」に直面することを指摘していた。いわゆる，「S曲線（S－curve）」の議論である[11]。

フォスターは，洗濯機の開発を例に，「さらに多額の資金を注ぎ込」んだとしても，「洗濯物がさらにきれいになるというわけにもいかなくなる[12]」と断じたが，技術者の目線からすれば，「洗濯物がさらにきれいになる」ための技術の余地は残されている，との反論がなされるかもしれない。しかし，フォスターの指摘が今も有益であるのは，いくら企業側の論理が客観的であろうと，消費者側が「洗濯物がさらにきれいになる」ことを主観的に評価しなければ，現実にはビジネスとして当該技術が「限界」に直面してしまうからである。液晶テレビの画面解像度をいくら上げたとしても，消費者がその"効用"を感知できなければ，その技術進歩に見合うだけの対価を支払う意思がないことは，

ここ数年，日本の電機大手メーカーが嫌というほど経験してきたことでもある。

　だからこそ，企業とは，市場が技術の「限界」を感知する前に，多角化というイノベーションを推し進めなければならない，と考えられるのである。企業成長にとってのイノベーションの役割とは，まさしく機能や品質，デザイン，そして価格などの複雑多様な市場ニーズを，どのように製品やサービスに生まれ変わらせるか，にある。それは，決して技術の革新性や新規性だけの問題に帰することはできない。そして，市場ニーズを企業利益に転換するための新たな選択肢こそ，企業間の垣根を飛び越えた「イノベーションのプロセス」としての「戦略的提携（strategic alliance）」や，さらには企業と市場の垣根さえも飛び越えようとする「オープンイノベーション」であった，と考えられるのである。

　内部取引に固執したイノベーションに見切りをつけ，現実の企業は，積極的に「企業の境界線（boundary of the firm）」を越え始め，新たなイノベーション源泉の獲得方法を模索し始めていったわけである。それは，あたかも内部取引から中間取引へ，そして再び市場取引へと回帰しようとするかのようでもある。「垂直連携」による「クローズドイノベーション」が内部取引を前提としているとするならば，「戦略的提携のような中間組織[13]」を活用した企業間連携によるイノベーションとは，一般に中間取引と呼ばれている。これには，かつての日本の超LSI技術研究組合や米国のSEMATECH（Semiconductor Manufacturing Technology）といった，Ｒ＆Ｄコンソーシアムなども含まれる。

　大企業も，かつて隆盛を極めた「クローズドイノベーション」時代に蓄積してきた特許技術を活用し，それを"呼び水"として中小ベンチャー企業とのコラボレーションを進めたり，「標準必須特許」のライセンス供与を積極的に推し進めることで「技術標準」の形成を促してみたりなど，これまで内部に閉じ込めてきた無形資産を開放し，イノベーションへの新たな可能性を模索している。そして，現在，世界的展開が進む「水平連携」による「オープンイノベーション」の前提にあるのは，伝統的な市場取引である。多種多様な取引の組み合わせによる，戦略的意思決定の選択の幅の広がりを手にした現代企業にとっ

て，イノベーションによる企業成長への可能性は，さらなる広がりを見せつつある。

しかし，前出のGAFA企業のように，自らの市場支配力強化のために，こうした新たなイノベーションの可能性を阻害する動きが活発化すれば，イノベーションによる企業成長そのものは，早々に新たな"限界"に直面することになる。一部の企業だけが潤い，全体としての経済成長が低迷するならば，市場は縮小してしまい，結局，企業の活躍する機会そのものが奪われることになる。また，多種多様なイノベーション源泉もまた，失われていくであろう。

（注）
1) 榊原（2002）109頁。
2) 後藤（2000）115-116頁。
3) この点に関しては，Simsek（2009）やO'Reilly III and Tushman（2013）を参照のこと。
4) 入山（2012）137,140-141頁。
5) クリステンセン（2001）48頁。
6) 同上，9頁。
7) 同上，48頁。
8) クリステンセン（2001）291頁。
9) バーゲルマン・クリステンセン・ウィールライト（2007）15頁。
10)「日本経済新聞」2017年9月14日付。
11) フォスター（1987）27-28頁。
12) 同上，28頁。
13) ティース（2013）78頁。

第Ⅱ部　グローバル化とイノベーションの史的展開

第6章　日米企業の国際化の歩み

第1節　米国企業の対外直接投資と企業成長

1　米国主導の国際経済体制の確立

　第二次世界大戦後の世界経済は，米国を中心とする資本主義陣営とソ連を中心とする社会主義陣営によって二分されることとなった。かつての覇権国・大英帝国に代わり，資本主義陣営の盟主の座に躍り出たのが，ほとんど国土に戦争被害を受けず，むしろ戦争物資の輸出によって巨額な利益を得ていた米国であった。そもそも米国では，一般的に熟練労働者の不足への対応として，省力化を目的とした大量生産技術の発達（＝労働の機械化）が促されたが，これに対し欧州諸国や日本では，伝統的に産業技術を熟練労働に依存する構造が完成されていたため，かえって米国の技術力が世界的に突出したと考えられている[1]。皮肉なことに，米国に熟練労働者が不足していたがために，かえって機械化における米国のイノベーション能力の向上が図られ，その上に互換性に優れた量産システムの確立が果たされたことによって，結果的に当時の米国は欧州諸国や日本との技術格差を広げることに成功できた，というのである[2]。

　こうした高い技術力と無傷の巨大市場を前に，米国企業は巨額な研究開発費を投入し，高性能・高品質のイノベーションを行う強いインセンティブを得ていたわけである。また，第二次世界大戦終結後も，冷戦構造のなかで米国は，巨額な軍事費支出を継続していた。こうした軍事関連の研究開発予算が民間企業の研究開発活動にも刺激を与えていた[3]。米国の軍事経済化の側面は，その後の米国企業の成長様式に対して，様々な影響をもたらす結果となる。例えば，「技術におよぼす軍事支出の影響」として，肯定的な立場からは，軍事的要請が科学技術者を刺激し，国防調達によって販路が保証されたおかげで米国企業

は多くの経験を積むことができ，また平時には不必要なほど高度な性能水準の要求こそが，今日の米国におけるハイテク産業の技術基盤形成に寄与したのだ，との主張がなされている。しかし一方では，軍事目的の研究や生産が科学技術者を民需分野から奪い，軍事目的の計画が新技術の発達を歪曲させ，結果として米国の民間経済にとってはマイナスの影響を与えていたともされる。第8章に詳しいが，1980年代以降の米国における産学連携推進の動きは，こうして失われていった米国企業のイノベーション力を，大学とのコラボレーションのなかで再生するための取り組みの一つであったとされる。

2　米国の軍事経済化と米国企業の対外直接投資

こうした米国の軍事経済化は，米国企業のその後の成長様式を決定付けた，といっても過言ではない。

「第二次世界大戦の終了後，アメリカ政府は『ヨーロッパ復興計画』をはじめ各種の経済復興援助を通して西欧諸国に経済安定をもたらし，結果として米国製品の輸出『市場』を準備することとなる。一方，アメリカ国内では戦時中に開発された軍需技術の民需技術への転換により，企業の生産力は急速に上昇し，50年代中頃には製品・設備の陳腐化が生じ，新設投資の促進とともに巨額な内部留保をもたらすことになる。その結果，50年代後半に至るとアメリカ経済は過剰資本期＝経済不況を迎える（竹田，2003，19）。」

1950年代当時，米国企業は過剰生産力に悩まされており，その"捌け口"が必要とされていた。そして，1957年に成立したEEC（欧州経済共同体）の存在は，米国企業による対西欧諸国への対外直接投資（FDI）の直接的な契機となった。なぜならば，EECという「域外関税障壁[4]」の誕生によって，米国企業は輸出以外の外国市場参入方式の採用を迫られ，ここから米国企業の対外直接投資が本格化したからである。つまり，こうして米国企業の成長戦略は，「既存製品系列の販売拡張」や「新製品開発による国内新市場開拓」から，新たに「既存製品市場の地理的拡大」という選択肢を加え始めるのである[5]。

第6章　日米企業の国際化の歩み

図表6-1　米国企業の国・地域別にみる対外直接投資および収益の推移（1966-2016）

(単位：100万ドル)

	カナダ		欧州		ラテンアメリカと その他の西半球		アフリカ		中東		アジア太平洋		その他	
	金額	残高	金額	残高	金額	残高	金額	残高	金額	残高	金額	残高	金額	残高
1966年	1,612	15,713	2,249	16,390	612	9,752	148	1,834	134	1,462	439	4,004	220	2,635
1967年	1,022	16,703	1,858	18,231	513	10,290	227	2,048	149	1,606	727	4,735	311	2,947
1968年	1,219	17,952	1,601	19,851	1,069	11,342	365	2,423	46	1,646	633	5,369	363	3,323
1969年	1,584	19,578	2,250	22,246	716	12,039	279	2,703	-56	1,583	771	6,135	415	3,809
1970年	1,462	21,015	3,029	25,255	1,032	12,961	541	3,205	-38	1,545	903	7,031	660	4,469
1971年	1,086	21,818	3,424	28,654	1,069	14,013	327	3,519	-250	1,289	1,338	8,375	623	5,091
1972年	1,755	22,985	3,030	31,696	917	14,897	265	3,776	38	1,326	1,287	9,654	454	5,545
1973年	2,448	25,541	6,576	38,255	1,646	16,484	-226	3,543	-1,098	226	1,356	11,068	651	6,196
1974年	2,857	28,404	6,432	44,652	3,353	19,527	160	3,696	-6,661	-6,432	1,795	12,895	1,115	7,335
1975年	2,592	31,038	4,585	49,305	2,866	22,167	337	3,996	2,393	-4,040	1,741	14,517	-270	7,067
1976年	2,471	33,838	5,492	55,139	1,762	23,934	455	4,443	757	-3,301	1,032	15,563	-20	7,192
1977年	1,581	35,052	5,289	62,552	3,949	27,514	-127	3,761	311	-3,287	1,055	16,329	-165	4,070
1978年	1,206	36,396	7,820	70,647	4,014	31,770	591	4,397	496	-2,946	2,016	18,550	186	3,913
1979年	4,477	40,662	12,259	83,056	3,362	35,220	576	4,938	1,946	-999	2,538	21,281	64	3,700
1980年	3,906	45,119	13,011	96,287	2,833	38,761	1,067	6,128	-3,158	2,163	1,384	22,963	179	3,955
1981年	-757	47,073	5,278	101,601	-197	38,838	715	6,825	232	2,001	3,686	27,263	667	4,747
1982年	-1,690	43,511	3,470	92,449	-4,079	28,161	672	6,487	195	3,550	2,362	28,282	149	5,314
1983年	1,347	44,779	6,467	94,400	-2,637	25,631	34	6,230	1,305	4,470	2,857	30,916	151	5,724
1984年	3,556	47,498	6,119	94,388	992	26,549	432	6,076	518	4,979	2,097	33,405	-669	5,198
1985年	59	47,934	7,993	108,664	4,128	30,417	-72	6,130	-81	4,554	1,161	35,294	201	5,378
1986年	2,741	52,006	8,260	125,613	7,574	39,318	-167	5,748	66	4,876	1,687	38,472	-520	4,440
1987年	6,097	59,145	12,035	156,003	8,598	50,147	155	6,032	157	4,225	3,537	46,925	-425	3,776
1988年	2,510	63,900	8,431	163,138	6,460	55,411	-607	5,474	-321	3,923	2,703	52,206	-577	3,127
1989年	1,268	63,948	23,679	189,467	9,094	62,145	-554	3,936	-473	3,518	4,375	55,805	216	2,962
1990年	3,902	69,508	10,194	214,739	10,141	71,413	-450	3,650	515	3,959	6,783	64,718	-104	2,535
1991年	1,337	70,711	19,563	235,163	7,194	77,677	75	4,427	521	4,963	3,854	72,219	152	2,684
1992年	2,068	68,690	18,931	248,744	12,751	91,307	-84	4,469	845	5,759	7,391	79,962	745	3,131
1993年	3,584	69,922	45,914	285,735	16,895	100,482	837	5,469	775	6,571	8,895	92,671	348	3,433
1994年	6,047	74,221	34,380	297,133	17,710	116,478	762	5,760	709	6,367	13,437	108,528	207	4,406
1995年	8,602	83,498	52,275	344,596	16,040	131,377	352	6,017	879	7,198	14,342	122,711	-416	3,618
1996年	7,181	89,592	40,148	389,378	18,138	155,925	1,678	8,162	467	8,294	15,363	139,548	1,451	4,295
1997年	7,642	96,626	48,318	425,139	21,539	180,818	3,436	11,330	619	8,836	13,733	144,815	482	3,752
1998年	7,832	98,200	86,129	518,433	6,699	196,755	3,075	14,061	2,092	10,739	14,715	159,678	462	2,837
1999年	22,824	119,590	109,484	627,754	44,658	253,928	596	13,118	1,000	10,950	30,831	190,621		
2000年	16,899	132,472	77,976	687,320	23,212	266,576	716	11,891	1,375	10,863	22,449	207,125		
2001年	16,841	152,601	65,580	771,936	25,691	279,611	2,438	15,574	1,397	13,212	12,927	227,418		
2002年	15,003	166,473	79,492	859,378	15,192	289,413	-578	16,040	2,559	15,158	23,277	270,086		
2003年	17,340	187,953	87,509	976,889	3,901	297,222	2,697	19,835	1,315	16,885	16,592	270,830		
2004年	24,005	214,931	137,319	1,180,130	32,418	351,709	1,611	20,356	2,538	18,963	97,013	374,754		
2005年	13,556	231,836	-29,035	1,210,679	74	379,582	2,564	22,756	3,785	21,115	24,426	375,689		
2006年	-1,551	205,134	147,687	1,397,704	35,672	418,429	5,157	28,158	5,699	24,206	31,556	403,637		
2007年	22,331	250,642	239,803	1,682,023	55,324	556,160	4,490	32,607	4,070	28,448	67,500	444,101		
2008年	12,293	246,483	178,415	1,844,162	63,213	588,992	3,837	36,746	3,716	31,294	46,821	484,796		
2009年	14,342	274,807	165,064	1,991,191	63,420	718,478	10,417	43,941	4,025	33,776	30,635	502,826		
2010年	17,594	295,206	175,995	2,034,559	42,157	752,788	7,442	54,816	-305	34,431	34,895	570,111		
2011年	48,598	330,041	235,409	2,246,394	70,886	788,987	5,340	56,996	771	35,951	35,564	591,657		
2012年	29,608	366,709	158,958	2,445,652	71,573	828,721	2,624	55,849	7,942	40,306	47,491	672,777		
2013年	20,650	370,259	157,885	2,604,776	52,783	788,772	1,516	60,884	4,009	45,399	66,590	709,623		
2014年	27,134	357,439	148,793	2,796,982	56,153	875,390	1,802	66,403	7,108	49,775	53,764	764,071		
2015年	9,533	346,746	164,041	2,919,510	47,978	873,398	308	59,266	1,927	46,583	38,783	803,269		
2016年	18,077	363,914	182,637	3,174,885	32,738	843,357	-547	57,465	-154	45,925	47,931	846,680		

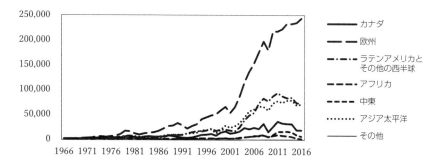

（出所）U. S. Department of Commerce, Bureau of Economic Analysis, U. S. Direct Investment Abroad: Balance of Payments and Direct Investment Position Data より筆者作成。

こうして米国企業は，多国籍化という新たな成長戦略を打ち出すことになったわけである。当時の米国企業の技術優位は，経済統合によって生まれたこの巨大市場においても，「本国においてその企業が獲得する以上に高率の利潤を確保」せしめるとして，大いに期待されていたわけである[6]。その意味では，米国企業による対外直接投資とは，実は戦後復興の名目で米国が自由主義陣営へと散布したドルの"回収"行為の一つでもあった。こうした"ドルの還流"こそ，米国主導の「ブレトンウッズ体制」を下支えしてきたわけである。体制維持のための「海外軍事，外交，対外援助などの支出に基づく支払超過」が惹き起こす「深刻な国際収支難」に対して，自らの「海外利益」をもって「財政的に支える」という役割を，まさしく米国多国籍企業は担わされていたのである[7]。

　図表6－1は，米国企業の対外直接投資の「金額」および「残高（年末値）」の推移について，進出先の国・地域別の内訳とともに示したものである。これによると，たしかに米国企業による海外進出先として，「欧州」への投資額が圧倒的に大きいことがわかる。また，下の折れ線グラフは，それぞれの直接投資先における「収益」の推移を示しているが，たしかに「欧州」からの"回収"分が抜きん出ている。また，対「欧州」向けの直接投資は，現在に至るまで米国多国籍企業の主要な「収益」の源泉として，変わらず機能し続けている。

3　ブレトンウッズ体制の終焉と米国多国籍企業の成長戦略

　多国籍化という新たな成長戦略を見出した米国企業であったが，1970年代に入ると，一転して本国米国の経済そのものに大きな変化が訪れることとなる。すなわち，戦後の自由主義経済を支えてきたブレトンウッズ体制の崩壊，である。その原因の一つには，米国企業による対外直接投資の影響もあるとされた。

　「かつてアメリカ合衆国は多くの産業・製品で技術・生産性とも世界で群を抜いていたが，技術の国際化によって優位性を奪われた。その技術の国際化を引き起こしたのは主にアメリカ子会社を通じたアメリカ製品技術・ノウハウの直接的移転にあったからである……（中略）……したがって，アメリカ多国籍企業の急成長は，アメリカ合衆国の地位後退の促進要因である[8]。」

また,製造業生産拠点の海外移設に伴う,国内の生産性低下や失業率上昇など,いわゆる「空洞化」問題も,米国経済の成長力弱化に拍車をかけていたとされる。これに対し,米国企業による直接投資の受け入れによって資本や技術を獲得し,冷戦下にあって米国の軍事力に守られながら経済復興に資源を集中し得た西欧諸国や日本では,官民一体となった企業競争力の強化が図られていた。こうして,かつては世界をリードする立場にあった米国企業も,例えば製造業製品輸出における世界シェアにおいて,後発の西ドイツ企業や日本企業に追い抜かれるなど,かつての勢いは失われていった。しかし,米国企業の成長戦略は,これで終わったわけではなかったのである。

 図表6－2によると,米国「製造業」企業による対外直接投資の「収益率（＝投資収益／投資残高）」は,サービス経済化への産業構造転換にあっても,「非製造業」を上回る高い数値を示している。前述のように,1970年代以降,米国国内では製造業の「空洞化」による経済弱体化が懸念され,米国多国籍企業もそうした影響による競争力低下が指摘されていた。ところが,米国多国籍企業は,1980年代以降もさまざまな戦略オプションをもって,決して成長の歩みを止めようとはしなかったのである。

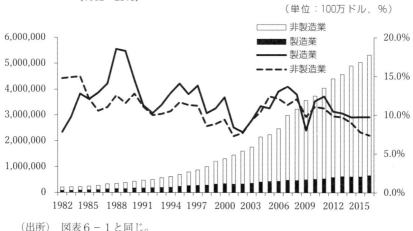

図表6－2　米国企業の産業別にみる対外直接投資の残高および収益率の推移（1982－2016）

（出所）　図表6－1と同じ。

第Ⅱ部　グローバル化とイノベーションの史的展開

「アメリカは60年代の後半以降，市場の維持，拡大を目指すとともに，高い収益率を求めて，ヨーロッパを中心に海外直接投資を増加させていった。しかし，80年代に入ると，全体の海外直接投資はむしろ減少し，逆に外国からの対米直接投資が増加している。したがって，80年代以降の多国籍化の影響の中で注目されるのは……（中略）……アメリカの海外直接投資に占める比率はまだ低いものの，特に電機・電子の分野でアジア途上国等へ安い労働力を求め，生産基地の海外移転，進出を図り，親会社には本社機能と研究開発部門が残るというアウト・ソーシング現象であろう（経済企画庁編，1988，105）。」

アジア途上国への生産拠点移設など，自社内での分業体制の再編を重ねるとともに，「リスクやコストの共有や最適な資源利用[9]」を目指し，現在のオープンイノベーションの"布石"となる，他社との「戦略的提携」などをグローバルに展開することで，一部の米国多国籍企業は，現在も成長し続けている，ということである。この点に関しては，**図表６−３**からも，「国際的な戦略的技術提携（international strategic technology alliances）」において，米国企業の関与する企業間提携件数が他を圧倒している点から確認することができる。その意味では，米国企業の国際化の歩みは，まさしく飽くなき成長への歩みであった，といえよう。

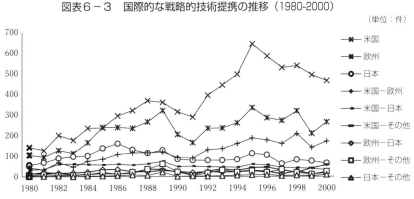

図表６−３　国際的な戦略的技術提携の推移（1980-2000）

（出所）　National Science Foundation, Science and Engineering Indicators−2002より筆者作成。

第2節　日本企業の対外直接投資と企業成長

1　戦後日本企業における海外進出の展開

　次に第二次世界大戦以降1980年代ころまでの日本企業の海外進出を概観しておこう。日本経済は，朝鮮特需を契機として戦後復興の足がかりをつかみ，1960年代から70年代初頭の高度経済成長を実現し，その際，国内市場の拡大と平行して，輸出を通じた海外市場への展開によって日本企業の成長は可能となった。欧米向けの輸出においては，1ドル＝360円での固定相場制の下で，輸出が日本企業の成長を支えていた。他方，アジア諸国においては，輸入製品に関税をかけ，国内企業を保護するとともに，当該産業に外資を導入して，自国向けに製品を生産して供給しながら，技術や経営ノウハウを導入しつつ，国内の雇用も確保することで工業化を果たそうという輸入代替工業化政策が実施されていた。そのため，これらの国への輸出が制約されていたので，これに対応して日本企業は，直接投資による工場の設置という形態での海外進出が小規模ながら進められていくこととなった。このような海外進出は日本企業にとっては，主として，輸出を補完して現地市場を確保することを目的とするものであり，日本から部品をすべて輸出し，これを現地で組み立てるノックダウン生産を基本としていた[10]。このころの海外進出は金額においても件数においてもなお小規模で，製造業への投資は金額も件数も3分の1から4分の1程度を占めていて，その中でもアジアへの投資が多かった（**図表6－4**参照）。

　70年代に入ると，直接投資は金額で20億ドルを超え，件数も千件を超えて急増し，その中で製造業についても金額で全体の3割ほどを占め，海外直接投資が本格化してきた。そのような直接投資の増加の背景としては，日本において海外投資の自由化が進展した一方，米国経済の低迷の中でドルを基軸通貨とする世界の貿易体制の維持が困難となり，1971年に変動相場制へと移行したことによって，円高が進行したことが挙げられる。円高は輸出を抑制する効果を持ったが，その後の1974年のオイルショックは日本経済の低迷，したがって国

内市場の縮小をもたらしたため，さらなる輸出を加速化させた。すでに60年代後半ころには，日本企業の輸出競争力の増加を背景に，繊維や鉄鋼，電機などの分野で米国との間で輸入制限やダンピング提訴など貿易摩擦が発生していた。そのため輸出の加速化は，70年代後半以降には，欧米との間で一層激しい貿易摩擦をもたらし，輸出が困難となるなど，輸出を押しとどめることとなった。このような貿易摩擦，そして円高の進行を背景とする輸出による成長が困難となる中，日本企業は海外への生産拠点の移転を通じて成長の持続を図っていくこととなった。

図表6-4 日本企業の直接投資の推移

| | 直接投資額（百万ドル） | | | | | | | | 直接投資件数（件） | | | | | | | |
| | 合計 | 北米 | アジア | 欧州 | うち製造業 | | | | 合計 | 北米 | アジア | 欧州 | うち製造業 | | | |
					合計	北米	アジア	欧州					合計	北米	アジア	欧州
1951～64年度累積	790	197	153	21	292	72	61	6	1,358	330	462	153	326	17	187	16
1965	159	44	35	5	45	6	14	2	196	53	61	18	76	5	40	2
66	227	109	28	2	79	40	17	0	244	70	99	17	93	6	65	1
67	275	57	93	31	77	4	31	2	290	65	149	21	121	2	93	2
68	557	185	78	153	67	14	34	3	369	82	182	39	168	4	133	5
69	665	129	197	93	133	4	67	1	545	139	263	42	221	12	176	3
70	904	192	167	335	236	79	96	21	729	173	325	109	289	20	220	15
71	858	230	237	84	290	33	124	21	904	289	363	105	264	24	196	12
72	2,338	406	401	935	525	53	277	6	1,774	655	624	189	525	59	356	14
73	3,494	913	998	337	1,496	270	486	90	3,093	1,121	1,163	287	1,015	131	682	42
74	2,395	550	731	189	874	102	358	58	1,911	619	682	164	603	75	364	28
75	3,280	905	1,100	333	924	140	367	40	1,591	552	513	145	425	82	243	35
76	3,462	749	1,245	337	1,025	223	285	49	1,652	594	490	155	413	94	219	27
77	2,806	735	865	220	1,074	217	334	58	1,761	692	511	163	448	89	233	42
78	4,598	1,364	1,340	323	2,038	329	858	162	2,393	1,054	668	251	727	152	364	129
79	4,995	1,438	976	495	1,693	447	437	162	2,694	1,228	759	301	783	220	375	127
80	4,693	1,596	1,186	578	1,706	398	724	161	2,442	1,006	646	364	719	197	321	143
81	8,932	2,522	3,339	798	2,305	1,005	688	198	2,563	961	712	229	803	288	354	61
82	7,703	2,905	1,385	876	2,076	817	544	139	2,549	907	670	272	748	241	323	76
83	8,145	2,701	1,847	990	2,588	991	738	247	2,754	888	825	316	706	209	346	85
84	10,155	3,544	1,628	1,937	2,505	1,242	516	337	2,499	799	674	269	677	230	310	83
85	12,217	5,495	1,435	1,930	2,352	1,223	460	323	2,613	962	685	313	718	267	322	92
86	22,320	10,441	2,327	3,469	3,806	2,199	804	370	3,196	1,284	819	404	981	372	462	94
87	33,364	15,357	4,868	6,576	7,832	4,848	1,679	851	4,584	1,885	1,342	537	1,528	521	790	159
88	47,022	22,328	5,569	9,116	13,805	9,191	2,370	1,548	6,076	2,543	1,736	692	1,798	590	936	188
89	67,540	33,902	8,238	14,808	16,284	9,586	3,220	3,090	6,589	2,848	1,707	916	1,829	573	894	275
90	56,911	27,192	7,054	14,294	15,486	6,793	3,068	4,593	5,863	2,426	1,499	956	1,528	444	759	248
91	41,584	18,823	5,936	9,371	12,311	5,868	2,928	2,690	4,564	1,714	1,277	803	1,338	349	719	212
92	34,138	14,572	6,425	7,061	10,057	4,177	3,104	2,101	3,741	1,258	1,269	617	1,318	287	767	206
93	36,025	15,287	6,637	7,940	11,132	4,146	3,659	2,041	3,488	953	1,478	494	1,390	241	957	135
94	41,051	17,823	9,699	6,230	13,784	4,763	5,181	1,855	2,478	534	1,305	221	1,233	172	942	68

（出所） 大蔵省編『財政金融統計月報』の対内外民間投資特集の各号より作成。

このような直接投資を地域別で見ると，特に製造業については，金額でも件数でもアジアの割合が高いが，しかし70年代の後半から北米への投資が増加し続け，次第にその割合を高め，件数については，製造業ではなおアジアが多いが，全体では70年代後半以降80年代は北米の件数が上回っていた。この間，割合は小さいが，北米同様，欧州への直接投資も金額，件数ともに全体では比重を増していった。このような北米，さらに欧州への直接投資の比重の増大は，円高による輸出競争力の相対的な悪化と欧米の保護貿易主義的傾向に伴う貿易摩擦の激化に対応した輸出代替型の投資の増大を意味していた。他方，なお堅調に推移しているアジアへの投資，とりわけ製造業への直接投資については，アジア諸国が外資を導入して輸出促進し，工業化を推進しようとする輸出志向工業化政策を採用するようになってきたことから，日本の賃金上昇と円高を背景として輸出競争力が減退した労働集約部門を中心にこれらの地域に投資を継続していった[11]。

　80年代に入っても70年代の増勢が継続し，84年には直接投資額は100億ドルを超えた。その特徴は，非製造業の分野で，地域は北米への投資が伸び，欧州も，金額では84年以降アジアを超えたが，なお製造業の投資も20億ドル，2千件を超える投資が継続し，米国の比重が増していった。しかし1985年9月の米国，日本，イギリス，フランス，西ドイツの五カ国蔵相・中央銀行総裁会議により発表されたプラザ合意によって，合意前に1ドル240円だった為替レートは年末には200円，86年末158円，87年末121円と急激な円高が進行していった。その結果，86年以降，直接投資も，金額で86年度末22億ドル，87年度末33億ドル，88年度末47億ドル，89年度末67億ドルと急増し，それとともに製造業への投資金額の割合も2割弱から3割を超えて増大していった。ただ地域別に見るとやはり米国への投資の割合が金額では増勢にあり，欧州の割合も増加している。とはいえ実数で見ればアジアへの投資も金額，件数ともに急増している。

　このような直接投資の急増は，言うまでもなく，円高の進行によるが，米国において投資が増えたのは，以前と同様，貿易摩擦を背景とした輸出代替としての直接投資の増加による。同様のことは欧州への投資の増加にも言えるが，

欧州の場合はこれに加えて，1992年の欧州連合（EU）の発足への対応としての投資の増加である。またアジアへの投資の増加については，急激な円高に加えて，日本において労働力不足による賃金上昇や地価の上昇によって生産コストは実質的に高騰し，価格競争力を失った日本企業が低廉な労働力などの生産要素の活用を目的とするものであった。日本企業は，アジアの中でも，70年代以降，輸出志向工業化を進めていた韓国，台湾などのアジアNIESへと進出していたが，80年代後半には，これらの国・地域の対ドル為替レートも上昇し，賃金も高騰してきたため，生産要素の低廉なASEANへと投資先をシフトするようになった。またASEAN諸国は，1980年代後半より外資受け入れ規制を緩和するとともに，輸出志向の外資企業に対してインセンティブを与え，また工業団地を設置してインフラを整備するなどして，積極的に外資導入を通じた輸出志向工業化を推進していったこともまたASEAN諸国への投資を促進した理由といえよう[12]。

2 地域別海外拠点の特徴と日本企業の成長様式

次に海外に展開している日系企業が主要な投資先である米欧アジアの3地域においてそれぞれの販売先と調達先を通じてどのような分業体制をとっているのかについて，製造業と，特に進出が多い電気機械産業とで見ておこう（図表6-5参照）。

まず北米に進出した企業についてみると，日系の製造企業の9割は現地で販売をしており，電気機械についても割合としては減ってはいるが，同様に9割弱となっている。また調達についてみれば，日本からの調達が減少し，現地調達へと変化しつつあるが，電気機械では，6割以上が日本からの調達で，なお日本への依存が高い。こうして，先の米国への80年代後半以降の急激な直接投資の増大は，日本から輸出していた製品を生産する機能を移転し，部品等を日本からの輸入により調達するような輸出の代替を目的とした海外進出がなお継続している。

図表6-5　海外日系事業所の販売先および調達先の変遷

単位：％

業種	海外事業所在地域	年度	販売						調達					
			現地	日本	第三国				現地	日本	第三国			
					北米	アジア	欧州	その他			北米	アジア	欧州	その他
製造業	北米	1980	84.9	7.8	3.1	0.5	2.8	0.9	39.9	49.1	0.5	4.1	0.0	6.4
		1986	90.1	5.8	3.4	0.3	0.3	0.1	32.4	64.1	0.2	1.5	1.2	0.6
		1992	91.9	2.8	2.2	0.6	1.9	0.6	51.5	41.7	1.3	4.0	0.6	0.8
	アジア	1980	63.9	9.8	7.5	12.8	3.1	2.9	42.2	41.5	3.3	8.7	2.1	2.2
		1986	53.5	16.6	9.5	13.8	4.4	2.2	39.6	47.4	1.9	5.1	0.8	5.2
		1992	66.1	15.8	3.7	11.2	2.0	1.2	48.5	37.9	1.8	8.9	0.5	2.5
	欧州	1980	74.6	0.3	1.0	1.3	21.8	1.0	39.3	44.5	0.0	0.6	14.0	1.6
		1986	70.4	1.2	1.5	0.1	25.3	1.5	38.0	50.1	0.8	0.8	9.9	0.4
		1992	55.7	1.2	2.1	0.5	39.7	0.8	28.8	44.6	0.8	3.8	21.9	0.1
電気機械	北米	1980	97.6	0.4	1.4				20.2	71.8	0.9			
		1986	98.4	1.2	0.1	0.0	0.1	0.2	15.8	78.5	0.9	4.6	0.1	0.1
		1992	89.2	2.7	2.8	1.4	2.9	0.0	25.0	65.6	1.4	7.4	0.6	0.0
	アジア	1980	51.6	16.2		10.3			49.6	46.0		3.8		
		1986	42.5	22.2	11.7	15.2	7.0	1.4	36.4	54.6	0.2	8.2	0.0	0.6
		1992	45.7	27.2	5.3	19.0	2.2	0.6	36.6	46.7	1.2	15.4	0.1	0.0
	欧州	1980	74.6	0.8			18.6		43.5	46.7			7.6	
		1986	86.7	1.5	0.5	0.0	10.8	0.5	30.2	56.7	0.8	2.4	9.8	0.1
		1992	45.0	1.2	2.5	0.6	49.8	0.9	15.6	50.3	0.7	5.3	28.0	0.1

（注）　それぞれ「現地」+「日本」+「第三国」の合計が100％となる。
（出所）　通商産業省『海外投資統計総覧』各年版より作成。

　また欧州についてみると，現地販売の割合が減少し，域内での販売の割合が高まっており，この傾向は電気機械で顕著である。とりわけ80年代後半以降にこのような変化が見られ，欧州連合の形成に伴って，域内での輸出が増加していることがうかがえる。このことは調達においても見られ，製造業も電気機械も，現地調達の割合が減少し，また5割前後を占める日本からの調達も若干割合を減らす一方，欧州からの調達の割合が増えており，域内からの輸入が増加している。こうして欧州では，欧州連合の結成を契機に，先にみたような欧州域内への直接投資が増えるのに対応して，域内での取引が増え，域内販売，域内調達が増加したと考えられる。

　そして最後にアジアの場合は，現地販売と同時に輸出拠点としての性格も持っていることがうかがえる。製造業も電気機械も現地販売が4割から5割と

高い割合を占めるが，とりわけ電気機械については，北米への輸出の割合が減少する一方で，日本への輸出が3割弱，アジア域内への輸出も2割弱と高くなってきており，アジアの生産拠点は，日本も含めたアジア域内での輸出拠点となってきている。また調達についてみると，日本への依存が4割から5割となお高いが，他の地域と比べても，現地および域内（アジア）での割合も5割を超え高まっており，部品の供給能力が高まってきていることが伺える。このような日系企業のアジアにおける特徴は，アジア地域の経済成長にともなう市場として重要性が高まる一方，日本の製造業の輸出競争力の低下により，アジアが日本も含めたアジア域内の供給拠点として成長してきたことによる。この供給拠点は，長期にわたる日本企業のアジアへの進出経験を蓄積し，また現地調達を促進するローカル・コンテンツ規制への対応として，日本の下請企業のアジア進出を促進したり，調達先となる現地企業を探索・育成し，部品調達網が徐々に形成されてきた[13]。

　こうして1980年代までの日本企業の海外展開を見ると，米欧アジアの各地域の市場向けの販売が中心となってきたが，特に80年代後半以降は，欧州とアジアは販売も調達もそれぞれの域内での取引が増えてきており，このことは進出企業がそれぞれ輸出拠点としての役割が増してきていることが伺える。まさにこのような海外進出を通じて，80年代後半以降日本企業はその規模を急速に拡大させていったと考えられる。たとえば通産省（現，経済産業省）のアンケート調査に基づくデータによれば（**図表6-6**），日本の本社企業1社当たりの海外事業所の数は年々増え，また売上高もその比重を増し，企業成長にとって海外展開が重要な手段となってきていることが伺える。すなわち，80年代後半以降においては，域内に対しての販売・調達の割合が増し，輸出拠点としての性格が強まり，したがって，それぞれの拠点は，現地市場に限定されることなく，世界市場に向けて規模の経済性を活用して生産することが可能となったことを意味すると考えられる[14]。それゆえ，80年代後半以降の日本企業の海外展開は，これまでの，輸入代替工業化への対応や貿易摩擦への対応，あるいは為替レートの切り上げによる輸出競争力の低下への対応としての主に輸出市場を代替す

る形での海外進出とは異なり，海外展開を通じて一層の成長基盤を形成していったと考えることができる。

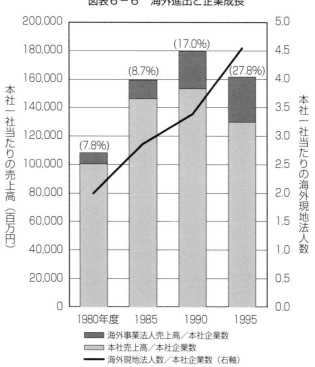

図表6-6 海外進出と企業成長

（注）製造業の数値。（　）内は海外事業法人売上高／本社売上高。
（出所）通商産業省『我が国企業の海外事業活動』各年版より作成。

このような海外への展開による成長は単に企業数の拡大や売上高における成長だけではなく，その企業数が多くなればなるほど，子会社間の分業関係も変容していく。すなわち，海外拠点の増加は，日本の生産拠点をも含めた分業関係に変化をもたらし，先に見たようにその中での日本の役割が低下してきていることが伺える。すなわち海外進出した生産拠点は，80年代までは，多くは日本からの調達に依存し，販売先は日本以外への販売が多かったが，次第に日本への販売の割合が高まる一方，日本からの調達が減少していっており，日本の

逆輸入が増大し，また現地や海外拠点からの調達などが増えて，調達に関しても日本への依存が減少してきていることが伺えるのである。こうして日本企業の海外展開が増え，一定の年数が経過する中で，進出企業の能力が向上し，あるいはまた現地の工業化が進展して，海外拠点の完成品や部品などの製造能力が増大することで，日本企業の成長が実現していったと推察できるのである。

(注)
 1) 山崎（1982）27頁。
 2) 橋本（1997）51頁。
 3) 後藤（2000）114頁。
 4) 亀井（2001）45頁。
 5) 米倉（1999）141頁。
 6) 萩原（1996）136頁。
 7) ギルピン（1977）133頁。
 8) 萩原（2003）96頁。
 9) 文部科学省編（2002）25頁。
10) 通商産業省（1975）114－115頁参照。
11) 通商産業省（1978）32頁，40頁，49頁。
12) 通商産業省（1995）151－153頁，343－345頁。
13) 小浜裕久編著（1992）54－55頁。
14) 通商産業省（1995）292－293頁。

第7章　日米企業の多角化の歩み

第1節　米国企業の多角化戦略

　まずは米国企業の多角化について実態をみていきたい。しかしながら多角化に関する十分な数量データが存在するわけではないため，ここでは米国企業の多角化に関するいくつかの代表的な実証研究を参考にする形で実態に近づいてみたいと思う。

　第2章で説明したように，チャンドラーは多角化を企業成長をもたらす要因の一つして捉えていた。チャンドラーが明らかにした多角化の事例としては，デュポンの経験が有名である[1]。デュポンは火薬製造企業として南北戦争時に急成長した企業である。戦後の不況時には，競合他社を傘下に収めることに成功し20世紀初頭には米国火薬産業の三分の二を占めるに至った。また生産部門の統合や販売網の確立など垂直統合を進め，職能別組織構造を取り入れていた。火薬を用いて化学製品に展開する多角化については早い段階から着手していたが，本格的な展開は，第一次大戦終盤に戦後の火薬需要減に対応するために既存の経営資源の有効活用を検討したことによる。1917年には，火薬以外の製品展開として，①染料および関連有機化学製品，②植物性油脂，③ペイントおよびワニス，④水溶性化学製品，⑤セルロースおよび精製綿製品，を多角化分野として決定した。典型的な技術関連型多角化とみなすことができよう。デュポンは，この多角化展開後，予想に反して赤字が累積することになるが，その原因は職能別組織のまま多品種を扱ったことによる管理コストの上昇であった。そこでデュポンは事業部制組織構造を考案し，製品ごとに事業部を分けることで問題を解決したというものである。チャンドラーは，このような多角化が多くの産業を通じて明瞭な成長戦略となったのは1920年代になってからであった

としている（チャンドラー，1979，809）。そして関連型多角化が第二次大戦後に急速に採用された一方で，1960年代後半にはコングロマリットに代表される非関連型多角化が米国大企業にとって好まれた成長ルートとなっていった，と概観している（チャンドラー，1993，534）。

　チャンドラーがこの様な議論をするにあたり，参考として用いた研究の一つがゴートによる実証研究である。ゴートは多角化を投入される市場の数の意味での製品の異質性が増加することと定義し（Goat，1962，8-9），また研究の目的を，多角化の傾向を測定することに加えて，多角化企業の経済的な特質は何であるかということと多角化企業が頻繁に参入する産業の経済的な特質は何であるかということの関係性を明らかにすることとしている（Goat，1962，6）。ゴートは主に製造業の大企業111社をサンプルとして用いて，1929～1939年，1939年～1950年，1950～1954年の期間について検討を行っている（Goat，1962，14-18）。1929～1939年では多角化により追加された製品系列の数が484件あり，化学産業の14企業が71件と最多，輸送機器産業の13企業が63件，電気機器産業の5企業が61件であった。1939年～1950年では474件あり，化学産業が76件，輸送機器産業が63件，電気機器産業が62件と当該産業では若干の微増があった。1950～1954年では431件あり，化学産業は83件で増加しており，輸送機器産業も80件と増加し，電気機器産業は38件と減少した（Goat，1962，42-27）。また**図表7-1**が示すように，1947年と1954年の比較においてほとんどの産業において製造活動の数が増えていることがわかる。ゴートの実証研究からは，第一次大戦後から第二次大戦後にかけて米国の多くの製造企業が多角化を遂行していたことがわかり得る。

図表7-1　1947年と1954年における米国企業111社の製造活動の数

企業が属している主たる産業	企業数	四桁分類における製造活動の数			
		1947	1947a	1954	1954a
食品	12	144	78	132	81
タバコ	5	23	17	22	18
繊維	4	25	19	30	23
製紙	8	42	38	68	52
化学	14	130	90	173	116
石油	10	39	22	39	24
ゴム	5	45	27	62	45
窯業	7	52	44	61	50
第一次金属	10	113	70	110	57
金属製品	5	52	35	55	44
機械	13	72	65	89	76
電気機器	5	98	57	111	60
輸送設備	13	88	63	121	78
合計	111	923※	625	1,073	724※

a：企業の製造雇用者が1％以下となる活動を除いた場合。
（出所）　Gort（1962）p.61，Table 22より若干の修正のうえ作成。
※：原著の数値は計算間違いと思われるため値を修正のうえ提示している。

　続いて第4章でも触れたルメルトの実証研究を参考にしてみよう。ルメルトは米国の企業の多角化の実態を検討するにあたり，専門化率，関連率，垂直率といった測定尺度を用いながら，多角化の種類として，①単一事業，②主力事業（②－1垂直的，②－2抑制的，②－3連鎖的，②－4非関連的），③関連事業（③－1抑制的，③－2連鎖的），④非関連事業（④－1受動的，④－2取得的コングロマリット）という四つの主要カテゴリーと九つの下位カテゴリーに分類した（ルメルト，1977，16-44）。ルメルトは1949年，1959年，1969年の各年それぞれにおいて産業大企業500社の中から任意に抽出された100社からサンプルを構成している。なお総サンプル数は，各年に重複があることから246社としている（ル

メルト,1977,7-8)。**図表7－2**を参考に調査結果をみると,1949年から1969年にかけて単一事業のカテゴリーの割合が減少し,関連事業（連鎖的）や非関連事業（取得的コングロマリット）のカテゴリーが大きく増加していることがわかる。

図表7－2　米国企業における多角化カテゴリー別の割合推移

多角化カテゴリー	1949年	1959年	1969年
単一事業	34.5%	16.2%	6.2%
主力事業（垂直的）	15.7%	14.8%	15.6%
主力事業（抑制的）	18.0%	16.0%	7.1%
主力事業（連鎖的）	0.9%	3.8%	5.6%
主力事業（非関連的）	0.9%	2.6%	0.9%
関連事業（抑制的）	18.8%	29.1%	21.6%
関連事業（連鎖的）	7.9%	10.9%	23.6%
非関連事業（受動）	3.4%	5.3%	8.5%
非関連事業（取得的コングロマリット）	0.0%	1.2%	10.9%

（出所）　ルメルト（1977）67頁，表2－2より若干の修正のうえ作成。

またルメルトは組織構造についても定量的な調査を行っている。ルメルトは組織構造のカテゴリーとして①機能別,②副次部門を備えた機能別,③製品別事業部制,④地域別事業部制,⑤持株会社,の五つを設定している（ルメルト,1977,51-52)[2]。多角化の実態調査と同様に1949年,1959年,1969年を対象としている。**図表7－3**を参考に調査結果をみると,ルメルトが「予想外に劇的」（ルメルト,1977,84）と述べる様に,製品別事業部制が大幅に増加し,機能別は大幅に減少している。多角化の実態とあわせると多角化を遂行した企業が事業部制を採用したとみることできよう。

figure 7-3　米国企業における組織構造カテゴリー別の割合推移

組織構造カテゴリー	1949年	1959年	1969年
機能別	62.7%	36.3%	11.2%
副次部門を備えた機能別	13.4%	12.6%	9.4%
製品別事業部制	19.8%	47.6%	75.5%
地域別事業部制	0.4%	2.1%	1.5%
持株会社	3.7%	1.4%	2.4%

（出所）　ルメルト（1977）85頁，表2－11より若干の修正のうえ作成。

　最後にフリグスタインが用いたデータをみてみたい。フリグスタインはチャンドラーが明らかにした組織構造の変遷を対象として，なぜそれが生じたのかの要因を改めて検討しており，チャンドラーとは異なる見解を示している。その議論において，1919年から1979年までの期間について10年ごとの戦略と組織構造の変遷を提示している。フリグスタインは，そのデータ元として*Moody's Manual*誌，チャンドラー，ルメルトを用いたとしており，大企業100社をサンプルとしたとある（Fligstein, 1990, 328-336）。**図表7－4**を参考にみると，戦略としては，専業型が減少傾向にあること，他方で多角化，特に関連型多角化が増加傾向にあることがわかる。また非関連型多角化も年々増加しいている。組織構造としては，職能別が減少傾向にあり，反対に事業部制が圧倒的に増加している。フリグスタインは，チャンドラーが明らかにした組織構造の変遷という現象自体には賛同していることから，当然の提示とも言えるが，これらのデータからも第二次大戦後の米国の大企業において多角化が一般的となり，また事業部制が採用されたことが十分にわかり得る。

　なお多角化と成果の関係については，例えばゴートは多角化と高い成果の関係性はみられなかったとしているが（Goat, 1962, 74-78），ルメルトによると抑制的主力事業や抑制的関連事業は高い業績がみられ，関連的連鎖事業，単一事業，非関連取得的コングロマリット事業は中程度の業績がみられたとしている（ルメルト，1977, 122-144）。限定的な多角化を展開している企業が高い成果をあげているとみることができる。

第Ⅱ部　グローバル化とイノベーションの史的展開

図表7－4　米国企業における戦略と組織構造の割合推移

	1919	1929	1939	1948	1959	1969	1979
戦略							
専業型	89%	85%	78%	62%	40%	24%	22%
関連型多角化	11%	15%	22%	36%	55%	56%	53%
非関連型多角化	0%	0%	0%	2%	5%	20%	25%
組織構造							
持株会社	31%	25%	16%	5%	5%	7%	4%
職能別	69%	73%	75%	75%	43%	20%	10%
事業部制	0%	2%	9%	20%	52%	73%	86%

（出所）　Fligstein（1990）p.336, table C.3より若干の修正のうえ作成。

第2節　日本企業における多角化の実態～歴史的推移

　戦後の米国企業において多角化は広く一般的な動向となっていた。一方日本企業についてはどうであろうか。本節では現代の日本企業の多角化の実態，特に戦後の高度成長期，1980年代，1990年代に至る日本企業の多角化の歴史的な推移を見ておこう。

1　高度経済成長期における多角化の動向

　第4章で触れたように，日本企業の多角化の実態を明らかにした研究として，吉原，佐久間，伊丹，加護野らによる研究がその嚆矢として位置づけられる（吉原・佐久間・伊丹・加護野，1981）。吉原らは日本の鉱工業の大企業118社の1958年から1973年までのデータを対象として，戦後の「高度成長期」における日本企業の多角化の実体とその動向を明らかにしている。「現代」に至る歴史的推移を知る場合に，その起点となる時点をどこに求めるかという点は重要な問題であるが，日本経済の発展や日本企業の成長において高度成長期が果たした重要な役割を考慮するとき，ここを起点とすることに一定の妥当性も見出す

ことができよう3)。

　吉原らは「多角化」を「企業が事業活動を行って外部に販売する製品分野の多様性が増すこと」（吉原他，1981，9）と定義している。その上で，各社の有価証券報告書のデータから，1958年，63年，68年，73年の4時点における日本企業の多角化の実態（戦略タイプ）とその変化を定性的に分析するとともに「ハーフィンダール指数」を活用して，多角化度指数を算出し，日本経済データ開発センターの三桁商品分類に基づく事業分野別売上データを活用して，1963年，68年，73年の3時点の多角化度を分析し，日本企業の多角化の実態を定量的に把握している。

　具体的には，吉原らはルメルトによる「戦略タイプ」の分類に基づいて，「専業型」「垂直型」「本業・集約型」「本業・拡散型」「関連・集約型」「関連・拡散型」「非関連型」という7つの戦略タイプを定義した（吉原他，1981，18）。その結果によれば「専業型」企業の比率は1958年の26.3％から1973年の16.9％へと減少する一方，「関連型」および「非関連型」企業の比率は39.5％から46.6％へと増加した。すなわち戦後の高度成長期において「日本の大企業は多角化を推進してきた」のである（吉原他，1981，38）。その一方で，「垂直統合型」企業の比率も多角化動向ほどではないものの増大するという現象も吉原らによって重要な動向として指摘されている4)（吉原他，1981，36-39）。さらに「多角化度指数」を用いた定量的分析からも「日本企業は平均的に多角化の程度を着実に増大させている」ことが明らかとなった（吉原，1981，60）。

　さて，吉原らの分析から，高度成長期における日本企業の多角化の実態を次のように要約できよう。1958年から1973年の期間，日本企業は米国企業に比較すればその動きは緩やかではあるものの，関連型および非関連型という積極的な多角化の動きを示していた。すなわち，高度成長期における日本企業の成長様式として積極的な多角化が支配的なすう勢であったのである。

2　安定成長期における多角化の動向

　1960年から1965年のGDPの実質成長率は年率9.2%，65年から70年の実質成長率は年率11.1%であったが，オイルショックを経て70年から75年の実質成長率は4.5%，75年から80年も4.5%，80年から85年は3.1%であり，バブルに突入する85年から90年にあっても4.8%にとどまっていた。その後バブル崩壊を経て1990年から95年のGDPの実質成長率は年率1.5%となり，95年から2000年には1.0%にまで低下する。高度成長期を経て，80年代から90年代に日本経済は安定成長局面へと移行しバブル経済を経て低成長期へと移っていったといえよう。

　高度成長から安定成長，さらに低成長期へといたる変化のなかで，日本企業の多角化の実態はどのように推移したのか。この点について上野は吉原らと同様ルメルトの戦略タイプの分類に基づいて，吉原らで分析対象とされた日本の鉱工業大企業117社を対象に1973年から88年までの「安定成長期」の15年間における日本企業の多角化の実態を明らかにしている。

　上野の分析結果によれば，専業型および垂直型の「非多角化戦略」の企業は1973年の35.9%から1988年の30.7%へと減少する一方，関連型および比関連型という積極的な「多角化戦略」企業の比率は1973年の46.1%から1988年の53.0%へと増加した。ここから「日本の大企業は高度成長期においても安定成長期においても，多角化を推進してきたといえる」のである。(上野，1991，49)。

　安定成長期とは市場成熟化を伴う低成長局面への移行であり，それゆえ企業にとっては市場競争の激化のなかで意識的に成長を実現していくことが求められる。80年代に日本企業は高度成長から低成長への日本経済の移行のなかでより積極的な多角化を推進していったと理解できよう。

　1980年代以降の日本企業の多角化の動向については，上野の研究のほか，川上の研究によってより定量的な方法を用いて分析されている（川上，2017）。川上の研究では，財務省の『法人企業統計』の個票データを用いて1983年から2014年までの日本企業の多角化の実態が分析されている。川上の研究からは

1983年以降の31年間にわたる日本企業の動向を把握することができるが，ここでは80年代の動向をまず確認しておこう。

川上は企業の多角化を「第2業種およびその他業種の売上高が0以上であるかどうか」として操作化し，83年以降の日本の多角化の動向を明らかにしている。川上の研究はこうした操作化によるため，吉原らや上野が明らかにしたように垂直統合や本業 − 関連，集約 − 拡散といった多角化戦略のタイプまではなかなか明らかにはならないものの[5]，吉原らや上野の研究と比較して大量のサンプルを対象としているため[6]，より日本企業全体の傾向を知りうるという点で有用である。川上の分析によれば，第二業種を保有している企業の割合は1980年代から90年代にかけて上昇しており，製造業よりも非製造業においてその割合が高い。「その他業種」を保有している企業，すなわち3業種以上に従事している企業の割合も同様の傾向を示している。ここから，上野の分析結果と同様に80年代の日本企業において積極的な多角化が推進されていたことが確認されるのである。

第3節　米国企業における多角化の限界と新たな動き

第1節でみたように米国の大企業の多くは1970年代までに多角化を積極的に展開し，また組織構造として事業部制を採用した。しかしながら1970年代以降，多角化戦略に変化がみられるようになった。その大前提としては，1970年代以降の米国産業のパフォーマンスと国際競争力が大幅に低下したこと（円居，1994，59 − 76）があげられる。経済状況が悪化したため従来通りに多角化を展開できなくなったのか，あるいは多角化が行き詰まったため経済状況を悪化させたのか，明確な因果関係を提示することはできないが，何かしらの影響があったことは想像に難くない。そこで本節では，米国企業において多角化の限界がみられたいくつかの状況について検討してみたい。

まず第4章でも触れたように1960年代からみられるようになったコングロマリットの動きは，長期的には成長とは程遠い結果をもたらした。チャンドラー

によれば，1960年代後半には年金やミューチャル・ファンドからの資金が流入することで合併・買収ブームが生じ，コングロマリットが急増した。しかし多くの異なる事業を買収しても，投資を専門とした経営者は事業の市場と技術に精通していなかったため，本社と現業部門のコミュニケーションが崩壊し，企業を統一的に維持することが難しくなり，1970年代には事業分割による事業の売買が急増したとある（チャンドラー，1993，538－542）。

　また多角化の進展自体がもたらした限界も指摘される。谷口は，多角化の進展により階層制管理機構が肥大化したことで，縦割りの組織が水平的な連携を弱め，垂直的な階層の増加が経営者を現場から引き離し，結果として財務中心の経営が追求され，長期的視点の研究・開発よりも短期的な利益の増大を重視する傾向が強まった，と指摘する（谷口，2017，302－303）。この傾向はコングロマリットの動向と同様に企業や事業の売買を活発化させたというものである。

　さらに1980年代以降になると，リストラクチャリングやダウンサイジングの名のもと，肥大した組織や事業の再構築が展開され，その一環として大幅な従業員の削減や中間管理職の削減といった人員削減から不採算部門や不要部門の売却といった事業削減が進められた。そしてこの展開は，企業外部に業務を委託するアウトソーシングや，事業の売買（M＆A）によって支えられた（円居，1994，83－85，小林，1994，143－144，谷口，2017，303）。そのようなM＆Aの件数については，コングロマリットの動向により1960年代末にピークを迎えた後は，1980年代前半まで緩やかな上昇傾向にあったが，1984年から大規模合併の波が高まった（谷口，2000，217－219）。

　このように1970年代以降，米国企業における多角化の展開は，自社の既存技術や既存市場をベースにした関連型多角化のような従来的な多角化に限界があったとみることができよう。もちろん企業成長に対する多角化という企業戦略自体の有効性には変わりがないものの，それを行った企業のその後において方向性の変更が必要となったということや多角化のやり方のトレンドに変化が生じたということであろう。いわゆる選択と集中という展開が主流となり，またその展開はM＆Aを介在した方法が主流になったというものである。

第4節　日本経済の不振と「選択と集中」
～1990年代以降の多角化戦略の変化

　第1節および第2節で見たように，米国においても日本においても多角化戦略は現代企業の最も一般的な成長様式となってきた。しかしながら米国企業においては70年代以降，多角化を通じた企業成長は一定の限界に直面し，多角化の方向性や内容について転換を余儀なくされた。日本企業においても積極的な多角化の推進は90年代に入り徐々にその限界に直面し，2000年代の長期不況のなかで米国企業同様，「選択と集中」と表現されるような転換を見せた。本節ではこうした日本企業の多角化戦略の転換の実態を見ておきたい。

　さて，すでに言及したように，1990年代は実質成長率でみた場合には1.0%から1.5%の低成長経済であった。しかしながら1990年代に日本経済と日本企業はバブル経済の崩壊を経て「平成不況」に突入し，97年には深刻な金融危機を経験した。こうした不況は長期化し2000年代に入り一層深刻化した。2008年にはいわゆる「リーマンショック」を経験し2000年から2010年までのGDP平均成長率は名目で−0.6%にまで低下した[7]。

　こうした観点に立てば90年代は単に低成長期への移行期であったのではなく日本経済と日本企業にとって実に大きな転換期であった。しかしながら，日本企業の多角化がこうした経済の構造的変化に合わせて迅速な転換を見せたかというとそうではない。たとえば川上の分析結果によれば80年代よりも90年代に入って第二業種を保有する企業の割合は一層高まる（川上，2017，91）。バブル経済の崩壊を経験した後も90年代において日本企業の多角化の傾向はより積極さを増していた。日本経済の転換に適応するための多角化戦略の転換は97年の金融危機，2008年のリーマンショックを経て実現されることとなるが，こうした転換の実態を青木の研究から知ることができる（青木，2009；2017）。

　青木は1990年から2011年度までの東証一部上場非金融事業法人約1400社のパネルデータを用いて，近年の日本企業の多角化戦略の変化を分析している。

青木は多角化戦略の実態を,「多角化タイプ」「本業比率」「事業分野数」「エントロピー指数」の4尺度を用いて把握している（青木, 2017, 39-40）。青木は, 標準産業分類の中分類および小分類に基づいて各企業の事業セグメント情報から各企業の多角化タイプを「専業企業」「関連多角化企業」「非関連多角化企業」に分類し, 同様に標準産業分類に基づいて特定した各企業の事業構成およびその売上高から本業比率, 事業分野数, エントロピー指数を算出している。

まず多角化タイプについてみると90年代以降においても非関連多角化が大勢を占めている。青木によれば1990年度から2009年度まで全体の90%超, 2010年度および2011年度においても全体の85%程度が非関連多角化企業であった。青木の分析結果によれば90年代を通じて2006年度まで非関連多角化企業は増加しているのである。

その一方で青木によれば, リーマンショック後, 2009年度から2010年度にかけて非関連多角化企業が減少し専業企業や関連多角化の数は大きく増加した。このことはリーマンショックを経て日本企業の多角化戦略に転換が見られたことを示唆しているが, それでも2011年度時点で非関連多角化企業が全体の約84%を占めており非関連多角化戦略が日本企業の基本的な戦略となっていることが改めて確認できる。

ただ, こうした日本企業の多角化は本業を中心として推進された多角化であった。青木の分析によれば日本企業の本業比率は1990年度の76.0%から2011年度においても78.4%に増加した。非関連多角化を行いつつ事業全体の80%弱は本業に依存するという事業構成であった。

非関連多角化が基本的な戦略であったものの, その方向性や拡大への志向性という点では90年代, 2000年代を通じて日本企業の多角化戦略は重要な転換を経験した。

青木による事業分野数およびエントロピー指数の分析からこの点が明らかとなる。青木によれば1990年度において小分類で3.05, 中分類で2.64であった事業分野数の平均は, 91年度にはそれぞれ2.80, 2.50まで減少する。すなわちバブル経済の崩壊によって, 非関連多角化は維持しつつも日本企業は事業分野の

「絞り込み」を行っていたのである（青木，2017，45）。

とはいえこの絞込みは一時的であり，事業分野数は90年代を通じて再度増加し，2001年度の小分類で3.13，中分類で2.81まで上昇した。バブル後のこうした拡大傾向は「1997年の銀行危機を契機に事業の『選択と集中』が経営のスローガンとして叫ばれるようになった後も」2001年度まで継続したのである（青木，2017，45）。その後事業分野数は2000年代を通じて安定的に推移しており，青木は金融危機を経て事業分野の選択が行われ，それが事業分野に反映されたことで安定的であったことを示唆している。

しかしながら，2008年のリーマンショック後の不況局面において事業分野数は急激に減少し，事業の著しい絞込みが行われた[8]。青木によれば事業分野数の平均は2009年度に小分類で3.14であったものが2010年度に2.78，2011年度には2.68まで低下し，中分類ではそれぞれ2009年度の2.79から2010年度に2.14，2011年度に2.33まで低下した。すなわち「日本企業はリーマンショックによって，再度『選択と集中』による事業ポートフォリオの見直しを迫られた」のである（青木，2017，46-47）。

エントロピー指数で見た場合の多角化戦略の推移も，青木によれば基本的には事業分野数の場合と同様の傾向を示しているがいくつか特徴的な点も見られる。総資産上位200社を対象としたエントロピー指数の推移の分析から大規模企業ほど多角化が進展しているという事実が確認されるとともに，バブル崩壊後の90年代に見られた多角化の拡大傾向は関連多角化，非関連多角化のいずれについても大企業ほど顕著であった。また，拡大傾向が顕著であった反面，リーマンショック以後の多角化の修正も大規模に行われていたのである。

さらに青木によればバブル崩壊後とリーマンショック後を比較した場合のエントロピー指数の低下すなわち専業化への多角化の修正はリーマンショック後のほうが大きかったのである。とりわけ，非関連多角化企業におけるリーマンショック後のエントロピー指数の低下はバブル崩壊後の場合と比較して2倍ほどであり，この時期の多角化事業の絞り込みあるいは専業化への転換が非関連多角化企業ほど大きな規模で行われたことを示唆している。

第Ⅱ部　グローバル化とイノベーションの史的展開

　こうした青木の分析から，1990年代から2000年代にかけて，特に97年の金融危機さらに2008年のリーマンショックを経て日本企業は多角化戦略の転換を迫られ，事業の「選択と集中」を推進することとなったといって良い。

　90年代以降のグローバル化の進展とそれに起因する97年の金融危機や2008年のリーマンショックは日本企業に自らを取り巻く経営環境がそれまで以上に著しく不確実かつ競争的なものへと変貌したことを強く認識させたと考えられる。ロペスはアルコール飲料産業のグローバル企業の多角化に関する歴史的な事例分析から，「極めて高度の競争は多角化企業をして自己の中核事業へ再度集中せしめるとともに物的資源および知識資源の強固な連携の活用へと導く」という命題を提起しているが（Lopes, 2015, 352），1990年代後半から2000年代にかけて日本企業の多角化戦略に見られた専業化への修正あるいは「選択と集中」への転換は，不確実性と激しさを増した競争環境に直面した日本企業が自己の経営資源の集中的かつ効率的な活用に基づいた多角化，いわば「コア事業を持つ多角化」（加護野, 2004）を改めて志向したことによると考えることができる[9]。

（注）
1) チャンドラーによるデュポンの多角化の経験については，チャンドラー（1967），チャンドラー（1979），鈴木・安部・米倉（1987）を参考とした。
2) 「副次部門を備えた機能別」組織とは，「基本的には機能別組織であるが，トップ・マネジメントや，ある場合には機能別マネジャーの1人へ報告する，一つ以上の製品事業（必ずしも真の意味での副次部門ではない）を有している組織」と説明される（ルメルト, 1977, 51）。
3) より実践的な理由として，吉原らの研究が日本企業を代表する大企業をサンプルとして，「日本企業」の多角化のより一般的な実態を明らかにした研究としては最初の試みであり，それゆえに嚆矢としてその後の多くの研究によって参考とされているという点も指摘される。
4) 現代企業の成長様式の変化を問う本書の問題意識からすれば，高度成長期の日本企業において多角化と同様に垂直統合化の動向が見られたことは，この時期の成長様式として多角化と同様に垂直統合が依然として有力な選択肢となっていたことを示しており，興味深い。
5) ただ，後に言及するように，川上は『法人企業統計』調査においても2003年以降

は第二業種の業種名を把握できることに注目し，2004年以降については第二業種の内容も確認しているが，それでも吉原らや上野の分析に見られたような戦略タイプの変化などについて知ることは難しい。
6) 川上が時系列分析のためにパネルデータ化したデータのサンプルサイズは13281件である。
7) 内閣府（2016）2016年国民経済計算国内総生産勘定による。
8) 川上の法人企業統計の個票データに基づいた分析によれば，第２業種保有企業の割合は2003に大きく低下している（川上，2017）。すなわちこのことはこの時期に多角化から専業化へと戦略を転換した企業が増加したことを示唆する。法人企業統計のデータは青木よりもより広範なサンプルを包含しているといえるが，日本企業全体のより一般的な動向として97年の金融危機以後の事業の撤退と集中が2000年代初頭に進められたと考えることが出来る。
9) 吉原らの研究においてすでに，既存事業の不安定性が増し，かつ差別化能力が蓄積されている場合においては関連・拡散型の多角化戦略を採用する傾向がみられることが指摘されている。吉原らの研究と青木の研究では関連—非関連の操作化や定義が異なるため，こうした論理は雑に過ぎるかもしれないが，高度成長期以来，多角化を推進し，90年代および2000年代に入ってもなお非関連多角化が基本的な戦略であった日本企業において一定の差別化能力が蓄積されていたと想定すれば，競争の激化によって不安定性を増した事業環境において志向された「選択と集中」は非関連型多角化から関連・拡散型への転換であったと考えることもできるかもしれない。ただ，青木の分析で示されているように，非関連多角化を推進しつつ8割弱に達する本業比率を維持していたことを考えると，日本企業の多角化戦略のタイプは本業・拡散型への転換を志向していたと考える方が妥当だともいえよう。いずれにせよ，改めて詳細な分析が必要となろう。

第8章　日米企業の研究開発活動の歩み

第1節　米国における研究開発投資の推移

1　米国の経済成長と研究開発投資

まずは米国における経済成長と研究開発投資との関係について，その推移を概観することにしよう。

図表8－1　米国のGDPおよび研究主体別による研究開発投資の対GDP比率の推移
　　　　　（1953－2015）

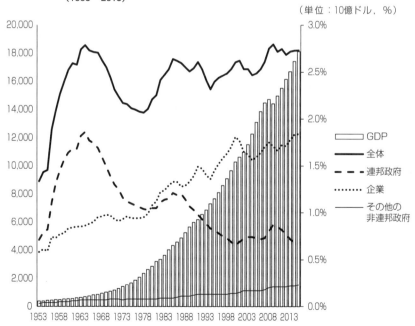

（出所）　National Science Foundation, National Science Board, Science & Engineering Indicators 2018より筆者作成。

第Ⅱ部　グローバル化とイノベーションの史的展開

　図表8－1は，米国におけるGDP（国内総生産）の推移と，研究開発投資の主体を「連邦政府」，「企業」，「その他の非連邦政府（＝州・群政府など）」とした場合の対GDP比率の推移を，それぞれ示したものである。2015年度の米国のGDPは，18兆ドルを超えているが，そのうち約2.7％が研究開発投資に振り分けられていることになる。OECDのGross domestic spending on R&D 2015によれば，この米国の数値は，世界ランキングでは第11位であった。研究主体別にみた対GDP比率の推移からは，1980年代以降，「連邦政府」と「企業」の順位が逆転していることに気付かされる。その意味するところについては，後ほど詳しく検討する。

2　米国の研究開発投資における研究主体とその支出源

　研究開発とは，一般にその性格から，「基礎研究（basic research）」，「応用研究（applied research）」，「開発研究(development research)」の3つに分類される。

　OECDの定義によると，「基礎研究」とは何ら特定の応用や利用を考慮することなく，主として現象や観察可能な事実のもとに潜む根拠についての新しい知識を獲得するために企てられる，試験的，あるいは理論的な作業のことである。「応用研究」とは新しい知識を獲得するために企てられる独自の探索のことで，それは主として，特定の実際上の目的または目標を目指して行われるものである。「開発研究（＝OECDでは「試験的開発」)」とは体系的な作業であって，研究または実際上の経験によって獲得された既存の知識を活かすものであり，新しい材料，製品，デバイスの生産，新しいプロセス，システム，サービスの導入，あるいは，これらのすでに生産または導入されているものの実質的な改善を目指すものであるとされる[1]。

　図表8－2では，米国の性格別研究開発投資の推移と，研究開発投資を実行した主体別比率の推移について，それぞれ示している。研究主体としては，「連邦政府」，ランド研究所やロスアラモス国立研究所などの「連邦政府出資研究開発センター」，州・郡政府などの「非連邦政府」，「企業」，大学などの「高等教育機関」，NPOなどの「その他の非営利組織」の6分類となっている。

ここからは，1980年代末から「連邦政府」と「高等教育機関」の順位が逆転している点，そして2000年代以降には「連邦政府出資研究開発センター」と「その他の非営利組織」の順位が逆転している点などを確認することができる。

図表8-2　米国の性格別研究開発投資と研究主体別比率の推移（1953-2015）

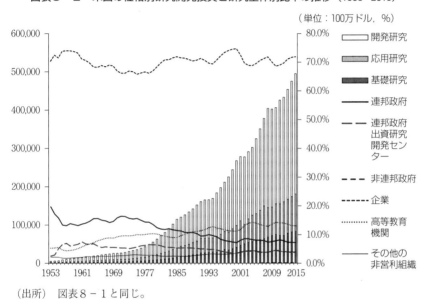

（出所）　図表8-1と同じ。

図表8-3では，米国における「企業」および「高等教育機関」による研究開発投資の資金源泉の推移について，支出源比率としてその内訳を示している。

まず，「企業」の場合，1950年代後半から1960年代前半にかけて，一時的に「連邦政府」からの資金拠出に逆転されたものの，その後は一貫して，米国企業自ら（=「国内企業」）が稼ぎ出した収益から，研究開発への投資資金が賄われていることがわかる。また，「高等教育機関」の場合，「高等教育機関」による研究開発投資の主要な資金源泉先とは，長らく「連邦政府」であった。但し，「連邦政府」が「高等教育機関」に対して直接的に研究助成を行うのではなく，連邦行政機関である「国立衛生研究所（NIH）」，「国立科学財団（NSF）」，「米国航空宇宙局（NASA）」，「農務省（DOA）」，「国防総省（DOD）」，「エネルギー

第Ⅱ部　グローバル化とイノベーションの史的展開

省（DOE）」,「保健福祉省（HHS）」などを通じて，競合的に実施されていたとされている。なかでも，1950年に設立された「NSF」は，政府各部門，大学，軍，産業界のネットワーク機関として，まさしく「大学の基礎研究を援助する資金を提供[2]」することを主要な任務としていたという。

図表8－3　米国の「企業〔上〕」および「高等教育機関〔下〕」による研究開発投資と支出源別比率の推移（1953-2015）

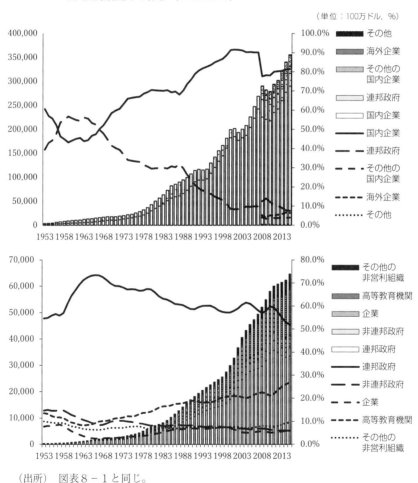

（出所）　図表8－1と同じ。

しかし，こうした傾向は，徐々に変化していく。1960年代後半以降，「高等教育機関」自体による自己拠出比率が増加傾向にある。同じく1960年代後半以降，「連邦政府」による拠出比率は減少傾向にあり，2015年度には50％に近付きつつある。第二次世界大戦以前には民間資金，そして戦後は政府資金を中心に構成されてきた大学の研究予算が，再びその「支出源」先として「企業」への依存度を高めつつあり，こうした傾向が現在に続く"大学の商業化"を推し進めた，というわけである。「高等教育機関」による自己資金調達の内実とは，企業側から依頼を受けて大学が研究開発活動を行い，その成果を大学側が特許権化することで企業からライセンス収入を得たり，あるいは特許権そのものを企業側へ売却したりすることを意味している。つまり，大学が企業相手にビジネスを行い，自ら資金調達に勤しみ始めた，ということである。

こうした米国における"大学の商業化"の背景には，第９章において詳しく検討されるが，反トラスト政策の緩和と知的財産権の強化，産学連携の推奨という，米国内の法制度面での環境変化の存在を指摘できる。そして，さらにそうした米国における競争政策の転換の背景には，第二次世界大戦後のパクス・アメリカーナと称された米国経済が，1960年代後半以降，次第にそのプレゼンスを低下させつつあった点を指摘することができる。今日，"大学の商業化"とは，米国の大学に限ったものではなくなっており，世界中の大学において散見することができる。それは，まさしくクリムスキーが指摘したように，「大学が企業のほうを向き，非営利と営利の境界線をあいまいにすることが支持されている時代[3]」，ならではの光景でもある。

第Ⅱ部　グローバル化とイノベーションの史的展開

第2節　日本における研究開発投資の推移

1　戦後日本の技術導入

　1960年代の西側先進諸国において，米国を100とした場合，当時の日本の科学技術水準は，20にも満たないレベルにあった[4]。ここから当時の日本企業の関心は，必然的に米国企業からの技術導入へと向けられていった。例えば，1951年に東レは，デュポンからナイロン技術を導入するにあたり，特許料として自らの資本金を3億円以上も上回る，300万ドル（当時の邦貨換算で10億8,000万円）もの巨額な支出を行った[5]。

図表8－4　戦後日本の技術導入件数と米国からの技術導入の件数および比率の推移
　　　　　（1961-1978）

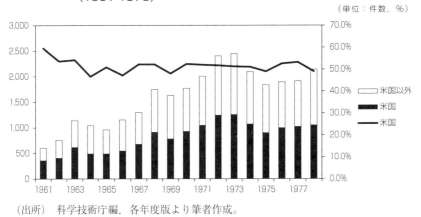

（出所）　科学技術庁編，各年度版より筆者作成。

　図表8－4からも明らかなように，この当時，米国企業からの特許ライセンスの獲得こそが，まさしく日本企業にとっての研究開発活動そのものであった。また，ライセンス技術の詳細を手ほどきに，経営・技術指導に訪れた米国企業の技術者に対して，当時の日本企業の技術者が熱心に質問を繰り返すと，米国の技師たちも慢心に根差した優越感から，請われるままに日本企業の技術者に対して，本来は企業秘密であるノウハウについても「気前よく」情報提供して

くれた，との記録も残されている[6]）。さらには，当時の日本による外資規制によって，米国をはじめとする外国企業は，長く日本国内への直接投資が認められていなかったものの，日本企業の技術導入にとって重要と判断された場合には，政策的な判断として日本への対内直接投資が認められていた。まさに，官民一体となっての技術導入が，当時の日本において行われていたことになる。

「……日本はずっと，外国からおもにライセンスの形態で技術を手に入れながら，一方では，国内で自前の技術を開発するようになった。技術の重要な分野でありながら，ライセンスによってそれを手に入れることができなかった二，三のケースでのみ，外国からの【直接】投資が認められた。通常は，合弁事業方式が要求され，外国の技術が吸収されたあかつきには，それは解消された（キンドルバーガー，2002，126）。」

こうして日本企業は，主に米国企業からの技術導入による技術蓄積によって，自前の研究開発投資による技術開発を代替していた，と考えることができる。

「技術開発は，企業経営にとって必ずしも必須不可欠なものではない。過去の日本は，さして技術開発に貢献することなく経済成長してきたといわれている。この成長を支えた技術は，米国を初めとする技術先進国にすでにモデルがあったので，応用可能となったのである。技術開発の場合，たとえ先導する技術の詳細が不明でも，ある技術課題が成功したか否かの情報があるだけで，技術開発の効率が飛躍的に増大するのである・・・（中略）・・・たとえば，物と物とを固定する手段は，ボルト，溶接，融着，接着など多数の選択肢がある。しかし，ある技術課題にどれがふさわしいかは，事前に誰もわからない。手間と費用をかけて実験・試作して確かめるしかない。ましてや未知の技術であれば，そのための開発費用は莫大で時間もかかる。過去の日本企業はこれらのコストを負担する必要がなかったのである（嶋本ほか，1986，13）。」

例えば，この当時，自動車産業と並び米国を代表する産業の一つであったテレビ産業についてみると，1965年時点で日本の家電メーカーがテレビ開発に投じた資金は米国メーカーの僅か6％に過ぎず，その開発に必要な技術の大部分は，RCAなどの米国の家電メーカーからの特許ライセンス導入によって賄わ

れていたとされる。RCAは一時期，こうした日本企業との技術取引によって，「製品の販売と特許料の収入がほぼ同じくらいの稼ぎになった」こともあったという。しかし，程なくしてRCAは，皮肉にも日本の松下電器産業（当時）から逆にテレビ開発の「ライセンスを受ける」，という経験を味わうこととなる[7]。

こうした日本企業の攻勢を受け，米国側がこれまでの方針を転換するまでには，さほど時間はかからなかった。前述のように，米国政府は競争政策を抜本的に見直し，これまで希薄であった大学と企業の連携を強めることで，米国企業に新たなイノベーションの息吹を吹き込み，その研究開発活動を活性化させることを強力に推進し始めたからである。

2　日本の研究開発投資の現況と今後の課題

図表8－5からは，1990年代後半以降，日本の研究開発投資の対GDP比率が米国の2％台と比べて3％台という高い数値を維持し続けており，また研究主体別にみると，一貫して「企業等」→「大学等」→「非営利団体・公的機関」の順番が維持されてきたこともわかる。日本の場合，**図表8－1**の米国のような，「連邦政府」と「企業」の逆転現象といった変化を確認することはできない。企業を中心とした，継続的な研究開発投資こそ，日本の特徴である。

図表8－6は，1970年代以降の日本における研究主体別にみた研究開発投資および支出源別比率の推移について，それぞれ示している。研究主体別の研究開発投資の推移では，「企業等」による投資額の堅調な伸びと，2000年をピークに「非営利団体・公的機関」の投資額が低下していることが見て取れる。一方，支出源別比率の推移からは，1970年代後半以降，「国・地方公共団体」を源泉とする研究開発投資資金は減少傾向にあり，やはり「民間」＝企業からの拠出が大部分を占めていたことがわかる。

こうした現状に対して，昨今の日本では，抜本的な改革を叫ぶ声も次第に大きくなりつつある。すなわち，「オープンイノベーションに求められる大学の役割」として，日本の研究開発投資における研究主体および支出源としての「大学等」のプレゼンスの向上，を叫ぶ声の高まりである。それは，まさしく

米国流の産学連携の推進，であるといえる。

図表8−5　日本のGDPおよび研究主体別開発投資の対GDP比率の推移（1970-2016）

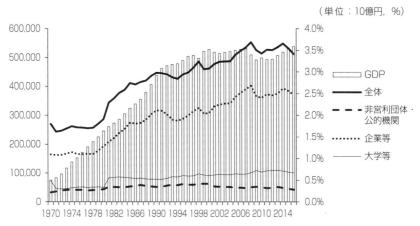

（出所）　内閣府「国民経済計算（GDP統計）」，総務省統計局「科学技術研究調査」より筆者作成。

図表8−6　日本の研究主体別開発投資と研究主体別比率および支出源別比率の推移（1970-2016）

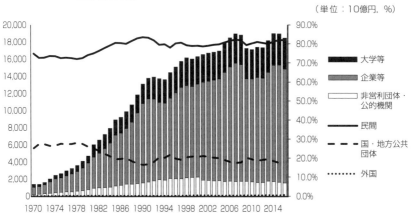

（出所）　総務省統計局「科学技術研究調査」より筆者作成。

第Ⅱ部　グローバル化とイノベーションの史的展開

「……オープンイノベーションの本格化を通じた革新領域の創出に向けては，産学官連携の拡大，とりわけ将来のあるべき社会像等のビジョンを企業・大学・研究開発法人等が共に探索・共有し，基礎研究・応用研究および人文系・理工系等の壁を越えて様々なリソースを結集させて行う『本格的な共同研究』を通じたイノベーションの加速が重要である（日本経済団体連合会，2016，1）。」

「『本格的な共同研究』においては，大学・研究開発法人による活動の幅が大きく拡大することから，必然的に金額規模も拡大することが予見される。産業界としては，そのような『大型の共同研究』においても，創出される成果をはじめ，その成果の創出時期・設備投資・共同研究に投入される人員および工数（エフォート率等に基づく人件費）・間接経費（大学本部諸経費，特許関係費用，将来に向けた投資）等を通じた算出経費に基づき，教育・研究の基盤強化も見越した積極的な投資（費用負担）を進める（日本経済団体連合会，2016，9）。」

図表8-7は，近年の大学における産学連携活動の日米比較であるが，その差は歴然としている。こうした現況とは，まさしく戦後以来，日本の大学が共同研究・受託研究や特許出願，ライセンス収入等に無関心であった歴史を反映している。そしてそれは，オープンイノベーション時代の到来とともに，米国流の産学連携を推し進めようとする日本の政官財の思惑に反して，あたかも日本における研究開発活動の歩みそのものが，その最大の障壁となって立ち塞がっているようにもみえる。

図表8-7　日米の大学における産学連携活動の比較

機関名	共同研究・受託研究費（億円）	特許出願件数（件）	特許権実施等件数（件）	特許権実施等収入（百万円）	出願1件当たりの研究費（百万円／件）	1件当たりのロイヤルティー収入（万円／件）
カリフォルニア大学	2,792	1,196	273	743	233	2,721
MIT	1,092	515	134	258	199	1,924
スタンフォード大学	694	350	89	473	198	5,312
ハーバード大学	591	160	50	167	369	3,331
東京大学	306	633	750	14	48	18
慶應義塾大学	66	93	303	3	34	10

（出所）　旭リサーチセンター（2013）47頁。

しかし，これまで"象牙の塔"と揶揄されながらも，頑なに"商業化"路線に抗してきた日本の大学ではあったが，今日では，むしろ産学連携を重視する路線へと転換を図りつつある。国立大学の法人化や私学助成の見直しなど，大学運営が財政的にも厳しさを増すなか，大学側の自己資金調達を促す風潮が強まりつつある。ただし，米国流の産学連携が日本においても進展したとして，それでは日本企業の研究開発活動に劇的な変化が生まれるかといえば，話はそう単純ではないであろう。そもそも，研究開発投資の対GDP比率において米国に優る日本も，そうした"インプット"を"アウトプット"へとつなげることに，決して成功してきたとはいえないからである。

「……OECDの分析によると，我が国の研究開発投資は全要素生産性に有効に結びついていない可能性が示唆されている。つまり，OECD諸国における研究開発投資比率（研究開発投資支出／GDP）と全要素生産性の関係（80年代平均から90年代平均への変化）をみると，全体としては，研究開発投資比率の伸びが高い国ほど，全要素生産性の伸びも高いという傾向がある。しかし，80年代から90年代にかけて，我が国において研究開発投資比率が高まっているにもかかわらず，全要素生産性の伸びは低下しており，傾向線から下方に外れている。これは，我が国においては，研究開発投資の伸びの割には，生産性の上昇に結びついていないことを示している（内閣府編，2002，222）。」

「全要素生産性」とは，GDPを押し上げる構成要素のうち，資本や労働による貢献では説明ができない部分，いわば広義のイノベーションを意味する指標である。つまり，日本企業の研究開発活動とは，国際比較でみても，その非効率性が際立っているのである。そして，そうした原因の一つとして，たしかに第5章で検討したように，日本企業の「クローズドイノベーション」＝「自前主義」による弊害，を指摘することもできるかもしれない。

「我が国における研究開発効率の低下には，研究開発自体の在り方の問題というより，バブル崩壊後の経済成長率の低下の背景となっている多様な要因が影響している可能性がある。そうした点を留保した上での仮説であるが，イノベーションの方法がグローバル化の成果を十分に取り入れていないという課題

もあるのではないかと考えられる。すなわち，技術の『自前主義』に陥らず，不得意な技術は企業の外部，とりわけ海外の先進企業等から調達することで，効率化できる余地があると考えられる（内閣府編，2011, 178）。」

しかし，こうした現状に対して，「研究開発が業績に結び付かないのは，研究所を"経営"していないから（『日経ビジネス』，2014年3月17日号，140）」，との根強い批判が存在している点を忘れてはならない。その意味では，日本企業の研究開発活動が喫緊に取り組むべき課題とは，産学連携といった環境整備よりもむしろ，日本企業の組織内部における非効率性の洗い出し，にあるともいえよう。

（注）
1) 文部科学省編（2015）54頁。
2) チェスブロウ（2004）43頁。
3) クリムスキー（2006）233頁。
4) 経済企画庁編（1970）139－140頁。
5) 飯田（1971）42－43頁。
6) 佐藤（1987）26頁。
7) ソーベル（2001）150頁。

第9章　企業環境の変化と米国反トラスト法制度の改正

第1節　グローバル化時代の企業活動と反トラスト法

　市場における公正で自由な競争の実現を目指す法律を一般に「競争法」と呼び，米国の「反トラスト法」，日本の「独占禁止法」，EUの「競争法」として各国・地域が制定している。近年，企業の活動がこれら競争法との関連で多数報じられている。例えば，2017年11月，スプリントとTモバイルUSの合併を携帯電話市場の競争の脅威になるとして米国の司法省が反トラスト法発動の可能性を示したニュースや，グーグルに対してネット検索での支配的地位を乱用し，公正な競争を妨げたEU競争法違反としてEUの欧州委員会は約3,000億円の制裁金を科したケースなどがあげられる。近年の競争法の対策分野として，携帯電話やインターネットサービスの分野が多く，競争法との関連をみることは，その時代における企業の活動の傾向を知るための重要な切り口の一つといえる。

　グローバル化の進展とともに企業は，各国・地域の競争法に対応しなければならなくなっている。特に米国の反トラスト法は，日本の独占禁止法の母法でもあり，企業や社会に与える影響の大きさから，その運用や法改正などが注視される存在である。

　米国反トラスト法は自由市場経済システムの基本法と位置づけられ，なかでもシャーマン法違反は重罪とされている。その理由は，「アメリカを成り立たせている経済哲学が，自由で開かれた競争に基づくとするものであり，アメリカに伝統的な自由競争擁護の思想，つまりアメリカ価値体系の根幹に触れる信念に根差しているからであり，それが『自由企業体制のマグナ・カルタ』と信

第Ⅱ部　グローバル化とイノベーションの史的展開

ぜられている[1]」からである。独占は是正されるべきであるし，政府による直接的な産業育成政策についても同様に，自由競争の観点からは否定的に捉えるというのが米国の基本的傾向であった。しかし1980年代以降は，合併などがむしろ自由競争を促進するとして，そのような企業行動を容認する傾向が定着した。このような転換は，①自由競争を目標とする価値観にも経済的価値の優先や社会的価値の重複のように多様性があること，②裁判所に裁量の余地があること，といった米国的特徴に加えて，これらが政権の動向や技術変化・グローバル化などの経済社会の状況により影響を受けることでもたらされたものである。

　この章では，企業の国際化や技術革新（IT革命の萌芽期）という企業をとりまく環境変化を背景に，自由競争の確保に対する米国の反トラスト法の役割が転換したことをみていくこととする。複雑な経済社会において制度が果たす役割は大きく，特に大きな変化に際して，法制定は方向性を決める重要なものである。1980年代も法制定がそのような変化にいかに対応すべきかが問われ，反トラスト法は対応策の一つであった。

第2節　米国反トラスト法の位置づけと運用における特徴

1　経済活動の自由の保持と米国社会

　変化する市場に対し，自由な経済活動を確保するために反トラスト法（競争政策）が存在する。米国においては，経済活動の自由の保持が建国の理念であることからも，市場の変化に絶えず対応する必要があり，「競争不在状態を生まないよう対応」してきた結果，反トラスト法は多様で複雑なものになっているといえよう[2]。

　米国では19世紀末から20世紀の初頭にかけて反トラスト法の基本3法が成立した。背景には，スタンダード・オイルトラストに代表される独占資本（複数企業が，市場競争を排除し，市場での利益を独占する目的で結合したもの）の形成が進み，自由競争を阻害するという事態があった。自由競争の結果発展した大企

業を放任することが、むしろ逆の結果を招いたとして、独占反対の激しい抗議が行われた。そのため、連邦議会は1890年に上下両院全員一致でシャーマン法（取引制限や独占行為を禁止するもの）を成立させた。しかし、その後も独占企業側は新たに持ち株会社方式などを編み出して独占の維持拡大を図ったため、1914年にシャーマン法違反の予防的・補完的規制を定めるクレイトン法を制定した。製品やサービスの価格下落を一致（共謀）して阻止するカルテルや、競争入札における落札者と入札価格を企業間で取り決める談合といった不正を禁止することはもちろん、競争を阻害する恐れのある行動を規制することとした。「恐れ」で合併を禁止できる点では企業側に厳しい運用が可能であった[3]。同じ年に不公正な競争方法を防止する連邦取引委員会（FTC）法が制定され、これにより連邦レベルで独占規制政策である基本3法が成立した[4]。

2 判例法による反トラスト訴訟と多様な規制主体

ここで、第1節の最後に示した米国的特徴の一つである、反トラスト法と裁判所の関係を確認しておこう。米国では、個別の判例に基づく反トラスト法違反基準の蓄積が行われる。訴訟は、規制当局（司法省、FTC）の提訴によるものと、私訴といわれる民間の当事者が提訴するものとがある。訴訟制度の下で裁判所が反トラスト政策を運用、実施する点に米国の特質がある。これには、違法性基準の明確性や運用の透明性の高さといったメリットがある一方で、個別に妥当性を判断することから全体的な整合性・統一性を欠くことと、コストと時間を要するというデメリットがある。さらに判例法による違法性基準は、各規定や解釈で解決できる余地が少ないため、急速な経済環境の変化への対応としての迅速な変更は難しい。そのため、反トラスト法上の論争、現行の違法性基準を批判する場合は、最高裁で基本判例についての変更がなされるのを待つか、議会による立法的解釈の主張にならざるを得ない[5]。このような状況では、政策論となりがちであるのも頷ける。それゆえに、米国の競争政策や運用は政権や経済状況に左右されやすい。一般的に民主党政権時は、公平性や消費者保護の観点から反トラスト法の運用を強化する傾向にあり、共和党政権時は、

第Ⅱ部　グローバル化とイノベーションの史的展開

大企業あるいは自由な競争重視の観点から，運用を緩和する傾向がある。

上記のようなデメリットを考慮し，司法省としては，反トラスト法違反として訴追する基準を統一化し，企業にあらかじめ違法性基準を示し，違法行為を行わないよう注意喚起するための「ガイドライン」を作成するようになったのである。ガイドラインは裁判所の判断を拘束するものではないが，裁判所に対してあるべき違法性基準や考え方を示し，それを受け入れて判断するよう説得する活動の一環と位置付けられる。このように，法的な手続きだけで規制が完結するのではなく，政治的要因に左右されるのが米国の反トラスト政策における司法と立法の関係から生じる特質といえる[6]。

また米国では，反トラスト法にかかわる執行機関が多様であることから，規制対象に細やかつ重層的な対応ができる反面，技術的経済的変化への対応が複雑化する場合もある。司法省の反トラスト局は，シャーマン法，クレイトン法の執行を管轄し，FTCは主に消費者保護にかかわるFTC法の執行を管轄する。さらに，電気通信分野における規制制定，法的枠組みの設計に関して中心的役割を果たす連邦通信委員会（FCC）がある。これは1934年に制定された通信法により設置された機関で，電気通信分野についてはFCC規則の改正として対処してきた[7]。ちなみに司法省反トラスト局の局長は上院の承認を経て大統領が任命し，司法省における反トラスト法の執行に関する権限は，事実上，反トラスト局長に集中しているという実態がある。

第3節　反トラスト法の厳格化と技術革新の萌芽

1　企業規模の拡大と反トラスト法の厳格化

基本3法制定後，1930年代のニューディール期には大恐慌からの復興を目指して，政府が独占を管理しようとする試みがなされ，企業規制の強化が図られた。独占力そのものを罪悪視して過去の独占力形成過程まで違反行為と捉えて，広範な内容の是正を命じていったのである。このような動きの根底には，市場構造が独占を生み出すとする「ハーバード学派」の影響があった。これは，市

場が独占的大企業に支配されていると独占価格に，少数の企業によって支配されているとカルテルによって価格吊り上げが起こりやすく，参入も困難になる恐れがあるという考えである。市場占有率を高める原因を取り除く必要があるとして，厳格な合併規制の執行に加え，独占的大企業に対しては企業分割が有効との立場であった。またこの時代は大恐慌後の不況に消費者が苦しめられていたことから，反トラスト法の目標として，経済的価値のほかに政治的価値，社会的価値の実現を重視して，中小自営業者の保護や競争機会の均等などを目的に行政介入的な反トラスト法運用を主張する声が主流になった[8]。

　ハーバード学派の考えと，ニューディール政策を反映し，「自由競争」の確保のための1950，60年代の反トラスト法運用は過剰なほど厳格に執行された。しかしこの時期の米国経済は，第二次世界大戦中に軍需物資を短期間で大量に生産する必要性に応えるため，主要な産業で集中（巨大企業化）が進んでいた。米国の戦後経済は，大量生産システムの普及と拡大を生産力の基盤としながら，戦後労使関係を通じて形成された中間層が消費を拡大することで，経済拡張の基本的な循環を形成する，いわゆる「成熟した寡占体制」を確立したのである[9]。このような状況に対して，1950年に議会は新たな反トラスト法（セラー・キーフォーヴァー法）を制定し，市場シェアを基準として，競争を阻害し，独占を形成する傾向にある場合には，どんな形態の合併も違法（「当然違法の原則[10]」）とされた。それまでのクレイトン法では競争制限を目的とした株式の取得のみが対象とされていたことから，多くの企業は物的資産（工場・設備）の取得によって企業結合を行うことができたが，いずれも禁止されることになったのである。通称，合併禁止法とまでいわれるほど厳格な運用がなされた[11]。例えば，1949年にAT＆Tとウェスタン・エレクトリックが通信機器市場で独占を意図していることを理由に，AT＆Tが反トラスト法違反として提訴され，司法省は，AT＆Tからウェスタン・エレクトリックと地域電話会社を分離することを要求し，1956年の同意判決により実施された[12]。

　さらに，特許の活用についても厳しい対応がとられた。技術情報をできる限り早く，広く公衆に利用させることが競争を促進し，短期間に安価で良質な製

品を市場に出すことを可能にするだけでなく，さらなる技術革新にも役立つとの考えや，さらに特許保護がなくても開発者にはリードタイムによる先行者利益が存在するとされたからである。そのため，特許制度により認められる独占は制限的なものであり，この範囲内で特許権者の権利は絶対的なものであるが，この境界を逸脱すると反トラスト法違反に問うこととなっていた。裁判所の判断はこの境界を逸脱しているかどうかにあり，判断は形式的なものとなっていった。1975年にはこの形式性が頂点に達し，これを行うと「当然違法」と判断される9つの行為，いわゆる「ナイン・ノー・ノーズ」が示された[13]。反トラスト法が厳格に運用される中で，例えば特許を独占し市場参入を防ごうとしているとみなされて反トラスト訴訟を起こされることを懸念したIBMは特許を公開し，使用料を支払うことでだれでもトランジスタを製造してもよいことにした。さらに1970年にはソフトウェアの価格分離政策を発表した。これはハードウェアと抱き合わせだった基本ソフトウェアを，ハードウェアと別建てにして販売するというものであった。反トラスト法へのこのような対応は，結果としてIBM以外の半導体専業企業やコンピュータ企業の発展をもたらした。

　ところで，戦後の循環的な経済システムは同時に，経済成長に占める設備投資の比重を相対的に小さくする要因ともなった。1950年代後半の朝鮮戦争の特需が落ち着いた後，需要の伸びの相対的な低下と主要産業の寡占構造により，異業種部門に経営多角化を図り，全体として企業収益を確保していくコングロマリット化が進んだ。このような大規模な企業合併の動きは，上述した1950年代の反トラスト法の動きに促進された対応といえる[14]。

　異業種の企業を買収するコングロマリット方式での企業合併については，同種の産業内での独占行為を想定していた反トラスト法にとって想定外のタイプの合併であり，このように企業が大規模化していく中で，一定規模の企業の合併については事前に司法省に届出が義務付けられる法制定も行われた（1976年のハート・スコット・ロディノ）。これにより巨大独占に対して事前に規制する方法が確立した。大規模な企業は規模の経済性や範囲の経済性による優位性を有するとされ，企業が競争者に比べて格段に競争力を強化するような合併は，市

場の競争を減らすことになるため,阻止すべきと考えられた。このハーバード学派の考え方に基づき,大企業の分割や中小企業の保護が促進された[15]。

しかし,合併の結果が必ずしも市場を非競争的にするとは限らず,合併阻止を予測して,活動が行われないことで市場競争の活性化がなされないこともあることから,合併規制を見直す必要が認識されていくこととなる。

2　1970年代の萌芽的IT革命と米国企業の競争力問題

1960年代のケインズ主義的拡張政策によりインフレが定着し,二度の石油ショックも加わることで1970年代にスタグフレーションが発生した。1970年代の米国経済を背景に,合併規制のみならず反トラスト法の運用に対する批判が大きくなっていった。これまでの政府による需要管理が生産力を低下させたのであり,むしろ市場機能を阻害する要因を除去して資源配分を効率化することが必要であるとの考え方へ移行していった。このような中で,資源配分の効率化あるいは高付加価値産業の育成をはじめとした経済における生産力の強化を目的とした政府の経済への関与を肯定する,いわゆる産業政策に関する議論が盛んにおこなわれた。カーター政権以降,政府がイノベーションを促し競争力強化を図るうえでの環境形成へ積極的にかかわる姿勢を明確にした。この背景には,半導体産業などにおける日本企業の追い上げがあった。特に汎用コンピュータやメモリ分野(DRAM)では圧倒的シェアを占めていた米国企業が日本企業に追い抜かれた。これは,日本企業がIBMのように企業内部に研究開発,製造,保守サービスなどを保有する垂直統合型であり,財政基盤の点で米国のコンピュータや半導体専業企業には不利なことが要因とされた。さらに,1970年代に日本はIBMに対抗するため政府(当時の通産省)主導で共同開発推進し,ハードウェア・メーカーを集めて超LSI技術研究組合の結成と補助金の投入を行った。1980年代前半まで行われたこのような日本の産業政策は,特定の業界全体を対象とし,また独占禁止法適用除外という競争制限的な措置を伴うという特徴を持っていた点が注目された[16]。

翻って米国では,合併はもとより,他社との共同研究開発,製造についても

反トラスト法違反に問われる可能性が高かった。1981年には,「マイクロエレクトロニクス産業には,新しい変化に効果的に対抗しうる規模と対応力を十分に備えたのはたった2社あるいはあっても3社しかない。それは日本株式会社とIBM,そしておそらくベル研究所である。他の活動は断片化して対応できず,そして十分な生産ができなくなるだろう。米国のコンピュータ産業の将来は協調戦略をとれるか否かにかかっている[17]」として,反トラスト法による訴追への懸念が足かせとなっている米国の状況に対する半導体やコンピュータ・メーカーの危機感を表明したのである。

第4節　行政・立法主導の反トラスト法制度の転換

1　経済効率性の重視に傾く反トラスト法

これまでにみたように,1970年代までの米国の反トラスト政策は,包括的で厳格なものであり,過大な法的規制が米国企業の国際競争力低下の一因と考えられた。そこで1970年代後半には,シカゴ学派の影響を受け,経済分析,市場分析を重視する運用が行われるようになった。産業集中,合併,および,契約上の制限を含む多くの現象を効率性によって説明しようとするもので,反トラスト法の規制対象は経済の効率化を阻害し,産出を減少させる企業行動に限られるべきとなる。シカゴ学派の考えに基づくと,研究開発における多様性の確保こそが技術革新を促進するという認識である。研究開発共同事業は直接的には企業間の研究開発競争の減少を意味し,多様性の確保が崩れるとして批判されるが,この批判の根拠となる研究開発共同事業における資産の集中(これにより競争が減少)する点よりも,研究開発を遅らせたり,研究開発への投資を減らすための共謀の可能性がある点を重視すべきであり,この点が現実には実効性に欠けるとしたら,共同事業が研究開発における規模の経済性や重複投資の回避に寄与し得ることも考慮し,共同研究開発事業が技術革新を阻害するとはいえない,との考え方へと変容したのである[18]。シカゴ学派寄りの司法省反トラスト局長のもとで,司法省は競争促進的な企業活動を後押しする立場で

あることを繰り返し表明するようになった。例えば，それまでは競争阻害的とされていた企業間の共同研究について，司法省は促進するとして1980年にこれに関するガイドライン（「共同研究開発に関するガイドライン」）を発表し，共同研究開発を行うコンソーシアムは「合理の原則」で対応するとして，共同研究を促した。これまでのような共同研究に対する訴訟の脅威と当然違法の扱いは米国の発展を押さえつけるものであり，当然違法の呪縛がなければ米国企業は共同研究開発のためにその能力，知識，そして資金を結集させるインセンティブとなると考えられた。

しかしこの「ガイドライン」では，例えば「共同研究」の範囲がどこまでなのか，といった点が不明瞭であり，特に大企業を含む場合や応用製品研究に関連するような場合に法的な脅威は潜在的な問題となることから，「ガイドライン」発表後も共同研究開発は進まなかった。つまり依然としてあまりに多くの法的なグレーゾーンがあり，訴追の懸念が強かったことから自発的に共同研究開発を行うことはあまりなく，行う場合には弁護士の同席や司法省への報告を欠かせない状況であった[19]。

このような流れの中で「ガイドライン」の不確実性を払拭するためには立法化が必要と考えられるようになり，コンピュータや半導体専業企業が中心となって法制定を要求した。司法省も積極的にこれを後押しした。議論開始から一年後に成立した国家共同研究法の特徴としては以下の点が挙げられる。①共同研究開発を行うことが直ちに反トラスト法違反（「当然違法」）にはならず，「合理の原則」が用いられる。②認可制はとらず，FTCと司法省に届出をした共同研究開発については反トラスト訴訟における3倍賠償の制度を適用せず，実額賠償とする[20]。③共同研究開発を行うための設備の設置，成果を参加者だけが利用する条件をつけることや，特許を請求し，または成果をライセンスすることができる。以上のように国家共同研究法には反トラスト法の適用除外が与えられたわけではないが，共同研究の障害となるものの排除を目的とした条項が成立した[21]。このことは，研究開発には多額の費用がかかることから，無駄な重複を避けることが得策であるとのメッセージを産業界に送ることや，

第Ⅱ部　グローバル化とイノベーションの史的展開

米国が競争力を維持し続けるために他国と同程度に共同研究開発が認められるようにする狙いがあったといえる。

　共同研究開発にたいして企業が抱く反トラスト法抵触への懸念が根強かったことから，司法省はトラスト局長によるアナウンスや「ガイドライン」の作成を行うだけでなく，法による明文化を主導することで確実にその方針を転換したことを示した。さらには，判例でも競争者間の協力について「合理の原則」が適用された点が後押しとなって，国家共同研究法成立以降の企業間の共同研究活動は**図表9-1**に示されるように，積極的に展開するようになった。

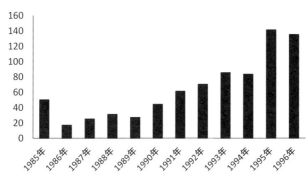

図表9-1　国家共同研究法成立後のコンソーシアムの数

（出所）　Gibson & Rogers（1994）21頁，Federal Register，1985-1996.

　立法の必要性を強く要求したコンピュータや半導体専業企業ら電子機器産業が積極的に実施したことが**図表9-2**で確認できる。また，電気通信分野での活用が多いことが見て取れるが，次節でみるように1980年代の電気通信産業は市場自由化をうけて，競争促進，イノベーション促進が模索されたことがその要因といえる。

140

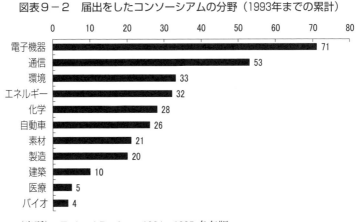

図表9-2　届出をしたコンソーシアムの分野（1993年までの累計）

（出所）　Federal Register 1984-1995 各年版。

　さらに同時期，企業分割が米国の国際競争力に及ぼす影響を懸念するシカゴ学派の認識を反映する形で，司法省は1982年に「合併ガイドライン」を発表し，企業間合併への反トラスト法の判断基準を緩和することにより，合併を容易にして，より大規模で強い企業の出現を期待することを表明した。合併についても規制緩和の方向に向かい，企業結合，垂直的流通制限等が産出の増大や経済の合理化につながる可能性もある場合には，合理の原則の適用が一般化されることとなった。合併規制に関する企業の不安要素を排除するものであり，このことは司法省が調査を開始した反トラスト案件数の変化に表れている。1980年度は337件だったものが1989年度には220件へと減った。また，**図表9-3**に示すように合併の事前届け出数の推移は，1979年後が859件であったのが，1989年度には2883件へと増加したように，1980年代を通じて合併が活発化したのである[22]。

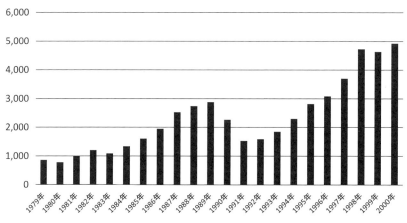

図表9-3 合併の事前届出数の推移

（出所） HSR Annual Reports 1978-2016.

1990年代以降も米国では，競争力強化のために反トラスト法を活用する路線が維持され，連邦レベルでは引き続き政府による経済的規制の緩和，反トラスト法運用の見直しが進められた。1993年に施行された国家共同生産法では，新製品の商業化には研究開発以上にコストがかかり共同生産が必要だとする産業の要求を受け，米国の競争力強化という政策的意図が反映されて生産活動もその対象に含まれたのである。

さらに，1995年には司法省とFTCが「ライセンスガイドライン」を公表し，知的財産権のライセンス契約に対する反トラスト法の適用について，ほとんどが合理の原則により判断されるとの指針を示した。技術革新が著しい，ハイテク産業などの市場においてはそもそも市場支配力の行使は困難であるとする指摘にもみられるように，その後の執行傾向をみてもこのような市場における共同活動に対する反トラスト法の執行は抑制的といえる[23]。

2　IT革命の進展と水平分業

1980年代初頭の米国通信産業は情報処理産業からの産業政策要求と，電気通信市場の自由化によるユニバーサル・サービスの変質と，通信市場の競争を促

第9章　企業環境の変化と米国反トラスト法制度の改正

進し，AT＆Tの技術へアクセス可能にすることでイノベーションを促進しようとする司法省の思惑が交錯する形で様々な規制緩和が行われるという競争環境の大きな変容がもたらされる状況にあった。そもそも米国において電気通信産業は，1934年通信法で確立した「規制下の独占」という考えに基づき，FCCが実質的な規制主体となり，AT＆Tに対して，通信市場の独占を認め，他分野へ進出することを禁止することで統一したネットワークを維持してきたのである[24]。「規制下の独占」とは，生産規模を拡大するにつれて生産コストが低減する収穫逓増の性質とサンクコスト（特定の目的で投下された設備を別の用途に転用することが困難なもの）の両面を併せ持つ産業においては，競争的な複数企業システムよりも生産が一つの企業に集中するような独占システムの方が効率的で望ましいとされ，一定の規制をかけることで独占を認める考えである。そのもとで，通信機器の製造業務に従事するウェスタン・エレクトリック，長距離通信サービスを提供するAT＆T，地域通信サービスを提供する22の100％子会社から構成される垂直統合された事業体を形成した。いわゆるベル・システムといわれるこの垂直統合型大企業は，長距離から地域まですべての電話サービスを独占していただけでなく，通信機器の特許も独占し，独立系の電話会社への通信機器の販売も独占的に行われてきた。そのため，1950年代と70年代前半に「反独占」をスローガンとする反トラスト法の運用のもとで二度にわたり分割を目的とした反トラスト法訴訟を起こされた。独占などの企業活動を自由競争の促進，米国競争力強化の観点から判断する傾向へと転換するなか，FCCが主体となって進めた電気通信市場の自由化は，1984年に同意した分割によって，市内電話サービスを独占的に提供する地域電話会社と長距離通信市場のみにサービスを提供するAT＆Tとなった。長距離通信市場には他企業の参入が認められ，競争が導入されることとなり，AT＆Tも他分野への進出が認められた。長距離通信市場にはMCIなどの新規参入が相次いだが，通信産業には，すぐれた技術を生み出してもそれを有益なものにするためにネットワーク化して他社の製品やサービスと共有されなければならないという特質がある。そのため従来より相互接続性が重視されてきた。折しも米国電気通信市

場が自由化されたのが，ネットワークのデジタル化やコンピュータのネットワーク化が同時進行するタイミングであった。これまで単独で使われてきたコンピュータが電気通信網に接続されることにより，電気通信のコンピュータ化が進み，電気通信網そのものにデジタル機能が組み込まれることにより，電気通信網自体のコンピュータ化がすすんだのである[25]。このことは，互いの製品，サービスの接続や新技術の開発のために通信事業者とコンピュータや半導体企業間の連携を促すことになった。モジュール化の進展により特定の要素技術や周辺機器の開発・製造を外部企業に委託することが可能になり，企業が互いに補完関係や協力関係を形成して事業活動を展開する水平分業を生み出した。1980年代は，IT革命の進展という大きな技術変化のなかで，新たに可能となった共同研究や合併といった企業間連携を模索する必要が生じたのである。

第5節　競争促進的反トラスト政策と企業活動

　1970年代末から1980年代を通じて自由競争促進に対する反トラスト法の役割が転換するなかで緩和された反トラスト法の運用により，米国では共同研究や合併，ライセンス取引や戦略的提携といった多様な企業活動を展開しやすい環境が整えられた。IT革命の創成期であったこの時期に，訴追に臆することなく動けたことで，1990年代以降のIT技術・サービスにおける競争力の回復につながった。しかしながら，IT産業の特徴であるネットワーク外部性（ユーザーが増えることで製品・サービスの便益が大きくなる）と規模の経済性は，特定の製品・サービスに集中（一人勝ち）をもたらす可能性がある。さらに「ロックイン」（一度使い始めると新しい技術に乗り換えず使い続ける）が生じると一人勝ちが長期化することから，反トラスト法の独占規制の対象として対応する必要が出てくる（1990年代に展開したマイクロソフトやインテルに対する訴訟など）。しかし，訴訟には長い時間がかかるため適切な時期に是正措置がとれないことや，消費者の厚生という点からみると必ずしも規制は必要ない場合もありうる。

　IT革命のような技術革新により企業の競争環境が大きく変容する状況にお

いては，反トラスト法の目標は一体何かという問題が再び現れてくる。1970年代後半に，反トラスト法を競争力強化のために用いるとする政策転換に対し，経済的効率性は政治的，社会的価値の実現に優越するのかという議論があった。このような議論は1930年代にもあったが，反トラスト法運用は変化していくことが予定されていたのであって，制定当初の連邦議会の意図によって現在，さらには将来にわたる反トラスト法の運用が拘束されるべきではない，とされてきたことで，経済社会の状況に応じた対応がなされてきた[26]。しかし，IT革命がもたらした，企業間提携により多様な製品・サービス（コンテンツ）の組み合わせを提供する，いわゆるネットワーク外部性やロックインの性質を有する新たな産業の展開は，独占による利潤を生み出す構造やその算出方法，必要な改善策に対する反トラスト法の役割とはなにかについて新たな考え方で臨まなければならないことを浮き彫りにしたのである。

（注）
1) 山口（1999）1頁。経済権力の集中は政治権力同様に圧政に結びつきやすいことから好ましくない，とする政治思想に基づき制定されたのである（松下，1982，4頁）。
2) 水野（2017），201頁。
3) 宮田・玉井（2016）64頁。
4) 以上，基本3法の概要について，佐藤（1998）3－8頁参照。
5) 村上（2009）31－34頁。
6) 同上。シュラー（2010）4－13頁。
7) 浅井（1997）7頁。
8) 社会的自由，政治的自由という価値のため，経済効率性を犠牲とすべきであるという主張が判決で宣言されている。村上（2009）3－7頁。
9) 河村（2003）161－164頁。
10) 「当然違法」「合理の原則」については松下（1982）16－17頁参照。
11) 水野（2017）194頁。
12) 清川（1999）162頁。
13) 河村（2003）161－162頁。
14) Kovacic and Shapiro（2000）pp. 43－55.
15) 福家（2007）43頁。
16) 宮田（2011）189－190頁。
17) コンピュータ・メーカーのCDCのプライスの発言。Gibson and Rogers（1994）

p. 9.
18)　以上，宮井（1996）1454 – 1455頁参照。
19)　阿部（2012）114頁。
20)　従来，反トラスト訴訟（私訴）では被告が有罪となれば原告に対し損害額の3倍を支払わなければならなかった。私訴については村上（2009）310 – 311頁参照。
21)　阿部（2012）115頁。
22)　谷原（2013）48 – 55頁。
23)　Farrell and Katz（1998）pp. 609, 611.
24)　志田・白川（2000）101 – 102頁。
25)　山田（1997）124 – 125頁。
26)　村上（2009）6 – 7頁。

第Ⅲ部　現代企業のグローバル化とイノベーション

第10章　日本におけるエレクトロニクス産業の
　　　　　グローバル化と生産革新

第1節　セル生産方式の概観と普及

　バブル経済の崩壊とともに1990年代の日本企業は，長期にわたる景気の停滞を経験している。このような中にあって，エレクトロニクス企業の工場において「生産革新」と呼ばれるような生産システムに変革をもたらす一連の対応が見られるようになった。そこでは，これまでの組立ラインに典型的に見られたような長く大規模な自動化した生産ラインや直線的なコンベアラインが撤去され，これに代わって，安価な作業台を複数，様々な形状に組み合わせて連結した比較的小規模なラインが構築されるようになってきた。ラインの形状には，「U字」「ハの字」「クの字」「二の字」などといった比較的単純で短い形状のものから，クモの巣状に組み合わされたラインやカタツムリの輪郭状に組み合わされたラインなど，複雑で比較的長いものまで様々である。この生産ラインを構成する作業台はしばしば「セル」と呼ばれ，これらの生産システムはセル生産方式と総称されている。

　いくつか具体例をあげると，たとえばソニー幸田のセル生産システムである「多能工スパイラルライン」（図表10-1）は，1995年，従来の100人以上の作業員が配置された150mのベルトコンベアラインに代わって導入され，7〜8m四方の空間に渦巻状に配置された作業台と機械で構成されたビデオ一体型VTRを組立てるラインである。このラインでは，3人の女性の作業員が，それぞれ作業台と機械の間を巡回しながら，原則，一個の製品を一人で最初から最後まで組立てていた[1]。

第Ⅲ部　現代企業のグローバル化とイノベーション

図表10－1　ソニー幸田の多能工スパイラルライン

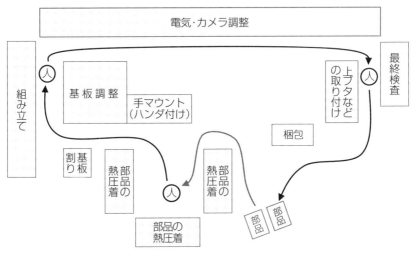

（出所）　日経ビジネス編『1ドル80円工場』日経BP社，13頁より作成。

　携帯電話やPHSを生産しているNEC埼玉では，1993年に，約130mのロボットを導入したFA組立・検査ラインのコンベアを撤去し，これに代わって全長12mほどの蜘蛛の巣状に作業台を並べた「スパイダーライン」と呼ばれる手作業のラインを設置した。このラインは，15人前後の作業員で構成され，一人が一種類の部品を装着していた従来のベルトコンベア方式とは異なり，10数点の部品を一人の従業員が取り付ける[2]。

　日本ビクターの横須賀工場では，1993年から，ロボットと作業員40名ほどが並ぶ150mの直線型のコンベアラインによってVTRを組立てる方法から，長さ約1.5mの作業台を数珠つなぎにして「U」や「O」字状に配置した生産ラインで組立てる方法に転換した。このラインはワークの投入口と出口が近接するように配置されていて，作業員は，このラインの中で後ろを振りかえれば別な作業もできるので，立ち作業をすることで複数の工程を前と後ろで移動しながら担当し，組立を行っている[3]。

　このように，セル生産方式では，従来のラインと比べてスペースが狭いライ

第10章　日本におけるエレクトロニクス産業のグローバル化と生産革新

ンのなかで，1人あるいは少数の作業員がそれぞれ複数の作業台を立って移動しながら，主に手作業で組み立て作業をこなし，製品を組み上げている。こうすることによってラインの中では各作業者は複数の工程を受け持つことができ，その分担範囲を容易に広げたり狭めたりすることができる。それゆえ作業者は複数の工程の作業をこなすことができるという意味で，「多能工」である。

　セル生産方式は，1990年代初頭にソニーやNECといった大企業のエレクトロニクス機器の組立工程を中心に導入の取り組みがなされるようになり，1990年代半ばころより次第に普及し始め，キヤノンや松下電器などの大企業もこのころセル生産方式を会社の各工場において導入するようになった（図表10-2）。97年に実施した機械振興協会の調査によれば[4]，セル生産方式を採用していた企業は23.2%であり，採用予定の企業は25.0%であった。その中でも電気機械産業でのセル生産方式を採用する企業の割合は40.0%と高く，採用予定の割合も33.3%であった。また採用時期を見ると，1～3年以内が60.9%で，90年代半ばからセル生産方式の普及が進んだことがわかる。

図表10-2　エレクトロニクス企業において1990年代に導入された主なセル生産方式

会社名	工場名	製品	導入年
ソニー幸田		カムコーダー	1992
NEC埼玉		携帯電話・PHS端末	1993
日本ビクター	横須賀工場	ビデオカメラ、VTR	1993
日立製作所	空調システム事業部	業務用エアコンなど	1993
NEC長野		ワープロ	1993
山形カシオ		デジタル腕時計	1993
パイオニア	所沢工場	オーディオ機器など	1994
東芝	青梅工場	ワープロ	1994
NEC米沢		ノートパソコン	1994
ソニー美濃加茂		ビデオカメラ、携帯電話	1995
リコー	厚木事業所	高付加価値型の普通紙複写機	1995
長野ケンウッド		カーオーディオ	1995
ソニー木更津		ビデオデッキ、プレイステーション	1995
富士ゼロックス	海老名事業所	複写機	1995
ソニー幸田		ビデオカメラ	1995
三洋電機	滋賀工場ランドリー事業部	洗濯機	1996
ダイキン工業	堺製作所	業務用大型エアコン	1997
NEC群馬		デスクトップパソコン	1997
NEC米沢		ノートパソコン	1997

第Ⅲ部　現代企業のグローバル化とイノベーション

ソニー美濃加茂		ビデオカメラ、携帯電話	1995
リコー	厚木事業所	高付加価値型の普通紙複写機	1995
長野ケンウッド		カーオーディオ	1995
ソニー木更津		ビデオデッキ、プレイステーション	1995
富士ゼロックス	海老名事業所	複写機	1995
ソニー幸田		ビデオカメラ	1995
三洋電機	滋賀工場ランドリー事業部	洗濯機	1996
ダイキン工業	堺製作所	業務用大型エアコン	1997
ＮＥＣ群馬		デスクトップパソコン	1997
ＮＥＣ米沢		ノートパソコン	1997
松下電器	神戸工場	ノートパソコン	1997
九州松下		PHS	1997
ソニーボンソン		携帯型MDプレーヤー	1998
東芝	青梅工場	ノートパソコン	1998
長浜キヤノン		レーザービームプリンター	1998
大分キヤノン		カメラ	1999
キヤノン取手		複写機、レーザービームプリンタ	1999
セイコーエプソン	インドネシアの生産拠点	プリンター	1999
リコー	御殿場事業所	プリンター	1999
京セラ	長野岡谷工場	高級カメラ	1999
仙台ニコン		一眼レフカメラ	1999
島根富士通		ノートパソコン	1999

（出所）　新聞各紙より筆者作成。

　本章では，規模の経済性に有効であったとされたコンベアラインに取って代わって，新たな生産方式が1990年代に入ってなぜ急速に普及していったのか，またその後この新たな生産方式がどうなったのかを企業の国際化と関連させながら明らかにする。そうすることで，90年代以降の大企業の成長にとってセル生産方式の普及がどのような意味を持っていたのかを明らかにする。そこでまず，セル生産方式の効果について整理しておこう。

第2節　セル生産方式の経済的特性

　セル生産方式の効果として，第一に，生産ラインの設置スペースの縮小，作業員の人数の削減，仕掛在庫の削減，安価な設備の活用を通じて，従来の生産ラインよりもコストを大幅に削減することができる。セル生産におけるラインは作業台や作業機械の間隔を最小限にするいわゆる「間締め」によって構築さ

第10章　日本におけるエレクトロニクス産業のグローバル化と生産革新

れているので，その設置スペースを大幅に削減することができる。さらにセル生産方式にあっては，これまで分割・分担されていた複数の作業を統合し，一人の作業者にこれを行わせる「多能工化」が進められており，これは先の間締めを一層促進するとともに，一つのラインにおける作業員の数を削減できる。このように少ないスペースで作業者の数も少ないならば，ライン内において作業中，あるいは作業可能な仕掛品の数も削減できるので，仕掛在庫を縮小できる。またセル生産ラインを構成する作業台や設備はパイプなどを組み合わせた比較的軽微な機材・設備で構成されているため，自動化されたラインはもちろんのこと，コンベアラインなど従来の生産ラインに比べて安価であり，またラインは短時間で，容易かつ安価に構築，解体ができる。こうしてセル生産ラインにおいては，工場のスペースを節約し，人件費や仕掛在庫を削減し，そして設備コストや設置コストを削減することができる。

　第二に，セル生産方式では，コンベアラインなどと比べて，リードタイム（ライン内でのワーク（作業対象）に対する作業開始から作業完了までの時間）と仕掛在庫を削減できる。上述のように間締めによって作業のスペースが縮小し，また多能工化によってラインにおける作業員の数が減少することによって，生産ライン上にある仕掛在庫を削減することができる。また仕掛在庫が少ないということは作業がなされないまま停滞しているワークも少ないうえ，コンベアラインで見られるような作業台とコンベアとの間，作業員の間でのワークの受け渡し時間のムダをなくすことができるので，ライン内でのリードタイムを削減することができる。

　第三に，セル生産ではラインバランスをとりやすくなり，それによって滞りのないワークの流れを形成することができる。コンベアラインでは，細かく作業が分割され，そのそれぞれに多くの作業員が配置されているため，それぞれの作業の内容により，また作業員の能力によりばらつきが発生しやすくなり，それによってライン内でのアンバランスが発生しやすい。しかしセル生産では比較的小人数でラインが構成されているため，能力のばらつきが比較的発生しにくく，またライン内の仕掛量のばらつきで工程異常が目で確認できたり，も

たつきが生じても相互に助け合うことで仕掛りを防止でき，ラインバランスが維持しやすい。このようなラインバランスが維持できれば，作業者の手待ちを最小限にし，仕掛品も最小限にでき，また結果として，先のリードタイム短縮へと結びつけることができる。

　第四に，需要量の変動に対する対応が容易である点があげられる。先に述べたようにセル生産のライン内では，作業員は複数の工程をこなすことができる多能工であり，立ち作業で，移動しながら作業をしている。それゆえ，作業員の作業の分担範囲を狭くしたり広くしたりすることによって，ライン内の作業員の人数を増減させることができる。したがって，例えば，需要量が多い場合には，作業員一人当たりの作業の分担範囲を狭め，ライン内の作業員の数を増やせば，一人当たりのサイクルタイム（一つの作業の実施時間）を短縮でき，その結果，そのラインの生産量を増やせる。さらに需要が増大した場合には，セルそのものの数を増加させることで生産増に対応できる。セルはコンベアなどと比べて比較的安価な作業台や簡易自動機で短期間に構築でき，また比較的小規模な投資とスペースで設置が可能であるので，設備費や固定費に対する負担が小さい。それゆえセル当たりの量産に対する圧力が弱く，少量生産にも対応できる一方，生産量の増大への対応も比較的安価なセルの迅速な増設によって対応できるのである。

　逆に需要量が少なくなった場合にはこの逆の対応をすることで，同様に，生産量を削減することができる。こうしてセル生産方式であれば，たとえば新製品が導入され，当初は生産量が少ない時期から，成長期となって，急速に生産量が増え，そして成熟期，衰退期での増加率の減少，生産量の減少といった製品のライフサイクルに対応して，セル内の作業員の数の増減，セルそのものの増減によって生産量の変動に有効に対処できる。

　第五に，セル生産方式は多品種生産への対応能力に優れている。まず上述のように，セルは比較的軽微な機材・設備で構成されているため，コンベアラインに比べて固定費が低く，それゆえ稼働率を高めたいという圧力が弱い。したがって，一度に同じものをまとめて生産する必要がなく，ロットサイズを小さ

第10章　日本におけるエレクトロニクス産業のグローバル化と生産革新

くすることができるので，こまめに製品の種類を変えることが可能となる。また機械やロボットなどを備えた自動化された生産ラインであれば，品種を変更した場合に，段取り換えが必要となり，それにともなって，生産ラインをストップせざるを得なくなるが，セル生産ラインであれば，人の柔軟性に依存しているので，ラインストップをすることなく品種の切り替えができる。さらにセル生産ラインは短時間で容易かつ安価に構築，解体ができるので，工場内のレイアウト変更にも機敏に対応でき，異なった製品の生産ラインを並存させたり，切り替えたりすることで，工場内で多様な製品を生産したり，新製品への切り替えを比較的容易に実現できる。それゆえ，製品のライフサイクルが短くなり，新製品の開発，生産の期間が短期化されても，比較的安価に短時間で新機種の生産ラインを立ち上げ，そして移行することが容易となる。

　第六に，このような特性を持ったセル生産方式を効果的に稼動させるには，生産量に関して最適な範囲がある。セル生産方式においては，ライン内の作業員は，従来のコンベアラインにおいては別々に担われていた複数の作業を一人が遂行するので，先に見たリードタイムの短縮により一人当たりの生産性は向上する一方，一人当たりの作業時間であるサイクルタイムは長くなる。それゆえ，一つの生産ラインにおける一定時間内での生産量はコンベアラインに比べて少なくなり，したがって，同一種類の製品を安定的に大量に生産するにはコンベアラインがより適しているといわれる。セル生産方式において量産に対応するには，セルラインそれ自身の数を増やさざるをえなくなるが，そうなればセルへの設備投資は軽微だとはいえ，結局は，設備投資額の増大や投資の重複をもたらすことになる。また生産量の増大に見合う多能工の育成も必要となり，育成コストの増大と人材不足の発生の可能性も出てくる。この意味で，少品種の製品の大量生産の場合には，コンベアラインのような生産方式のほうが効率的となり，セル生産方式は，あまり向いていないといえる。

　最後に，セル生産方式では，複数の工程を担う多能工を前提としているので，生産効率において人への依存が高いシステムである。もちろんこのことは標準作業がないということではなく，一つ一つの作業に対しては標準作業が設定さ

155

れている。しかしそれを組み合わせて作業をする場合，その一連の作業に習熟し，それを一定のサイクルタイムで作業をすることが困難となり，セルにおけるラインのアンバランスを発生させる可能性がある。それゆえセル生産ラインでは，ペースメーカーのようにコンベアラインと結合させたり，コンピュータを活用した作業のモニタリングによってラインバランスを維持しようとしている。また狭いスペースで各作業者が完成品まで自ら移動して仕上げるので，相互の助け合いによってラインバランスを維持している[5]。このことがかえって，チームワークを高めるとともに，コスト，品質，納期に対する意識を高め，作業者のモノ作りのモラールアップにつながるといわれる。

第3節　セル生産方式普及の背景
〜バブル崩壊とグローバル化

　以上のような経済的特性を持つセル生産方式は，なぜ1990年代以降，急速に日本において普及していったのであろうか。その背景としてあげられるのは，1990年の日本におけるいわゆるバブル崩壊にともなう景気の低迷とその後の平成不況と呼ばれる長期の景気低迷，およびより広い文脈で見れば80年代以降の日本企業の生産拠点の海外進出によるグローバル化である。

　バブル崩壊は，株価の下落から始まった。1989年末に日経平均で史上最高値38,915円をつけた株価は翌90年の年初に240円ほど下がったのを皮切りに下げ続け，92年8月には14,000円台にまで暴落した。この株価の下落からやや遅れた91年秋ころをピークに，大都市部やリゾート地を中心に地価もまた長期にわたって下落を続けていった。このような資産価値の下落は，回収不能な不良債権を増大させ，金融機関の経営を悪化させ，これに対する対応が遅れたことで，「失われた10年」あるいは「失われた20年」ともいわれるその後の景気の低迷を招来した[6]。この間，90年代における日本の経済成長率（実質）も低迷を続け，年平均成長率は80年代後半の5.4％から，90年代においては，前半の1.5％，後半の0.5％，そして2000年代前半の1.1％と低迷した。

第10章　日本におけるエレクトロニクス産業のグローバル化と生産革新

　このようなバブル崩壊は，消費の低迷を伴った。80年代後半のバブル発生下の景気拡大期には，耐久消費財購入の大型化，高級化，複数所有化が進んだことが特徴とされたが[7]，90年代に入るとそれに対する支出の伸びは低下し，さらには減少していった。特に家電製品の伸びは80年代末には低下していったが，その中でもVTR，テレビ，ビデオカメラといったAV家電製品への支出は89年から減少し続けた。このような消費の低迷を反映して，企業の業績も悪化していった。売上の伸びは製造業，電気機械器具業界いずれも92年に入って減少に転じ，これに対応して，本業での収益力を現す売上高営業利益率も低下していった。まさにバブル崩壊によって，90年代の初頭から企業の経営状況が急速に悪化し，企業は一層のコスト削減を迫られる環境にあったといえる。

　次に日本企業の海外展開についてみると，まず地域別に全体を概観すると（**図表10－3(1)**)，60年代はアジア諸国の輸入代替工業化政策に対応して，現地市場を確保するための小規模なアジアへの進出が見られた。これに対して70年代に入ると，変動相場制への移行に伴う円高，および台湾，韓国，香港，シンガポールといったアジアNIES（新興工業地域）の輸出志向工業化政策への転換に対応して，現地から第三国への輸出を目的として海外進出が加速した。70年代末から80年代前半までは，欧米との貿易摩擦を背景として，日本企業の欧米への進出が顕著となったが，1985年のプラザ合意以降の円高で，日本企業の海外進出は再びアジアを中心に加速化し，海外拠点の構築が顕著となった。

第Ⅲ部　現代企業のグローバル化とイノベーション

図表10－3　電機産業の地域別直接投資件数の推移

(1) 全　体

(2) アジア地域別推移（件数）

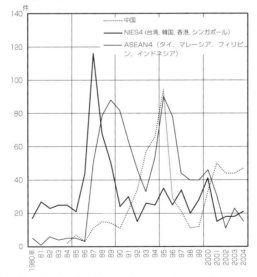

（出所）　大蔵省『財政金融統計月報』より作成。

第10章　日本におけるエレクトロニクス産業のグローバル化と生産革新

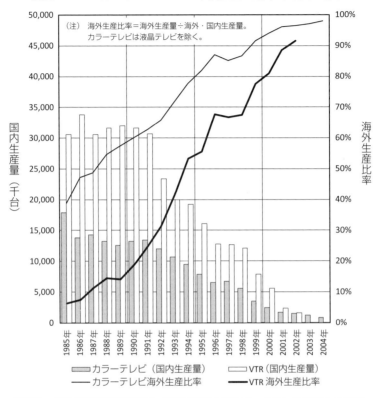

図表10－4　カラーテレビとVTRの国内生産と海外生産比率の推移

（出所）　電子情報技術産業協会『民生用電子機器データ集』各年版より作成。

　アジア地域の中を見ると（**図表10－3(2)**），80年代前半までのNIESに対して後半には東南アジアが急増している。ASEANは，90年代に入って一時減少するが，円高が再燃するとすぐに中国とともに再び増加に転じ，アジア通貨危機が発生する90年代半ばまで進出が増加していった。そしてこのような海外進出が加速する中で90年代以降，日本のエレクトロニクス機器メーカーにとって日本における生産拠点の位置づけが大きく変容することとなった。すなわちまず海外生産比率が高まり，生産規模において日本の中核的な役割は低下していった。例えばブラウン管カラーテレビとVTRで見れば（**図表10－4**），2000年代

にはすでに海外生産比率は90％を超えており，その比率の増加は90年代前半に生じてきていた。とりわけVTRの海外生産比率は90年の15％から95年の55％と急増しており，エレクトロニクス機器の海外移転が急速に進展して，日本のこれらの製品の量産拠点としての役割は低下したといえる。

　さらに海外拠点の増加は，日本の生産拠点をも含めた分業関係に変化をもたらし，その中での日本の役割が低下してきていることが伺える。すなわち海外進出した生産拠点は，80年代までは，多くは日本からの調達に依存し，販売先は日本以外への販売が多かったが，次第に日本への販売の割合が高まる反面，日本からの調達が減少していっており，日本への逆輸入が増大し，また現地や海外拠点からの調達などが増えて，調達に関しても日本への依存が減少してきていることが伺えるのである（図表10－5）。日本企業の海外展開が増え，また一定の年数が経過する中で，進出企業の能力が向上し，あるいはまた現地の工業化が進展して，完成品や部品などの製造能力が増大したことが推察できる。

図表10－5　海外進出企業と日本企業の関係

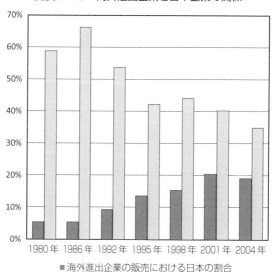

■ 海外進出企業の販売における日本の割合
■ 海外進出企業の調達に占める日本の割合

（出所）　通産省『わが国企業の海外事業活動』各年版より作成。

第10章　日本におけるエレクトロニクス産業のグローバル化と生産革新

第4節　セル生産の導入とその後の展開

　このような日本経済の低迷と日本企業の海外進出が具体的にどのようにセル生産の導入へと導いていったのかについて，本節では，まず日本ビクターを例にみていこう8)。日本ビクターは，70年代後半に家庭用VTR市場に参入して以降，80年代前半まで高成長を続けてきた。しかし，貿易摩擦，VTRの先進諸国への普及による市場の成熟化，そして韓国などの新興工業国の追い上げにより価格競争となり，価格が低下してきたため，輸出比率が欧米を中心に62%にも達していた日本ビクターは，85年のプラザ合意以降の急激な円高によって，業績が大きく悪化することとなった。

　このような背景のなかで，80年代後半以降，据え置き型VTRの生産拠点である横須賀工場は，ロボットやコンピュータを導入して生産拠点の量産化・自動化を進める一方，生産拠点を海外に移転していった。特に89年にマレーシアに生産拠点を設置し，米国向け低価格VTRを皮切りに，中級機種の生産移管を進めて，その生産規模を拡大して，94年には，マレーシア工場は，国内工場の生産量を抜いて主力工場となり，海外生産比率は6割となった。この過程で，VTRの一部の機種については，日本ビクターの日本の逆輸入を増加させる一方，部品の現地調達やアジア地域などからの海外部品の調達も3割ほどに増加させていった。

　このような90年代初頭における国内の不況，円高，新興国の追い上げに対する対応にもかかわらず，日本ビクターは，91年度に経常赤字に転落し，以降，三年間大幅な赤字を計上した。これに対応して，海外拠点も含む大幅な人員削減や生産拠点の再編を実施し，生産の海外移転を加速するなどの合理化策を実施していった。まさにこのような対応策の中に横須賀工場において自動化ラインやコンベアラインを撤去して，第1節で見たような生産革新と呼ばれるようなセル生産方式の導入が93年ころより推進されていったのである。

　上述のような企業内国際分業が深化するなかで，国内には高付加価値の多品

種少量生産に重点を置くようになり，そのためにセル生産方式は，機種の切り替えを迅速・簡単にし，多品種生産を可能にする方式であった。しかしこの方式は，直接的には，コンベアラインを撤去したり，作業員数を最盛期の半分近くにまで削減しつつ，月産台数を維持することで，徹底したコストダウンと生産性の向上を目的として採用されていたのであり，それは国内外の競合企業との価格競争のみならず，アジア地域への生産移転が急速に進む中での横須賀工場の「生き残りをかけた挑戦」でもあったのである（日経産業新聞1995年8月30日）。

その後，90年代末にはVTRの上位機種もマレーシアに移管されるようになり，国内生産分の部品もマレーシアから調達するようになった。横須賀工場では，国内工場の再編に伴い，90年代半ばに生産されていたビデオカメラも2000年にはアナログについてはマレーシアに移管され，これに代わってデジタルビデオカメラが新たに生産されるようになった。また2001年までには，プロジェクション・テレビやPDPテレビ，さらにはデジタルカメラやDVDもこのころ新たに横須賀工場で生産するようになり，2000年代半ばには，8品目21ラインに及ぶ製品を生産しており，これらの製品群をセル生産方式で生産していた。そして海外への生産移管と新たな製品の生産により，2004年ころまでには，ビクター全体として海外生産比率は7割を超え，横須賀工場は，日本ビクターの中で様々な民生用エレクトロニクス機器を量産する生産拠点として主力工場であると同時に，いわゆるマザー工場としての役割を担っている。すなわちデジタル機器の最新モデルを生産し，それをすぐに海外に円滑に移管作業を進める役割を担い，また海外拠点で採用した社員の教育を担うようになった[9]。

その後，日本ビクターの業績は激しい国際競争の中で悪化し，2008年には，ケンウッドがその株式を取得し，持株会社のJVC・ケンウッド・ホールディングスを設立して，日本ビクターが統合されることになった。2010年ころまでにはビデオデッキやテレビの生産から撤退し[10]，ビデオカメラも横須賀工場での国内生産から撤退し，マレーシアに生産を移管した。そして2011年には，日本ビクターはJVCケンウッドに吸収合併され，2017年の時点で，横須賀工場

第10章　日本におけるエレクトロニクス産業のグローバル化と生産革新

は横須賀事業所としてCDやDVDのパッケージソフトを生産している[11]。

　以上のような日本ビクター横須賀工場の例においては，海外企業との激しい価格競争と日本における長期の不況を背景として，エレクトロニクス機器の生産が海外の生産拠点に移管されるのに対応して，90年代以降，残された製品をより低コストで効率的に生産する新たな生産方式としてセル生産方式が導入されていったことが示されている。しかし激しい国際競争の中で，海外移管が止まることはなく，それを埋めるように高付加価値な新機種や新たな製品の導入とそのセル生産方式による生産が継続していったが，2000年代を通じて，国際競争に敗退し，最終的には国内だけではなく海外生産からも撤退を余儀なくされることとなった。このような生産の撤退や外部への生産委託の増大という展開が，90年代に早い段階でセル生産方式を導入した主要な企業，たとえばソニーの事業においても見られる[12]。言うまでもなく，パナソニックやキヤノンのような国際競争を勝ち抜いている企業などにおいてはいまなおセル生産方式が活用され，改良されているケースも見られる。

　例えばパナソニック（当時の松下電器産業）は，経営悪化により，全社的な事業改革に取り組んでいた2000年ころより，グループを含めたセル生産方式の導入を決定している。すでに90年代末にパソコンやオーディオ機器，そしてグループ企業に導入されていたセル生産方式をパナソニックおよびグループ企業の工場の半分ほどに当たる55工場に導入する計画をすすめた[13]。このような工場の中で98年ころよりすでにセル生産方式に取り組んでいたパソコン生産の神戸工場は，パナソニックのパソコンの9割を生産しており，残りは台湾の工場で生産されている。神戸工場では，マザーボードの実装も内製化し，組立工程には生産量の変動に対応できるセル生産方式を導入している。ほとんどのパソコン・メーカーがEMS（Electronics Manufacturing Services）やODM（Original Design Manufacturing）を活用して外部調達を行っているのに対して，パナソニックはパソコンを社内ですべて生産している[14]。しかしパナソニックにおいてもすべての事業で国内生産を維持しているわけではなく，国内生産と海外生産との分業を展開したり，あるいは海外生産への移管を進めたり，自社生産

163

第Ⅲ部　現代企業のグローバル化とイノベーション

を停止して生産委託するなど，事業に応じて多様な生産の形態を組み合わせているのが実態であり，その中で自社生産の一形態としてセル生産方式が位置づけられるようになってきているといえよう。

　以上のような90年代以降のセル生産方式の動向をどのように位置づけたらよいであろうか。国際化は一つの成長様式であり，地域的により広い領域において規模や範囲の経済性を活用することで他社に対して優位性を確保する手段であるといわれている。しかし具体的に企業の動向をみると，それは生産体制を単に国内から海外に地理的に拡張していくだけではなく，海外と国内の分業体制にも変容が生じてくる。日本のエレクトロニクス企業においては，激しい競争の中で，主としてアジアに生産拠点を求め積極的に海外進出を図り，企業の成長を図ってきた。そしてその際に，日本企業は，海外には比較的普及品で安価な量産品を，国内には付加価値が高く，多品種少量生産を残す形で分業が進められた。その結果として，国内における生産は縮小され，固定費を節減し，スペースを節約し，作業員数も少なくできる一方で，品種の数や量の変動に柔軟に対応でき，また製品のライフサイクルの短縮化にも対応できるセル生産方式が90年代以降導入され，普及していったのである。

　その後の展開を見ると，海外生産拠点の能力の向上，アジアの諸地域の工業化とそれに伴うアジア企業の製造能力の向上によって，製品の海外移管のスピードが増し，また大量生産に強みのあるEMSなどへの生産委託も増えるようになり，内部化のみによることなくグローバル・バリュー・チェーン（GVC）を構築した海外拠点間での生産ネットワークを形成してきている。そのような中で，セル生産方式は，一部海外に移植される場合があったり，国内での生産拠点がなお残ったところでは改善を進めながら活用されており，今日，多様なGVCのガバナンス形態において内部化の選択肢の一つの方法として位置づけることができよう。

第10章　日本におけるエレクトロニクス産業のグローバル化と生産革新

（注）

1) 日経ビジネス編［1995］12-15頁。
2) 日経ビジネス編［1995］23-24頁。
3) 日経産業新聞，1994年5月19日参照。
4) 都留・伊佐（2001）56-59頁。
5) 木村・吉田（2004）54-57頁。
6) 福田（2015）36-37頁，41-45頁，岡本勉（2018）183-195頁，経済企画庁調査局編（1992）31-38頁。
7) 経済企画庁調査局編（1992）113頁。
8) 以下の日本ビクターに関する事例については，日経産業新聞1985年9月9日，1987年5月16日，1989年8月4日，1991年6月10日，1994年5月19日，1995年8月30日，日本経済新聞1990年6月2日，1992年10月25日，1994年5月13日。
9) 日本経済新聞2004年10月19日，日経産業新聞2004年4月5日，木村・高野（2005）65-67頁。
10) 日経産業新聞2006年7月3日，日本経済新聞2008年4月17日，2010年3月4日，2011年2月11日。
11) 日経産業新聞2008年10月27日，日本経済新聞2010年5月27日，JVCケンウッド（2011）7-9頁，JVCケンウッド（2017）36頁。
12) ソニーについては，池松（2015）53-55頁参照。
13) 日経産業新聞2001年8月31日。
14) パナソニックについては木村・廣瀬・齋藤（2006） 886-889頁，松下電器については大河原（2003）136-158頁，日経産業新聞2007年10月1日参照。また神戸工場については以下のサイトも参照。「MADE IN KOBE 神戸工場の総合力」https://panasonic.biz/cns/pc/news/madeinkobe/factory.html（2018年4月10日アクセス）

第11章　中核企業の海外生産と部品調達網
　　　　～マツダの事例

第1節　はじめに～企業成長と海外生産

　1985年度に3％であった日本製造業の海外生産比率は，2015年度に25％まで上昇した。プラザ合意を契機に進んだ円高は，日本製造業の海外での現地生産を促した一因である。日本の製造業を代表する企業であるトヨタの海外生産は1980年代後半から増加し，2017年の海外生産台数は約582万台である。海外生産比率をみると，1990年18％，2000年36％，2010年58％と上昇し，2017年には65％となった（**図表11－1**）。2017年におけるトヨタの世界生産台数は約900万台であるが，トヨタ車の国内販売台数は約163万台であり，販売台数の大部分は海外市場である。1980年代以降のトヨタの企業成長にとって，海外市場を獲得するために海外生産を拡大することは重要であった。

　1980年代以降，トヨタ以外の完成車メーカーも北米やアジアへと生産拠点を展開してきた。2015年における主要日系完成車メーカーの海外生産比率は，トヨタ64％，日産83％，ホンダ84％，スズキ69％，マツダ37％，三菱自48％であった[1]。海外生産を実現するためには，マザー工場によって海外拠点の量産活動における能力構築を支援することが有効であり[2]，また，海外での部品調達網を構築する必要がある。マザー工場は，新製品開発機能，生産能力，労働者の技術水準，高付加価値商品の生産，総合的にみた生産性の高さなどで優れた拠点である[3]。海外生産比率の水準は完成車メーカーによって異なるが，マザー工場による支援のもと海外生産が進められた[4]。部品調達網については，大手サプライヤーを中心に[5]，完成車メーカーの進出先への進出がなされ，現地での部品供給が行われてきた。

図表11-1　トヨタの国内生産台数・海外生産台数・海外生産比率（1945-2017）

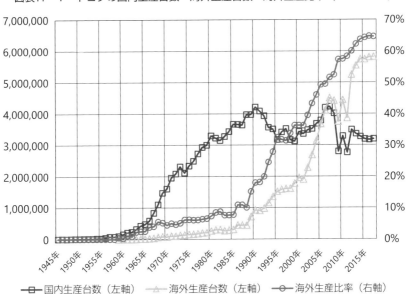

（出所）　トヨタ自動車HP（http://www.toyota.co.jp/jpn/company/about_toyota/data/）
2018年3月15日閲覧より作成。

　本章は，自動車産業の中核企業である完成車メーカーの海外生産と部品調達網を検討する。事例として，海外生産比率は，主要日系完成車メーカーの中で低い水準にあるが，近年に海外生産を積極的に進めている中堅完成車メーカーのマツダを取り上げる。海外生産比率が低い一つの要因は，フォードが高い持株比率を有していた2008年頃まで自律的な海外展開を行うことができなかったからである[6]。本章は，マツダを事例に，後発完成車メーカーの特徴を考えることとしたい。

　特定の日系完成車メーカーと関係の深いサプライヤーは，その完成車メーカーの進出国や進出地域に帯同進出してきた[7]。マツダにおいては，マツダを主要取引先とする多数の地場サプライヤーが存在する。1952年に任意団体として結成され，1967年に協同組合の認可を得た東友会に加盟する62社のサプライヤーである。そこで本章は，マツダの部品調達を考察するうえで，東友会に加

盟する地場サプライヤーとの関係にも着目したい。

第2節　国内部品調達網の構築

　ここでは，マツダが国内でどのような部品調達網を構築していたのかを確認する。マツダは，1960年頃から1980年頃にかけて，生産台数を拡大させた。外注率は，1960年代前半に50％程度であったが，1980年代前半には70％程度に上昇し，その後は安定的に推移した。外注率が上昇するにつれ，取引関係のある地場サプライヤーも増えた。戦後のマツダの主要製品は，三輪トラックから四輪トラック，そして四輪乗用車へと移行した。世界初のロータリーエンジン実用化に成功し，1967年のロータリーエンジンを搭載したコスモスポーツ発売を皮切りに，ロータリーエンジン搭載車種を増やし，差別化を図った。東友会は，1960年に品質管理運動，1968年にZD（Zero Defects）運動，1981年に6S（整理，整頓，清掃，清潔，作法，しつけ）運動を開始し，高品質の部品をマツダへ供給することに努めてきた[8]。

　1970年代の国内部品調達網を確認したい[9]。マツダの1次サプライヤーは，地場サプライヤーとそれ以外のサプライヤーで異なる特徴を有している。1971年頃における1次サプライヤーの資本金をみると，資本金が1億円を上回る企業は，地場サプライヤーで5％，それ以外のサプライヤーで87％である。資本金500万円以下の企業は，地場サプライヤーの34％を占め，それ以外のサプライヤーでは0％であった。次に従業員をみると，地場サプライヤーにおいては，21人以上100人以下が40％，101人以上300人以下が27％を占めた。地場サプライヤーの大部分は，中小企業であった。

　地場サプライヤーとそれ以外のサプライヤーの相違は，売上高依存度においても大きかった。地場サプライヤーのうち，43％が売上高依存度80.1～100％であり，27％が売上高依存度60.1～80.0％であった。一方，それ以外のサプライヤーにおいては，売上高依存度60.1～100％であったのはわずか3％であり，売上高依存度0～20％であったのは49％を占めた。地場サプライヤーは，マツ

ダへの売上高依存度の高い中小企業であり，その他のサプライヤーは，マツダへの売上高依存度の低い大企業であった。

　地場サプライヤー以外のマツダの調達先としては，トヨタを主な供給先とするサプライヤーが多かった。1971年頃における地場サプライヤー以外のサプライヤー39社を分析すると，トヨタの協力会である協豊会（東海・関東・関西）に19社が加盟しており，そのうち16社が東海協豊会に加盟していた。39社のうち，マツダの工場がある広島県に工場を有していたのは11社のみであった。

　地場サプライヤーは，鋳造・鍛造部品の機械加工，板金のプレス加工，整形天井，マット，ドアトリムなど，付加価値が低く，労働集約的な部品が主体であった[10]。図面，型具，治具はマツダからの貸与が大部分であり，材料はマツダから無償で支給を受ける企業も存在した。地場サプライヤーは，賃加工を主要業務としていたのであった。一方，エンジンやミッションの構成部品であるラジエーターやオイルポンプ，デザインに直結するランプやワイパーやオーディオなどの内外装部品といった高付加価値部品は，主に他系列から調達された。複数発注が行われず，特定のサプライヤーのみに依存する部品もあった。

　こうした地場サプライヤーや他系列のサプライヤーとの取引関係は，どちらも，石油危機後に見直されていった。まず地場サプライヤーとの取引については，材料の無償支給から有償支給へ，型具・治具の貸与の廃止，加工外注から部品外注への切り替えが推進された。マツダは，地場サプライヤーを賃加工から脱却させることを試みたのだと考えられる。一方，高付加価値部品の取引については，特定の他系列のサプライヤーへの依存から脱却し，複数発注を徹底するため，新規取引先の開拓を推進した。マツダは，協力会組織として洋光会を1981年に発足し，地場サプライヤー以外のサプライヤーとの交流を積極的に行った。後発完成車メーカーであるマツダは，先発完成車メーカーが育成してきたサプライヤーを活用したのであった。

　バブル崩壊後の1990年代，経営成績が悪化したマツダはフォードの傘下となった。1996年，フォードは33.4％の出資比率を有する筆頭株主になった。フォードによるマツダの支配は，2008年のリーマンショックを契機にフォード

がマツダの株を売却するまで続いた。フォード傘下にあったとき，マツダでは，共同開発車においてグローバル・コングロマリット・サプライヤーを選定することがフォード出身の社長方針となった。共同開発車とは，トリビュートやBT－50である。そのためマツダは，共同開発車の一次サプライヤーとして地場サプライヤーを採用することは難しかった。ただしマツダは，一次サプライヤーとしてグローバル・コングロマリット・サプライヤーが選定されたときも，二次サプライヤーとして広島のサプライヤーを選定してもらう努力を行った。そのため，フォードの傘下になったことで，マツダと地場サプライヤーの取引関係が失われることはほとんど起きなかったという[11]。

　マツダは，リーマンショック以降も，地場のサプライヤーとの取引を継続した。2009年7月，購買担当常務執行役員の岡徹は，調達額の4割弱を占める中国地方のサプライヤーを「運命共同体」と呼び，経営を安定させることに努めると述べた。マツダは，中国地方のサプライヤーの競争力を高めるため，フレキシブル生産の導入を推進した。フレキシブル生産が導入される前のサプライヤーは，混流生産を十分に行えていなかった。例えばユーメックスは，エンジンごとにラインがあっただけでなく，同じエンジンでも馬力によってパイプ溶接箇所などの設計が異なったために複数のラインを準備することがあり，14の製造ラインを抱えていた。ユーメックスでは，販売台数の量により，休日出勤しなければ間に合わないラインがある一方で，暇なラインも存在した。こうした状況においてフレキシブル生産が導入され，ラインは4つまで減少したという。マツダは，中国地方に立地する37社のサプライヤーに対してフレキシブル生産の導入を進めた。各部品で共通の構造を採用できる部分を検討し，ひとつのラインで複数の部品を混流生産できるようにラインを改善した。この取り組みにより，サプライヤーは大幅なコスト削減に成功したという[12]。

　マツダは，1960年代から1970年代にかけて外注率を伸ばし，1970年代前半には，地場サプライヤーからは付加価値の低い労働集約的な部品を，他系列のサプライヤーから付加価値の高い部品を調達するという部品調達網を構築した。マツダは，海外進出にあたり，国内の部品調達網を海外に移転することができ

第Ⅲ部　現代企業のグローバル化とイノベーション

たのだろうか。次に，マツダの海外生産と海外拠点の部品調達を検討する。

第3節　海外生産シフトとグローバルな部品調達網

　マツダの総生産台数は2000年から2017年にかけて約66万台増加したが，約19万台が国内生産台数，約47万台が海外生産台数による増加であった。海外生産比率をみると，1998年13％から2004年28％まで上昇，その後は上昇と下降を繰り返し，2015年からは上昇傾向にある（図表11－2）。マツダの連結売上高に占める海外売上高の割合をみると，1990年代は60％前後で推移していたが，2000年以降は上昇傾向にあり，2017年は約82％を記録した。2000年代以降のマツダの企業成長にとって海外市場は重要であった（図表11－3）。

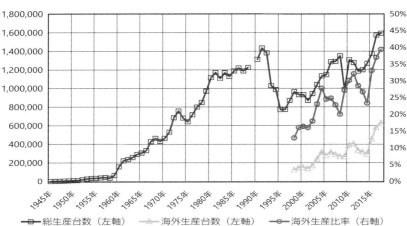

図表11－2　マツダの総生産台数・海外生産台数・海外生産比率（1945－2017）

（出所）　通商産業省監修『自動車統計年表』，日本自動車工業会編『自動車統計年報』，マツダ株式会社『有価証券報告書』，マツダ株式会社『会社概況』より作成。

第11章　中核企業の海外生産と部品調達網〜マツダの事例

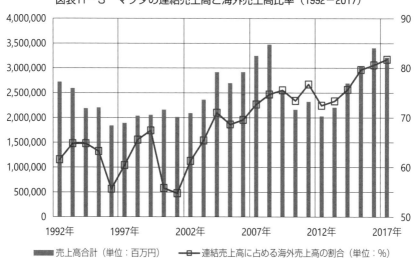

図表11－3　マツダの連結売上高と海外売上高比率（1992－2017）

（出所）　マツダ株式会社『有価証券報告書』より作成。

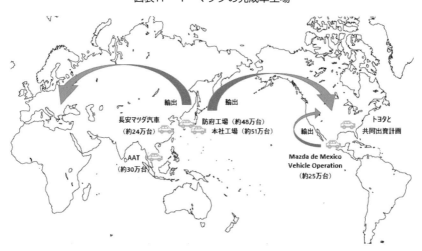

図表11－4　マツダの完成車工場

（出所）　FOURIN『世界乗用車年鑑』2017年版，219－220頁より作成。

マツダの主要な生産拠点は，日本，タイ，メキシコ，中国である（**図表11－**

4)。マツダの日本での生産能力は約100万台であるが，国内販売台数は約20万台であり，国内生産の大部分は北米や欧州への輸出用である。次にタイであるが，マツダが生産台数を急増させたのは，1990年台後半であった。1994年8月，マツダとフォードは，1998年を目標にタイで生産を開始することを合意した。合弁会社として，資本金50億バーツでオート・アライアンス・タイランド（以下，AATと略す）が設立された。出資比率は，マツダ45％，フォード45％，現地企業2社が10％であった。AATの所在地は，自動車部品メーカーが集積するイースタン・シーボード工業団地である13)。メキシコで量産を開始したのは2010年代であった。2011年6月，マツダは住友商事と合弁事業に合意し，Mazda de Mexico Vehicle Operation（以下，MMVOと略す）を設立した。資本金は6,541億5,950万メキシコペソであり，出資比率はマツダ70％，住友商事30％であった。MMVOは，防府工場と並行してアクセラとデミオを生産しており，需要変動に対して柔軟な生産を実現するための拠点である14)。長安マツダ汽車は，2012年に長安フォードマツダ汽車が分割し，設立された。分割前の長安フォードマツダの出資比率は，長安汽車50％，フォード35％，マツダ15％であり，長安マツダ汽車の設立時の出資比率は，マツダと長安汽車が50％ずつであった15)。

　マツダは，国内工場を，最も効率的な生産方法を開発し，海外拠点を育成するマザー工場と位置づけている。マツダ社長の小飼雅道は，2016年1月のインタビューにおいて，次期中期計画のテーマの一つとして，メキシコやタイといった若い工場を本社工場のレベルに引き上げると述べた16)。マツダのマザー工場は，海外拠点と比較して，車一台当たりの生産時間，作業スピード，設備稼働率のすべてにおいて優れている。マツダは，マザー工場の優位性を海外拠点に移転するため，技術者の派遣や，海外拠点の技術者のマザー工場での研修などを行っている。海外拠点の技術者は，マザー工場で設備の使い方やメンテナンスを学ぶ17)。

　図表11-5は，マツダの海外拠点に供給する地場サプライヤーの海外進出状況である。東友会に加盟する62社の地場サプライヤーのうち，タイには11社，

第11章　中核企業の海外生産と部品調達網～マツダの事例

中国には13社，メキシコには10社が，マツダへ供給する拠点を展開している。モルテン，西川ゴム工業，ヒロテック，ユーシン，ダイキョーニシカワ，デルタ工業，東京濾器，キーレックスの8社は，三ヵ国すべてに進出しており，マツダの海外展開に貢献する中核的な地場サプライヤーである[18]。中核的な地場サプライヤーの取り組みとして，ヒロテックが2012年にタイで設立した100％子会社の現地法人の事例を紹介しよう。ヒロテックのタイ現地法人は，AATから10分程度の場所に立地し，エキゾーストマニホールドなどの排気系部品を生産している。供給先は，約65％がAATであり，約20％がヒロテックの日本本社，約12％がヒロテックのメキシコ法人である。タイの製造コストが安いため，タイでスタンピングし，日本へ2週間，メキシコへ4週間で届けている[19]。**図表11－5**からは，大部分の地場サプライヤーが海外進出していないこともわかる。海外進出がおこなわれない理由としては，企業規模が小さいために海外進出できないこと，マツダの海外拠点の生産台数が大きくないためマツダだけの受注では採算をとることが難しいことがあげられる。

図表11－5　地場サプライヤーの海外進出状況

タイ		中国		メキシコ	
企業名	設立年	企業名	設立年	企業名	設立年
モルテン	1994年	西川ゴム工業	2001年	ワイテック	2011年
西川ゴム工業	1995年	ユーシン	2002年	ダイキョーニシカワ	2012年
ヒロテック	1997年	モルテン	2003年	デルタ工業	2012年
ユーシン	2000年	キーレックス	2004年	ユーシン	2012年
ダイキョーニシカワ	2005年	ニイテック	2004年	カワダ	2013年
デルタ工業	2007年	ダイキョーニシカワ	2005年	東京濾器	2013年
石崎本店	2010年	デルタ工業	2005年	南条装備工業	2013年
東京濾器	2010年	東京濾器	2005年	西川ゴム工業	2013年
キーレックス	2013年	ワイテック	2005年	日本クライメイトシステムズ	2013年
久保田鐵工所	2013年	石崎本店	2006年	モルテン	2013年
住野工業	2013年	ヒロテック	2006年		
		日本クライメイトシステムズ	2007年		
		南条装備工業	2010年		
地場サプライヤー数	11	地場サプライヤー数	13	地場サプライヤー数	10
現地供給総企業数	98	現地供給総企業数	77	現地供給総企業数	31

（出所）　アイアールシー編『マツダグループの実態』2015年版より作成。
（注）　同一サプライヤーにおいて複数の拠点が確認された場合，設立年が早い拠点の設立年を記載した。

第Ⅲ部　現代企業のグローバル化とイノベーション

　マツダは，タイとメキシコの周辺に進出した地場サプライヤーの海外拠点の生産性改善活動を支援してきた。マツダは，その支援活動をABC（Achieve Best Cost）活動と呼んでいる[20]。それぞれの呼称は，A（ASEAN）－ABC活動，M（Mexico）－ABC活動である。A－ABC活動は2013年，M－ABC活動は2015年に開始した。マツダは，ABC活動によって，高品質な生産体制をグローバルに展開することを目指した。A－ABC活動の事例を紹介すると，活動方針は，文化の違いを尊重し，タイ人を主体とした現場改善活動を継続的に推進することである。マツダは，サプライヤーの現状を把握し，サプライヤーとともに改善案を実施し，最後に成果報告を行う機会を準備した。A－ABC活動に参加するサプライヤーの選定基準は，AATにとって重要な取引先であること，改善の可能性があること，AATが影響力を及ぼせることである。2016年時点において，現地サプライヤーを含む約10社が参加した。A－ABC活動に参加したサプライヤーは，生産性が低いラインや不良品の多いラインを対象に，生産性向上や不良品減少に努めたのであった。1981年にマツダが実施を促した6S運動は，その成果の一部をマツダが獲得したが，ABC活動による生産性改善の成果は，すべてサプライヤーの成果としている。このことが一因となり，ABC活動はサプライヤーの積極的な活動を引き出すことに成功している。

　以上をまとめると，2000年代後半以降においてマツダが海外生産の拡大を実現できた要因として，マザー工場による海外拠点の支援，一部の地場サプライヤーの海外展開，マツダによるサプライヤーの原価低減活動の支援をあげることができる。また，マツダの海外拠点においては，地場サプライヤー以外の日系サプライヤーが果たした役割が大きかった。マツダの海外拠点に供給するサプライヤーの海外進出状況をみると（**図表11－5**），地場サプライヤー以外のサプライヤーは，タイ87社，中国64社，メキシコ21社にのぼる。そして，そのほとんどは日系サプライヤーであった。マツダの地場サプライヤーの大部分が海外展開しなかったため，マツダは海外で部品調達網を新たに構築する必要があった[21]。後発完成車メーカーであるマツダは，すでに進出していた日系サ

プライヤーを活用して，海外での部品調達網を構築したのであった。

第4節　おわりに

　日系完成車メーカーは，海外生産台数を増加させる一方で，国内生産台数を減少させている。2007年度・2016年度の国内生産台数をみると，トヨタ426万台・318万台，日産126万台・101万台，ホンダ129万台・81万台，スズキ121万台・87万台，マツダ104万台・96万台である[22]。国内新車販売台数は，2014年556万台，2015年505万台，2016年497万台，2017年523万台と500万台前後で推移しており，今後の急激な拡大は見込めない。海外市場の獲得は，これまでの完成車メーカーの企業成長にとって不可欠な選択肢であったし，今後もそうあり続けるだろう[23]。

　さらに，本章では扱うことができなかったが，自動車産業では，電動化や自動運転に関連した技術開発が活発に行われており[24]，完成車メーカーの部品調達にも大きな影響を及ぼしている。マツダは，ハイブリッド車や電気自動車の主要部品をデンソー，アイシンAW，プライムアースEVエナジーなどのトヨタ系サプライヤーから，自動運転に関する部品をドイツのメガサプライヤーであるコンチネンタル・オートモーティブから調達している[25]。自動車の電動化や自動化は，系列を超えた部品調達を加速させる可能性がある。自動車産業では，グローバル化と同時に，自動車の電動化・知能化も進行しており，これらの要因への対応が完成車メーカーとサプライヤーの企業成長に多大な影響を与えると考えられる[26]。

（注）
1)　『世界自動車産業の生産・販売台数予測調査　2017年版：2026年の自動車産業』。
2)　マザー工場の定義については，明確なコンセンサスは得られていないが，海外拠点の能力構築を支援する拠点という点で漠然とした共通点がある（大木，2012）。
3)　日本政策投資銀行（2017）。
4)　ただし，完成車メーカーによってマザー工場の実態は多様である（中山，2003）。

5) 大部分の中小サプライヤーは，海外展開を実行できずにいる（遠山・清・菊池・自動車サプライヤーシステム研究会，2015）。
 6) リーマンショックを契機とした業績悪化を背景に，フォードは保有していたマツダ株の売却を進め，1996年には33.4％であった持株比率は，2008年13.8％，2010年3.5％，2012年2.1％と低下し，2015年には０％となった。
 7) トヨタ・日産・ホンダといった上位完成車メーカーの帯同進出については，興梠（2011）が詳しい。マツダについては，畠山（2017）が詳しい。
 8) 菊池（2016）。
 9) 以下の記述は，重化学工業通信社編集部工業設備課編（1972）に基づいている。
10) 以下の記述は，2010年８月に筆者が実施したマツダ購買部門OBへのヒアリング調査にもとづいている。
11) 2016年６月における東友会協同組合でのヒアリングに基づいている。なお，共同開発車以外の部品調達についてはマツダの決定が尊重されたという。
12) 『日刊自動車新聞』2009年７月30日，『日刊自動車新聞』2010年３月２日。
13) 2004年11月の時点で，タイに進出していた日本自動車部品工業会の会員企業は174社にのぼった（『日本経済新聞』，2005年９月22日）。
14) 『日刊自動車新聞』2013年９月２日，2015年９月28日。
15) 『日本経済新聞』2012年11月30日。
16) 『日本経済新聞』2016年１月23日。
17) 日本政策投資銀行（2017）。
18) マツダ関連の仕事だけを行うサプライヤーという意味ではない。例えば，1936年に東京都で設立されたユーシン，1949年に東京都で設立された東京濾器は，専属的なサプライヤーではない。図表11−５には，ヒロテックのメキシコ法人が記載されていないが，ヒアリングにおいて存在を確認している。
19) 2016年８月におけるヒロテックのタイ法人でのヒアリングに基づいている。
20) ABC（Achieve Best Cost）活動については，木村（2016）に詳しい。
21) ダイキョーニシカワ社長の岡徹氏は，広島のサプライヤーは海外進出が遅れていると述べている（『日本経済新聞』，2015年１月16日）。
22) 『日本経済新聞』2017年10月５日。
23) 海外進出は，国際分業を通じて，本国事業の再編と事業全体の効率化を実現する機会でもある（天野，2005）。
24) 経営資源が不足しがちな中小サプライヤーが技術開発を推進するためには，経営資源を補完するために社外との関係を構築することも重要になるだろう。相対的に規模の小さいサプライヤーの技術育成に貢献したおかやま次世代自動車技術研究開発センターの取り組みを論じた研究として，羽田（2017）があげられる。
25) 菊池・佐伯（2017）。自動車の電動化・電子化が部品調達構造に与えた影響を論じた研究として，佐伯（2012）があげられる。
26) サプライヤーの成長戦略を論じた研究として，李（2015）があげられる。

第12章　脱統合化とEMS
～鴻海（ホンハイ）を事例に

第1節　EMS業界の生成と急成長

1　EMSの定義

EMSはエレクトロニクス・マニュファクチュアリング・サービス（Electronics Manufacturing Services）の略で，日本語に訳せば「電子機器の受託製造サービス」となる。一般的には，製品を作るメーカーに代わって製品の設計から試作，生産，発送，補修業務までを一括して受託し製造するビジネスモデルのことを"EMS"と定義している[1]。すなわち，EMS企業とは独自ブランドを持たずに，複数のエレクトロニクス・メーカーから電子機器の製造を請け負う企業である。

EMS企業と委託企業との関係に類似した既存の取引形態として，よく取り上げられるのは他にOEM（Original Equipment Manufacturing），ODM（Original Design Manufacturing）がある。日本貿易振興機構（ジェトロ）の定義に従い，その事業内容から説明すると，OEM企業は委託元のブランドで委託元から渡された仕様どおりに部品や構成品を生産し，供給する。ODM企業は製品の製造を受託するのみならず，設計をも受託する。EMS企業の場合は受託する製品の設計・仕様以外の生産工程，部品調達を自社で決定することができ，委託元に対して製造にかかわるさまざまなサービスを提供している。ただし，論者の立場によってその定義は微妙に異なり，必ずしも明確ではない。

また，秋野（2009）が指摘しているように，ODM企業に部品製造への垂直的統合の傾向も見られるようになり，また，2000年以降，EMS企業の中心が台湾ODM企業へと移りつつある。要するに，EMSとODM，OEMとの境界

線は引きにくくなった。したがって，本章ではEMSという言葉はこれらの受託製造の概念を含むものとして用いる。

2　EMS業界の急成長

　前項において，EMSと類似した取引形態のOEM，ODMを取り入れ，EMSの特徴を述べた。言い換えれば，EMSというビジネスモデルの原点に，OEMの契約関係がある。EMS企業は，元々労働集約的な工程を担う電子機器の組立請負企業であったが，1990年代以降，米国の大手ブランド企業が製造機能のアウトソーシングを活発化する動きに対応し，組立請負企業から製造機能を専業として担う受託製造業者へとシフトした。こうして，米国系EMS企業はブランド企業の有する製造拠点の買収を通じて，製造拠点を獲得すると同時に製造の受託契約を獲得し，EMS企業として急成長を遂げていった。さらに大規模なEMS企業同士の合併も増え，上位企業の急激な規模の拡張と成長が進行した[2]。

　このように，米国において受託製造業の市場規模は急速に拡大し，製造機能を専業として担う受託製造業者に対してEMS企業という名称が用いられるようになった。しかし，90年代においては米国系EMS企業が急成長の主体となっていたのに対して，2000年代は台湾系EMS企業が業界の成長を牽引する中心的な担い手となってきている。2016年度の売上高によるEMS世界ランキング（図表12-1）を見てわかるように，2016年には上位10社に台湾企業が7社を占め，特に1位の鴻海精密工業（下記，鴻海と称す）の躍進が著しかった。

第12章 脱統合化とEMS～鴻海（ホンハイ）を事例に

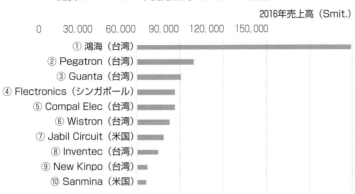

図表12－1　2016年度売上高によるEMS世界ランキング

（出所）　各社のアニュアルレポートより筆者作成。

第2節　脱統合化の加速と台湾系EMS企業の成長

　企業の成長とそれに伴う企業の構造の変化に関する先行研究として取り上げられるのは，経営史家チャンドラーの一連の研究がある。チャンドラーは，19世紀後半の米国製造企業が生成し成長していく歴史的過程について明らかにした。チャンドラーによれば，19世紀半ば以降，米国では鉄道や電信といったインフラストラクチャーが発展したことによって，米国製造企業の間では新たな機械技術を導入した大規模な工場生産の形態が普及した。大量生産を実現した企業は，企業間競争においてシェアを獲得するため，同業他社を統合する水平統合を行った。これにより競争力を得た企業はさらにスループットを維持し向上するためにサプライチェーンにおける他職能に進出し垂直統合を行った。こうして，水平統合と垂直統合をし，近代企業が形成された。

　しかし，このようなチャンドラーが議論した近代企業は20世紀末になって解体してきていると論じられるようになった。その代表的な論者の一人はラングロワである。ラングロワは，1990年代での近代企業が解体しつつあるなかで，最も重要な意味をもつ組織の発展として垂直的な脱統合および特化を挙げてい

る。ラングロワによれば，第二次世界大戦後には市場のグローバル化によって原材料の代替的供給源や多くの販路の利用が可能になり，垂直統合から市場取引に転換する脱統合が進み，市場による調整へと変化し始めたとされる。

このように，垂直統合から市場取引に転換する脱統合が進んだ結果，エレクトロニクス機器に典型的に見られるように多数の企業向けに製品を製造する一般的専門性を活かした下請け業者が設立され，成長するようになってきた。このような市場では製造専門企業，いわゆるEMS企業が水平分業を担い，高い成長率を示している。エレクトロニクス業界における脱統合の加速化，および台湾EMS企業の成長には，製造委託企業，EMS企業，および，国・産業構造の特徴と優位性，という3つ側面に理由があるとされる。次に，その3つの側面に沿って，EMS業界の成長要因について述べていく。

1　製造委託企業側の要因

周知のように，米国的な企業経営の特徴は，株主価値の重視である。そのため，米国企業はキャッシュフローを高める必要性に迫られる。特に米国企業は景気変動や製品ライフサイクルの短縮化による市場シェアの縮小が利益やキャッシュフローに与える影響を小さくするために，部品，製品，半製品といった棚卸資産の在庫，および利益を生みにくい状態の固定資産の低減を行う傾向がある。

このような環境の下で，伊藤（2004）はEMS業界が大きく成長してきた背景には，製造委託企業側がコストの削減や資産圧縮により収益力の強化を図るとともに，経営資源を研究開発部門に集中配分するため，製造部門のアウトソーシングを積極的に進めてきたことがあげられると指摘している。また，1990年代前半になってこのエレクトロニクス産業における製造のアウトソーシングが急速に加速した理由について，スタージョンはアジアやヨーロッパの企業と比べて，米国の企業は製造機能を中核的ではない機能として位置づけする傾向があると指摘している（Sturgeon, 1998）。

スタージョンによれば，1950年代までに支配的であった大規模で国際的な経

営階層を有する事業部制企業が1990年代の世界経済の変化で行き詰まり，脱統合化して方向転換していった（Sturgeon, 1998）。すなわち，市場の需要が持続的に不安定で，技術の革新が日進月歩しているなか，生産スケジュールの管理が困難になったため，製造活動を専門の製造企業にアウトソーシングする一方，製品革新，マーケティング，ブランド育成に関する中核的な諸活動に資源を集中的に投入することになった。言い換えると，もともと社内にとどめる製造機能がその分野で一流のEMS企業に匹敵していなければ，垂直統合はうまくいかない時勢が指摘されている。

2　EMS企業側の要因

　製造委託企業との契約関係において，EMS企業の役割の上昇と能力の向上がEMS業界の急速な成長をもたらす一つの原因と指摘する論者がいる[3]。たとえば，鍋嶋は先進国企業からの製造委託の取引のなかで，受託側の台湾EMS企業が技術移転を受け，技術面だけでなく，オペレーション面でも先進国企業の厳しい要求に応えないといけないため，能力を拡大し向上させたと論じている（Nabeshima, 2004）。

　また，川上（2012）は台湾EMS企業の成長に関して，後発国企業がエレクトロニクス産業内の水平分業の中で生じる情報の流れをたくみにとらえて，そして自らの能力構築と企業成長に成功したと見ている。それは，台湾のノート型パソコン産業のEMS企業が先進国企業からの外注の拡大に伴って発生した情報の流れを取り込んで能力を構築し，やがて「情報の受け手」としての役割を徐々に脱出し，ブランド企業に対して価値のある提案を行なえる「情報の出し手」となった過程が描かれている。すなわち，台湾EMS企業が顧客に対して新機種の試作機を提案したり，製品ラインナップへの助言をしたりすることができる局面へと発展したことがエレクトロニクス業界における台湾EMS企業の位置づけを大きく高めたと指摘している。

第Ⅲ部　現代企業のグローバル化とイノベーション

3　国・産業構造の特徴・優位性

　前節で述べたようにEMSの世界ランキングに台湾勢が上位を独占している。EMS業界の中心が台湾系EMS企業へとシフトした理由の第一に挙げられるのが，台湾の中小企業間分業体制の発達および電子部品産業の集積の発展である。多くの論者が指摘するように，台湾のパソコン産業では，中小企業による緊密な水平分業体制が組まれている[4]。さらに，企業間の分業体制が企業の成長およびパソコン産業の速い市場変化に伴って変化し，多岐にわたる製品分野に展開する中小企業の集積を形成した[5]。こうして，台湾の電子部品工業が急速に成長し，電子部品産業の集積が形成されたことは，製造委託企業が台湾系EMS企業に製造委託する比率が高まる重要な要因であったといわれる。

　また，1990年代後半以降，米国の大手ブランド企業から大量の製造委託契約を獲得できた台湾系EMS企業はさらに受託製造事業に集中し，規模を拡大した。この大規模化に際して，大量な受注を受け入れるために中国への大量生産拠点の構築を短期間で実現し，中国で情報機器および部品生産の大規模な集積地を形成していった。こうして，中国への生産拠点の移行を機に台湾で保持していなかった一部の工程・機能を内製化し，生産工程の垂直統合を進めながら大量生産能力を構築していった。すなわち，台湾系EMS企業は，中小企業の分業構造の発達による成長から，中国で垂直統合しながら大量生産できる大規模EMS企業へと変容していったといえよう[6]。

　他方，MITの産業生産性センターが1990年から2004年にわたって実施したグローバル経済化における戦略選択に関する調査によれば，90年代の世界経済において生じた大きな変化の1つは，情報技術革命による設計，部品や製品の生産，流通の諸機能のデジタル化とそれらの諸機能を複数の異なる場所に分散させることが可能になったこととされる[7]。すなわち，デジタル化が諸機能をコード化し，その仕様については，より正確な情報を伝えられるようになった。よって，モジュール化が進んだため，企業の活動を構成する諸機能を世界中に分散させても，これらを円滑で迅速に調整することが可能になってきたのである。

特に，エレクトロニクス産業においては，電子機器製品に組み込まれる部品に汎用性の高いものが多いため，生産工程の各段階の細分化が爆発的に発展し，研究・開発・組立・マーケティングの機能を切り離し，それぞれ別々の企業，世界中の国々へ移転できるようになったといわれる。なかでも大部分の製造機能は，ブランドを持った統合型企業から，製造機能を専業として担うEMS企業へと移動したとされる。

第3節　鴻海精密工業の事例

　鴻海は現董事長の郭台銘（以下郭と称す）が1974年に台湾北部の台北で創業した会社である。当初は白黒テレビや電話機用のプラスチック部品の生産から事業を始め，コネクタ，パソコン筐体，ベアボーン組立事業などに製品分野を拡大してきた。郭は社員15人の規模で事業を始めた同社を，世界で100万人超の従業員を抱える世界最大のEMS企業に一代で育て上げた。

　売上高は1974年のわずか8万台湾ドル（約28万円）から2016年の4兆3,569億台湾ドル（約15兆7,800億円）まで成長してきている。2000年代に入り，EMS業界において鴻海の独走ぶりが目立ってきて日本のメディアにも報じられるようになった[8]。2005年には，遂にシンガポールのフレクストロニクス社に1兆円を超える差をつけ，群を抜いて世界最大のEMS企業の座に見事に着いたのである。

　また，世界の大企業の売上高をもとに毎年順位を付けている米国の経済誌 *Fortune* が2017年に発表した「Fortune Global 500」によると，鴻海は27位にランクインしており，日本企業の枠では2位で，世界の枠では29位のホンダより順位を上げている。図表12-2で示すように，鴻海の2006年の連結売上高が10年前の95倍の1兆3,200億台湾ドルを計上し，恐るべき成長力が見て取れる。

図表12-2　鴻海の売上高，営業利益率の推移

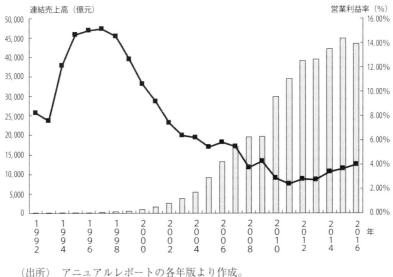

(出所)　アニュアルレポートの各年版より作成。

1　鴻海のビジネスモデルと多角化

　鴻海のウェブサイトによると，同社が手掛けたeCMMSというビジネスモデルがある[9]。eCMMSは，E-enabled Components Modules Moves & Servicesの頭文字であり，鴻海が提供する製造業務内容および競争優位を表している。また，同社の成長軌跡ともいえる。本項では，eCMMSに沿って，鴻海の事業展開を見ていく。

　最初のC（Component）は，パソコンの回路基盤，メモリ，電源供給器，コネクタ，筐体などの部品を指す。特に，鴻海は製造業の基礎である金型製造技術を内製化し，また，コネクタ，筐体の量産能力が強く，世界最大のサプライヤーである[10]。2番目のM（Module）はモジュールで，モジュールとは一定の規格化された部品の統合状態である。鴻海がコネクタと筐体の市場シェアを取った後，モジュール化の段階に入った。良いモジュール化とは全体の部品数を減らし，原価の低減や生産効率の向上を図ることである。また，「ベアボー

ン」とは組立前のモジュール化製品を指す。1990年代の後半に入り，米国の大手パソコン・メーカーは主要基幹部品の価格変動による損失を避けるため，ベアボーン製品の大量注文をするようになった。よって，筐体の中に電源供給器，フロッピディスクおよび簡単なコネクタ，ソケットを掲載したベアボーン製品市場が急成長していた。鴻海はベアボーン製品の市場シェアを取るために，1997年から世界中に製造拠点を増やしつつ，ベアボーン製品の市場を侵食するためのグローバル・ロジスティクス戦略を取った。また，数社の台湾メーカーと提携し，必要な部品の技術をそろえた[11]。

　3番目のM（Move）は移動を指す。これは，鴻海が工程設計から出荷まで状況に応じてすばやく活動できる能力を表わしている。前述したように，同社はベアボーンの受託製造事業に参入し，さらに主要基幹部品を内製化している。パソコンのどの組立レベルにおいても素早くモジュール化することができる。

　2004年頃に，鴻海は「CMM」の前と後ろに「e」と「S」を加えた。Eとはe化であり，金型の設計から製造，出荷に至る工程の流れを情報化し，より正確で効率的に統括することを意味する。最後のS（Service）は顧客と「共同設計」を行うサービスである。郭は2004年の株主総会において，顧客と「共同設計」を行うことはODMメーカーの強みとされてきたが，現在は「共同設計製造サービス」の一環となったことを指摘している。こうして，顧客が鴻海1社に委託するだけで必要とするすべての製造活動（One-Stop Shopping）ができることになる[12]。

　鴻海は部品の提供から始めて，次に急速なモジュール化および正確で迅速に組立と出荷を推進してきたように早い段階でビジネスモデルの構築を確立した。1999年以降にさらに金型技術を武器として，通信市場に参入し，パソコン市場に引き続き，第二の成長曲線を創り出した。通信市場（特に携帯電話）が2004年に飽和状態になりかけていた時に，鴻海は再び新たな舞台を探し，電子機器市場と自動車部品市場に参入した。そして，鴻海の成長過程を2003年以前の内部成長とその後の外部成長に分けることができる。2003年以前に，鴻海は自ら設備投資などを行い，既存事業の拡張や新規事業への進出を果たしてきた。

2003年に一挙にM＆Aを3件行い，内部成長から外部成長へと路線を変えつつあると考えられる。鴻海の外部成長を**図表12－3**に示している。

図表12－3　鴻海のM＆A案件

年	買収対象	買収目的
2003	イーモ（EimoOyj）のフィンランドにある携帯電話筐体工場	ノキアからの受託製造契約獲得
	モトローラのメキシコにある携帯電話組立工場	モトローラからの受託製造契約を獲得
	エイサー傘下の国碁電子	インターネット通信市場に進出
2004	フランスThomson Groupの深圳にある光ヘッド製造工場	光ディスク製造技術を取得
2005	台湾の奇美通訊	通信機器の製造技術
	台湾の安泰電業	自動車部品市場に進出
2006	台湾の普立爾	デジタルカメラ受託製造メーカーの首位になる
2009	傘下の液晶パネル会社群創光電が奇美電子，統宝光電の2社を買収	世界3位の液晶メーカーになる
	ソニーのメキシコ液晶テレビ工場	液晶テレビの受託製造契約獲得
2010	ソニーのスロバキア液晶テレビ工場	液晶テレビの受託製造契約獲得
2011	シスコのメキシコ通信機器工場	通信機器の受託製造契約獲得
2012	シャープ株の10％を取得し，堺工場に46％出資	シャープの筆頭株主となり，同工場の生産量の半数を引き取る
2017	シャープ	液晶パネル技術取得

（出所）　アニュアルレポートの各年版より作成。

以上の成長過程を経て，鴻海はEMS事業を核に成長を果たしてきた。しかし，2010年以降，生産拠点の中国の人件費が上昇し，営業利益率が2％台に低迷してしまった。これを受けて同社は2001年から主に中国で複数の業態の家電量販店を展開し，家電量販業界との相乗効果を狙い，利益を最大限に取り込む戦略に出たのである[13]。

そのなかで，鴻海は1991年の上場以来，2016年度に初の減収となったことが

メディアに大きく取り上げられた。それは，連結売上高の4～5割を占めるとされるアップルの成長の鈍化に加え，他の台湾系EMS企業との競争の激化による受注独占の構図が崩れてきたためだとされる[14]。近年，鴻海がアップルへの過度な依存から脱する動きを加速させている。郭が2014年に『日経エレクトロニクス』の取材に対して，「鴻海は世界で起きているIoT（Internet of Things）の潮流に注目し，情報時代（Information Age）におけるハイテクサービスカンパニーを目指している。情報時代とは言い換えれば，『八屏一網一雲』（8種類のディスプレーを1つのクラウドシステムやネットワークを通じて利用する）の時代だ。我々は，八屏，すなわちスマートフォン，タブレット，ノートパソコン，液晶一体型デスクトップ，ポータブルテレビ，スマートテレビ，業務／医療／教育用ディスプレー，ビデオウォールを手掛けている。そしてそれらをつなぐネットワーク機器やサーバーを作っている」と述べている[15]。

それらの電子機器をつなげるための「一網一雲」技術を深めるために，鴻海は2013年に傘下の国碁電子を通じて台湾の4Gの免許を落札した。そして，翌年に台湾の通信4位の亜太電信の筆頭株主になるために出資し，台湾の通信大手の一角に躍り出ることになる[16]。郭が2017年に台湾の『商業周刊』の取材に対し，この出資の戦略的意図に関して「通信技術を持つことによって，受託製造した製品をすべてインターネットにつなげることができ，また，情報通信電子機器産業から電装品・電気自動車市場およびバイオテクノロジー業界へと事業構造の展開に乗り出すための競争優位性にもなる」と述べている[17]。

こうして，鴻海は低い利潤の受託製造から脱出するために，事業構造の転換をしつつ，受託製造の分野をパソコンから急速に多角化させたことがわかる。さらに近年においては，ハードウェアとソフトウェアを結合しながら，高収益が期待できる部材，流通，販路を軸にさらなる成長の持続を探っていることが見て取れる。

2　鴻海のグローバル化とイノベーション

前項で述べた鴻海の事業展開は，同時にグローバル化の過程でもあった。同

第Ⅲ部 現代企業のグローバル化とイノベーション

図表12-4 鴻海の製造拠点

エリア	拠点
珠江デルタ	・深セン (1988)：主金型、コネクター、筐体、携帯電話機、PCB (2003：元Premier) ・東莞 (2003)：金属材料 ・中山 (2004)：元国巨）：PC ・仏山 (2006：元Premier)：デジタルカメラ、プロジェクター ・恵州 (2007)：PC、NB ・南京 (2007)：電子機器コミュニケーションズ、流通センター
長江デルタ	・昆山 (1993)：主金型、コネクター、筐体 ・杭州 (2003)：無線コミュニケーションズ、PC ・淮安 (2006)：周辺 ・常熟 (2007)：電子部品、サーバー ・嘉善 (2008)：精密金型、マザーボード
渤海エリア	・北京 (2001)：無線コミュニケーションズ、携帯電話機 ・煙台 (2004)：PCBコミュニケーションズ、TV、NB ・天津 (2005forNOKIA)：携帯電話機、無線コミュニケーションズ ・廊坊 (2006forNOKIA)：携帯電話機 ・秦皇島 (2007)：デジタル工作機械 ・瀋陽 (2007)：PCB ・営口 (2007)：PCB ・長春 (2012)：アルミマグネシウム
内陸エリア	・晋城 (1998)：主金型、アルミマグネシウム、エネルギー ・太原 (2003)：携帯電話部品、合金材料 ・晋安 (2006)：光学、光通信 ・武漢 (2007)：光学 ・鄭州 (2010)：iPhone ・重慶 (2010)：HPノートパソコン、iTV、iPad ・成都 (2010)：タブレット、iPhone ・長沙、衡陽 (2010)：クラウドテクノロジー
南米	・ブラジル (2003、元ElmoOyj)：携帯電話機 ・メキシコ (2003、元MOTOROLA)：PC、携帯 ・メキシコ (2009、元SONY)：TFTLCD
北米	・Fullerton (2002)：筐体 ・Houston (2001)：PCシステムサービス
欧州	・スコットランド (1998)：筐体、ベアボーン ・アイルランド (1999)：コネクタ、筐体 ・チェコ (2000/2002)：PC、欧州本部 ・フィンランド (2003、元ElmoOyj)：携帯電話機部品 (for NOKIA) ・ハンガリー (2003、元ElmoOyj)：携帯電話機部品 (for NOKIA) ・ロシア (2007)：HPと資本提携：PC ・スロバキア (2010、元SONY)：TFTLCD ・トルコ (2010、HPと資本提携)：PC
アジア	・日本 (千葉、2007)：電子部品 ・インド (2007)：携帯電話機、テレビ ・ベトナム (2008)：PC、携帯電話機 ・インドネシア (2014)：携帯電話機

（出所）アニュアルレポートの各年版より作成（（ ）内は拠点設置年）。

社は1985年にすでに米国に研究開発拠点を設置し，米国で開発に成功した金型を台湾に持ち帰り，台湾で生産するという社内分業体制を構築した[18]。また，1988年に初の中国工場を広東省深圳に設立し，中国での低コスト生産モデルを早期に確立したEMS企業でもある。中国の生産子会社富士康科技集団（フォックスコン）は2002年以来，中国最大の輸出企業となり，中国の輸出全体の6－7％を占めている[19]。1990年代末以降，**図表12－4**で示すように鴻海は製造拠点の地域を次々に拡大し，グローバル化を加速していった。とりわけ中国への製造拠点の設置は著しく，沿岸部だけではなく，重慶，成都など，内陸部へと拡張した。2010年には82拠点へと急増している[20]。

上記のように，鴻海は大量生産体制を持続していくために，製造拠点をグローバルに拡大していった。他方，ブランドを持っていないものの，持続的に大手ブランド企業からの受注を

獲得し，また多様な製品分野へと事業を拡大しながら，中核事業の量産化を効率的に実現するためにはイノベーション能力の構築と創出も欠かせない。後述のように鴻海の特許出願件数の安定成長および膨大な累積件数から見ると，同社の組織学習蓄積が知的財産権というイノベーションの創出に繋がり，成果を収めていることがわかる。

まず，台湾の経済部智慧財産局（日本の特許庁に相当）が毎年行っている特許出願統計調査によると，鴻海は2003年から2015年まで毎年の特許出願と発行件数において1位となっており，群を抜いて13年連続で1位を達成している[21]。次に，鴻海の各国で取得された累積特許件数は**図表12－5**に示すとおりである。そのうち，米国で取得された件数だけでも24,499件に上っており，特許ポートフォリオにおいて米国を主要な出願対象国とする傾向が明らかである。これは，同社が長期にわたり，米国のパソコン・メーカーやアップルの製造下請業者であることと関係する。とりわけ，アップルのiPhone，iPadなどの電子製品の製造委託は，常に他の大手EMSメーカーが受注を競い合う目標となっている。

図表12－5　鴻海の2018年3月31日までの国別特許取得累積件数

台湾	米国	中国	日本	欧州
47,187	24,499	12,074	1,690	199

（出所）　世界知的所有権機関のPATENTSCOPE検索システムより作成。

次いで，**図表12－6**に示すとおり，国際特許分類（International Patent Classification, IPC）から鴻海の特許出願内容を見てみると，2002年頃までH01R（導電接続：たとえば，コネクタなどの部品）に関する特許は出願件数の大部分を占めることがわかる。2002年以降，コネクタ製品に関する特許出願件数は依然として多い割合を見せているほかに，特許出願内容が多様化してきたことがわかる。総計の割合から見れば，電子部品（H01J，H01L，H01R）が全体の26％，モジュール化製品（G06F）は24％，光学応用部品（G02B，G02F）は20％，電気装置（H05K）は11％，画像通信部品（H04L，H04N）は9％，カメラ部品（G03B）は9％となっている。そこで，特許出願内容の詳細を見ると，電子

部品やマザーボード，筐体に応用できるモジュール化製品や冷却処理技術に関する特許出願が多いことがわかる。さらに，出願内容の動向の変化を事業展開の時期に照らし合わせると，鴻海が手掛けた事業転換は同社の特許ポートフォリオの構築にも変革をもたらしていることがわかる。

図表12－6　国際特許分類でみる鴻海の特許出願件数の推移

	G02B	G02F	G03B	G06F	H01J	H01L	H01R	H04L	H04N	H05K	総計
1991	0	0	0	0	0	0	3	0	0	0	3
1992	1	0	0	0	0	0	5	0	0	0	6
1993	0	0	0	0	0	1	0	0	0	0	1
1994	0	0	0	0	0	0	2	0	0	0	2
1995	0	0	0	0	0	0	0	0	0	0	0
1996	0	0	0	0	0	0	1	0	0	0	1
1997	0	0	0	1	0	0	2	0	0	0	3
1998	0	0	0	0	0	0	2	0	0	0	2
1999	0	0	0	2	0	0	4	0	0	2	8
2000	0	0	0	2	0	0	13	0	0	0	17
2001	0	0	0	1	0	1	39	0	0	1	42
2002	6	0	0	2	0	0	14	0	0	1	23
2003	9	0	0	17	2	2	15	0	0	2	47
2004	3	1	0	14	1	0	9	0	0	0	28
2005	4	0	1	15	5	7	7	15	1	6	61
2006	35	17	1	42	15	4	60	12	8	23	217
2007	47	42	1	68	8	8	72	12	10	19	287
2008	9	14	1	55	8	4	14	17	4	31	157
2009	3	22	6	136	18	11	19	22	3	20	260
2010	19	42	20	65	25	8	20	18	23	36	276
2011	73	47	59	79	13	15	60	6	40	75	467
2012	55	35	107	77	23	29	89	11	34	46	506
2013	95	7	57	122	8	17	69	9	33	64	481
総計	359	227	253	698	126	107	519	122	156	328	2895

（出所）台湾の経済部智慧財産局より作成。

　これまで，1990年代半ば以降のEMS業界の急成長とそこにおける業界１位の鴻海の成長過程を概観してきた。そこでは，鴻海は部品と金型製造技術を基礎としたコネクタ事業により成長の基盤を構築した後，PCの筐体事業，ベアボーン事業への事業展開を機に，受託製造業への進出を果たした。その後，製造工業の基礎でもある筐体生産の技術を活用し，多様な製品分野へと事業を拡大しながら多角化を進めていき，今日の規模にいたるまでの成長過程が描かれている。さらに，継続的にかつ迅速にイノベーションを創出することは，特定

第12章　脱統合化とEMS〜鴻海（ホンハイ）を事例に

事業への過度の依存を回避しながら，複数の大手ブランド企業から横断的に受注できることに寄与しているのではないかといえよう[22]）。

（注）
1) 藤坂（2001）32頁。
2) 秋野（2012）2 - 3頁。
3) Nabeshima（2004），中原（2007），川上（2012）。
4) 川上（1998），Chen and Liu（1998），中原（2003）。
5) 川上（1998），佐藤（1996）。
6) 秋野（2013）56頁。
7) Berger and The MIT Industrial Performance Center（2005）.
8) 日経産業新聞2007年6月6日。EMS業界大手のフレクストロニクスは同業の米ソレクトロンを買収したというEMS業界の2位と3位が統合する背景には，鴻海の急成長への危機感があることについて取り上げられた。
9) 鴻海のウェブサイト参照。
　（http://www.foxconn.com.tw/GroupProfile/CompetitiveAdvantages.html）
10) たとえば，1998年にアップル再生の切り札として発売されたパソコン「iMac」は中身が透ける斬新な筐体で人気を集めたが，その製造を手がけたのは鴻海であった。詳しくは日経産業新聞2007年6月6日を参照。
11) こうした戦略が奏功し，1999年にやがて，ベアボーン製品とコネクタ製品の売上高を占める比率が各50％になった。アップルは，i-Macを発売して以来，鴻海にコネクタ製品をオーダーしていたが，2000年に発売した第二代製品のi-Mac IIのベアボーンも鴻海に製造を手がけてもらった。詳しくは台湾『経済日報』1999年11月20日，2000年2月2日，2000年8月6日を参照。
12) 張殿文（2005），240 - 247頁。
13) 日本経済新聞2013年4月10日。
14) 日本経済新聞2017年8月3日。
15) 大槻（2014）69 - 70頁。
16) 日本経済新聞2014年5月28日。
17) 馬（2017）94 - 98頁。たとえば，iPhoneに血圧や心拍数を測る機能を追加する場合，鴻海が受託製造のみではなく，内蔵するセンサーデバイスやソフトウェアも一括してアップルに提案することができ，他のEMS企業にない競争優位を得られる。
18) 台湾『経済日報』1989年12月24日。
19) 中川（2013）122頁。
20) 秋野（2013）56 - 58頁。
21) 経済部智慧財産局「専利業務統計：歴年百大排行」。
　（https://www.tipo.gov.tw/mp.asp?mp= 1）
22) 詳しくは，秋野（2012，2013），黄（2013）を参照。

第13章　研究技術開発能力の国際的分散化と研究技術開発体制の国際化

第1節　はじめに

　本章では，第5章で論じられてきたイノベーションを，研究開発および技術開発の国際化の視点からより具体的に検討していく。1990年代末以降の情報通信技術の進歩と国境を超えた人の移動による情報・知識の移転・普及の速度は，それ以前と比べて研究開発（技術開発）能力の国際的分散化を促進してきた。

　その結果，企業の技術開発活動と成果も従来とは異なる高い速度と国際的レベルを求められることになってきた。しかもデジタル技術をベースとする情報通信技術の発展と産業への応用は，従来の産業・事業の壁を取り崩し，産業間・事業間の融合と新たな事業の創造を促進してきた。こうして新たな産業・事業の台頭に対応しうる新規技術開発をめぐる国際的競争環境のもとでは，自社内の技術開発資源による，1社単独の「closed（閉鎖系）」（以下，クローズド）な技術開発システムではタイムリーに対応していくことには限界が生じて来ることになる。このことは，換言すれば，自社外の技術開発資源を国際的に活用していく，より「open（開放系）」（以下，オープン）で国際的なイノベーション・システムへの転換が不可避となってきたことを意味する。そこで本章では，以下，第1節で研究開発能力の国際化（地理的分散化）がどのように推移してきたのか，つづく第2節では技術開発力の国際的分散化と主要企業の推移，そして第3節においてでここ20年以上にわたって米国特許取得件数トップの座を占めてきたIBM社（以下，IBM）の事例を用いて，同社の国際的な技術開発体制を「オープンとクローズド」の戦略的対応の視点から見ていく。

第Ⅲ部　現代企業のグローバル化とイノベーション

第2節　研究開発能力の国際的（地理的）分散化

　ここでは，INSPEC（科学技術実論文のデータベース[1]）に掲載されている主要論文の著者（所属機関）国籍から科学技術能力の国際的動向を，1970年以降の推移を中心に検討してみる。**図表13－1**は，1970年から2015年にかけて，INSPECに掲載されている科学技術論文のうち，主要ジャーナルの発行国である米国・英国・オランダ3か国発行論文に限定したうえで，それら論文の著者の所属機関国籍別の論文数の推移について100本以上と1,000本以上の国籍数を示したものである。

図表13－1　科学技術論文著者所属機関国籍数推移

著者所属機関国籍数	1970年	1980年	1990年	2000年	2010年	2015年
100本以上	20か国	36か国	43か国	52か国	73か国	79か国
1,000本以上	11か国	16か国	27か国	35か国	50か国	59か国
G7国籍論文数シェア	80.4%	72.0%	68.1%	62.1%	48.7%	39.7%

（出所）　INSPEC検索より作成（米，英，オランダ発行論文に限定）。
（注）(1)　G7構成国は，米国・イギリス・ドイツ・フランス・日本・カナダ・イタリアの7か国。
　　(2)　自然科学系論文に掲載されている著者は通常複数であるが，その場合の著者所属機関国籍数も複数となる。たとえば，同一論文の著者が5名で，所属機関国籍が日本人1名，中国人2名，米国人2名であった場合には，日本国籍論文1，中国国籍論文1，米国国籍論文1としてカウントしている。したがって，合計論文数は重複カウントされている。
　　(3)　それら重複論文数の合計は，1970年（42,036本），1980年（98,822本），1990年（133,517本），2000年（169,625本），2010年（339,243本），2015年（530,843本）であった。
　　(4)　G7国籍論文数シェアは，上記重複論文数合計に占める比率。

　1970年にはINSPECに所収されているジャーナルのうち，主要ジャーナルの発行国である米国・英国・オランダ発行のジャーナルに掲載されている著者所属機関国籍の科学技術論文数が100本以上であった国籍数は20か国であった。同国籍数は，着実に増加し，2015年には79か国に至っている。同じように，

1,000本以上に限定した場合においても，1970年の11か国から2015年の59か国へと増加してきている。デジタル技術の急速な進歩により，掲載論文のオンライン化が一般化してきたにせよ，主要発行国3か国に限定した場合においても，著者所属機関国籍数は急速に増大してきている。その結果，かつては，主要論文の著者所属機関国籍の80％以上を占めていたいわゆるＧ７諸国の占める比率は，逆に着実に低下傾向をたどり，2010年には全体の過半数を割り，2015年には40％を割り込む水準にまで低下してきている。言い換えれば，これら3か国で発行される科学技術論文に掲載されうるいわゆる自然科学分野の研究開発能力を有する著者所属機関国籍数は，1970年からの45年間にわたって着実に増加傾向をたどっており，従来の主要7か国に限定されていた自然科学技術学分野の研究開発能力を有する研究者ないし研究機関はもはや世界的規模で分散してきたことを意味する。

　それでは，自然科学分野の研究論文に示されている研究開発能力が実際の事業化段階での新たな技術開発に必要ないわゆる技術開発能力の分野においては，同じように国際的に分散化してきたのかどうかを確認してみよう。

第3節　技術開発能力の国際的分散化と主要企業の変遷

1　技術開発能力の国際的（地理的）分散化の特質

　技術開発力の動向を国際的に比較する場合には，開発した新規技術の排他的使用権を制度的に保障する特許件数の動向を分析する手法がよく用いられる。特に，主要な技術開発力と大規模市場を有する米国特許の発明者国籍を吟味する手法が有効と言える。そこで，米国特許庁に出願され，技術審査の後に認可された米国特許数のうち，海外企業（および個人）に認可された海外開発国の特許件数比率とそれら国籍をみていこう。

　まず，1965年から2015年までの50年にわたって，海外企業（個人）開発となっているいわゆる米国籍以外の特許比率がどのように推移してきたのかを確認してみよう（図表13－2：［2］）。1965年には同比率は23.6％であったが，

1980年代には40％台になり，2010年以降は50％台にまで，すなわち過半数を占めるまでに高まってきている。そして興味深いことは，そうした米国特許として認可された特許を1件以上認可された海外籍企業（個人）の国籍数は，1965年には，66か国であったが，2010年以降は100か国以上にまで増加し，2015年現在では123か国にまで及んできている点である（同表［3］）。その内訳をみると，20件以上から1,000件以上の各階層においていずれも増加傾向を示している。

図表13-2　米国特許（認可）件数に占める海外（米国以外）特許比率と国籍数推移

		1965	1970	1980	1990	2000	2010	2015
［1］	米国特許	100.0	100.0	100.0	100.0	100.0	100.0	100.0
［2］	（海外特許比率：％）	19.9	26.9	39.6	47.6	46.0	50.9	52.8
［3］	米国以外の国籍数	66	71	69	72	100	102	123
(3-1)	（特許数20件以上の国籍数）	22	26	28	32	35	45	57
(3-2)	（特許数100件以上の国籍数）	12	15	16	21	27	30	35
(3-3)	（特許数500件以上の国籍数）	8	9	9	10	16	20	23
(3-4)	（特許数1,000件以上の国籍数）	3	6	6	7	11	16	19

（出所）　USPTO（米国特許庁），Calendar Year Patent Statisticsより作成。
（注）　国籍数の基準は，筆頭発明者の所属機関所在地国籍。

したがって，この50年間にわたって，新規に開発した技術で米国特許を取得しうる技術開発力を高めてきた諸国は着実に増加してきたことになる。それでは次に，具体的にどのような諸国が上位を占めてきたのかを確認してみよう。

図表13-3に示されているように，国籍以外の上位10か国の推移をみると，1965年には，ドイツ，英国をはじめとする主要ヨーロッパ諸国と日本によって占められていたのに対して，1990年には，新たに台湾が10位に登場し，そしてさらに25年後の2015年には，韓国，台湾，中国，イスラエルおよびインドの5か国が上位10か国にランクインしている。このことは，従来のG7をはじめとする技術開発力保有国による世界的構図は，これら新興国の台頭によりここ50年で大きく変化してきたことを意味する。

第13章　研究技術開発能力の国際的分散化と研究技術開発体制の国際化

図表13－3　米国特許（認可）件数に占める主要海外国籍特許比率推移

	1965年		1990年		2015年	
	米国籍	80.1%	米国籍	52.4%	米国籍	47.2%
	米国籍以外	19.9%	米国籍以外	47.6%	米国籍以外	52.8%
1	ドイツ	(5.3)	日本	(21.6)	日本	(17.6)
2	英国	(4.1)	ドイツ	(8.4)	韓国	(6.0)
3	フランス	(2.2)	英国	(3.1)	ドイツ	(5.5)
4	日本	(1.5)	フランス	(3.2)	台湾	(3.9)
5	スイス	(1.4)	カナダ	(2.1)	中国	(2.7)
6	カナダ	(1.4)	イタリア	(1.4)	カナダ	(2.3)
7	スウェーデン	(0.9)	スイス	(1.4)	フランス	(2.2)
8	イタリア	(0.7)	オランダ	(1.1)	英国	(2.2)
9	オランダ	(0.8)	スウェーデン	(0.8)	イスラエル	(1.2)
10	ベルギー	(0.3)	台湾	(0.8)	インド	(1.1)

（出所）　USPTO（米国特許庁），Calendar Year Patent Statisticsより作成。
（注）　カッコ内の数値は，各年の米国特許認可合計件数に占める各国比率。

2　米国特許取得企業の産業別内訳と主要企業の変遷

　それでは，次に1990年以前の米国特許取得主要企業と，それから25年後の2015年の同主要企業とがどのような企業で構成されているのかを確認してみよう。1970年，1980年，1990年にそれぞれ上位5位以内を構成してきたいわゆる常連の主要企業は，GE（米：1970年1位，1980年1位，1990年5位），日立（日：1990年1位），AT＆T（米：1970年2位，1980年5位），BAYER（ドイツ：1980年2位），東芝（日：1990年2位），IBM（米：1970年3位），E.I.デュポン（米：1970年4位），三菱電機（日：1990年4位），ウェスティングハウス（米：1970年5位），RCA（米：1980年4位），キヤノン（日：1990年3位），米国政府［海軍］（米：1980年3位）であった。これら企業の当時の主要事業は，重電機器，電話交換機，化学・医薬，大型（汎用）コンピュータ，家電，複写機等，軍事等の製造業部門を中核として構成されており，特許申請技術も医薬・化学（514），

液晶・磁性材その他金属素材（428），測定・検査（73），内燃機関（123），放射線化学（430），等の分野で占められていた。

　それに対して，2000年，2010年，2015年に米国特許取得上位5位をそれぞれ占めている企業群は，IBM（2000年，2010年，2015年：1位），三星電子（4位，2位，2位），キヤノン（3位，4位，2位），Qualcomm（2015年4位），Microsoft（2010年3位），Google（2015年4位），パナソニック（2010年5位），NEC（2000年2位），Lucent Technologies[2]（2000年5位）の9社であり，主用特許技術分野も，半導体素子（257），多重通信システム・情報通信（370，455），コンピュータグラフィック・ディスプレー・システム（345），医薬生化学（514）で構成されている。さらに留意する必要がある点は，IBM，Google，Microsoftを始めとする上位企業による特許申請技術分野は，米国特許技術分類の［700］から［726］に至るデジタル・データ・プロセシングおよびプロセシング・システム等のソフトウェア分野となっている。これら分野の中には，AI（人工知能：706）関連分野も含まれる。このAI分野における2015年の米国特許件数でみると，企業別順位上位3社はIBM（109件），Google（53件），およびMicrosoft（36件）となっている。

　そこでこうしたソフトウェア関連技術分野によって構成されている特許分野［700］〜［726］の特許数が全特許数に占める割合がどのように推移してきたのかをみてみよう。**図表13－4**は，1995年以前の同分野特許数から2015年までの推移を5年ごとに示したものである。同表に示されているように，1995年以前には10％以下であった同比率は，情報通信技術とコンピュータ技術の進歩とともに高まり，2015年現在，20％台の水準に至っている。

　こうした上位企業とそれら企業の事業構造の変遷を，競争優位の源泉としての技術開発の側面から吟味してみると，明らかに，素材や加工技術等の機械工学系を中心とするハードウェア技術を軸とする技術分野から，次第に，情報通信，半導体と回路設計，およびデータ・プロセシングやプロセシング・システムをはじめとするソフトウェア技術を軸とする技術分野への技術構造の変化が見いだされる。

第13章　研究技術開発能力の国際的分散化と研究技術開発体制の国際化

図表13-4　米国におけるソフトウェア技術による特許数比率

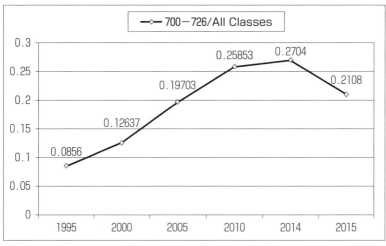

（出所）　USPTOデータベースより作成。
（注）　米国特許分類項目「700」～「726」がソフトウェア技術分野の特許。

　以上，第3節では，技術開発能力の国際的分散化と主要企業の変遷，および技術の構造的変化を見てきた。次に，次節においてこうした変化の流れの中で，1993年以降，米国特許取得件数で25年以上にわたってトップの位置を占めてきたIBMの事例から，こうした変化の流れと戦略的対応を検討してみよう。

第4節　事業活動の国際化と技術開発の国際化

　第2節，第3節でみてきたように，研究開発能力および技術開発能力はここ40年～50年にわたって，着実に国際的に分散化傾向を辿ってきた。本節では，こうした趨勢に対して，米国に本社を置くIBMが，新規技術の開発をどのような体制で遂行しているのかを検証してみる。

第Ⅲ部　現代企業のグローバル化とイノベーション

1　IBMの研究開発の国際的ネットワーク化とその特質

　はじめに，同社が新規技術の開発プロセスの上流に位置する探索型の基礎研究の分野の研究開発をどのような体制で戦略的に遂行してきたのかを検討していく。ここでは，同社の研究開発分野における戦略的対応を，公刊された研究論文の著者所属機関国籍を吟味することによって検討してみる。ここでは特に，公刊された研究論文に代表される探索型の基礎研究の分野が，同社の研究開発拠点のみならず内外の大学その他研究機関とどのような共同研究開発体制の下で行われているのかを吟味していく。

　IBM所属の研究者が著者として記載されている2015年公刊の科学技術論文[3]（米英オランダ発行に限定）から研究開発体制をみると，同年に公刊された同社所属研究者が著者として記載されている合計411本の論文のうち，IBM所属研究者の所属機関国籍は，米国を含めて25か国に及ぶ。そしてこれらIBM所属の研究者との共同研究に参加した同社以外の他機関（大学，研究所，他企業）研究者（著者）の所属機関国籍数は米国を含めて50か国に及んでいる。例えば，米国IBMの研究者（著者）による論文数は232本であるが，これら米国IBM所属の著者の論文は，同社のワトソン研究所，アルマデン研究所等を中心に，米国の40以上の主要大学[4]をはじめとする研究機関[5]のみならず，海外IBM研究機関，および海外研究機関との共同研究のネットワークのもとで研究されている。

　海外IBM所属研究者の論文が最も多いのはスイスIBMの40本であるが，これらは，ETH チューリッヒおよびローザンヌ工科大学をはじめとするスイス国内の研究機関研究者のみならず，ドイツ，イギリス，米国との研究機関との国際的な共同研究が主流となっている。続いて，インドIBM所属研究者による論文数が25本となっており，同国のインド工科大学（IIT），およびインド理科大学院（IISc）のみならず米国IBM，IBM東京基礎研究所等のIBM研究所およびドイツ，イギリスをはじめとする海外研究機関との共同研究論文が多くを占める。こうした海外IBM所属の研究者による研究論文のなかでも興味深い点は，中国IBM所属研究者の論文数（18本）が海外IBM所属研究者による論

第13章　研究技術開発能力の国際的分散化と研究技術開発体制の国際化

文数としては，国籍別にスイス，インド，アイルランドに次いで4番目の順であるが，同社との共同研究に参加している中国の大学機関数は，清華大学，北京大学をはじめとする30以上の大学に及び，海外の大学数としては最も多い点である[6]。IBMの科学技術研究は，研究開発能力の地理的分散化とともに，内外の研究開発能力を有する研究機関との国際的な共同ネットワークのもとで強化されてきたといえる[7]。

これら公刊論文は著作権さえ尊重すればあくまで引用は自由であり，その意味で「オープン」な性格を有する。しかしながら，こうした同社と内外の研究機関との共同研究の財源は大なり小なり同社からの研究資金提供に依存しており，したがってどのような形で成果を公表するかは同社の意向に大きく左右されることになる。言い換えれば，内外の研究機関との共同研究も「オープン」な性質と同時に，研究成果の管理にかんしては「クローズド」な性格を有していることになる。

2　IBMの特許技術でみた技術開発の国際化

次に，探索型の基盤研究よりも事業化に近いプロセスで要求されてくる技術開発能力を特許技術の視点から検討してみよう。**図表13－5**は，同社が1980年から2015年にかけて米国特許庁に申請した特許数を発明者国籍によって分類し，公開年ごとにその比率を示したものである。

1980年には同社の米国特許数のうち，発明者国籍が米国のみによる特許件数[8]が全体の89.5％，そして海外（米国以外）国籍発明者が参加していた特許数が残りの10.5％であった。この海外国籍発明者が関係していた10.5％の特許数のうち，海外単独国籍発明者[9]による特許数が全体の10.3％，そして残りの0.5％が米国発明者と海外発明者との共同発明特許であった。同社の米国特許件数のうち，米国IBM単独発明を中心とする米国籍単独発明件数の比率は，以降，着実に低下し，2015年には64.1％水準にまで至っている。

逆に，海外IBM所属研究者の発明による特許数比率は，1980年の10.5％から2015年の35.9％にまで高まってきている。その際特に留意すべき点は，同表

最下欄7に示されている同社の米国特許申請書に記載されていた米国を含む発明者国籍数が，1980年の7か国から次第に増加し，2015年には55か国にまで増加している点である。このことは，**図表13－1**，および**図表13－2**で示したように，研究（技術）開発能力の国際的（地理的）分散化傾向の高まりとほぼ一致している。たとえば，**図表13－2**に示されているように，2015年の米国特許数で20件以上の認可数を示している発明者所属機関国籍数は57か国であったが，米国IBMによる同年の米国特許発明者所属機関国籍数も同様に54か国となっている。換言すれば，IBMは，研究開発・技術開発能力の国際的分散化に，企業内国際技術開発体制を中心に内外他機関との共同研究体制を強化しながら，同社の技術開発能力を高めてきたともいえる。

　IBMが米国特許取得数において1993年以降，企業別ランキングでトップの位置を占めてきた背景には，同社の国際的な研究開発体制に重要な要因があることを同社の特許技術の視点から見てきた。それでは，こうした研究開発の国際的体制を，特許技術の発明の視点から吟味した場合には，どの程度「クローズド」でどの程度「オープン」になされているのだろうか。「本章の目的」の箇所で述べたように，現在の国際的な市場と競争環境の下では，1社単独による「クローズド」な技術開発体制のもとでは戦略的対応はもはや困難な状況となってきている。

　図表13－5で示した，同社の国際的な研究開発体制は，たしかに米国の研究開発拠点のみではなく，海外の研究開発拠点も巧みに活用した「オープン」な研究開発体制へと転換して来たようにも見える。しかしながら，同社の米国特許出願人名義は「IBM」単独によるものが大部分であり，他機関との共同出願は極めて例外的にしか見いだされない[10]。したがって，同社の米国特許で見る限り，その特許技術の開発（発明）は，他機関との「オープン」な国際的な共同研究のネットワークによって生み出されたものであったとしても，その成果は知的財産権の側面から見ると，あくまで同社名義で保有されており，開発技術の使用に関しては「クローズド」な性格を有していることになる。

第13章 研究技術開発能力の国際的分散化と研究技術開発体制の国際化

図表13-5 IBMの特許取得（公開件数）と研究開発の国際化（発明者国籍比率）

		1980年	1990年	2000年	2005年	2010年	2015年
1＝(2＋3)	米国特許件数	399 (100.0)	649 (100.0)	2,958 (100.0)	6,852 (100.0)	7,704 (100.0)	10,411 (100.0)
2	米国単独 :(2)/(1)	89.5%	84.0%	84.3%	80.8%	72.0%	64.1%
3 ＝(4＋5＋6)	海外との共同 :(3)/(1)	10.5%	16.0%	15.7%	19.2%	28.0%	35.9%
4	（海外単独） :(4)/(1)	10.3%	12.5%	9.5%	12.0%	17.2%	19.0%
5	（米国と海外との共同） :(5)/(1)	0.5%	2.6%	5.2%	7.0%	10.9%	16.3%
6	（海外と海外との共同） :(6)/(1)	0%	0.9%	0.9%	1.6%	1.7%	3.9%
7	特許発明参加国籍数	7	11	25	32	38	57

（出所） USPATFULL検索より作成。
（注）「4：海外単独発明」，「5：米国籍・海外国籍共同発明」，および「6：海外国籍＋海外国籍」の合計は39.2％となり，「（米国籍と）海外との共同：3」の35.9％よりも多くなるが，これは国籍が3つ以上の共同発明が重複カウントされていることによる。たとえば，米国籍1名・ドイツ籍1名・イスラエル籍1名の3名による共同発明特許1件があった場合，「米国＋ドイツ」1件，「米国＋イスラエル」1件，「ドイツ＋イスラエル」1件とカウントされている。したがって，この場合には，「米国と海外との共同発明：(5)」が2件，「海外と海外との共同発明：(6)」が1件にカウントされることになる。こうした重複カウント特許件数は約340件になると思われる。

第5節 ま と め

　企業が事業環境の国際化にともなって，新製品・新事業の創出の基盤にある技術開発力を国際的に高めていくためには，本国拠点の技術開発力の強化と同時に，研究・技術開発資源のグローバルな活用化を図らざるをえない。両者の

関係は矛盾しあうと同時に相互依存的関係でもある。もし，海外の研究開発資源に過度に依存する傾向が高まれば，本国の研究・技術開発力が空洞化してくる危険性を有してくる。逆に，海外研究・技術開発資源を有効に活用してその成果を本国拠点にフィードバックするシステムが構築できれば，本国の研究・技術開発力はさらに強化されることになる。

　以下，上記の視点を本章で検証してきたIBMからケースをまとめてみよう。**図表13－5**に示されていたように，同社の米国籍発明者だけの米国特許取得数比率は着実に低下傾向をたどってきており，逆に海外国籍研究者・技術者が関係した特許の比率は着実に増加傾向を辿ってきた。こうした傾向は同社の米国本国拠点における研究・技術開発能力の低下や停滞を意味しているのだろうか。

　同社の米国特許取得数は，この間，逆に絶対数としては増加傾向を辿ってきた。その内訳は，海外単独および海外との共同発明が増加傾向を示してきたのみならず，米国単独発明特許数も，増加傾向を示してきた。このことは，同社はグローバルな研究開発ネットワークを強化することによって，研究開発・技術開発能力の国際的分散化傾向を企業内国際研究開発体制に組み込むことによって研究・技術開発能力を強化してきたことを意味する。特許技術は，開発技術の排他的使用権を制度的に保証し，それによって事業を他社に先行して優位に展開しうる競争優位の源泉としての要素を有している。したがって，特許を本社名義で取得することは，本社が当特許技術をいつどのように戦略的に活用するのかを主導的に意思決定しうる制度的権利を確保することになる。

　換言すれば，研究・技術開発の上流段階にある長期に及ぶ探索的研究に関しては，国内外の研究機関と「オープン」な研究開発システムのもとで内外の優秀な頭脳を活用し，他方，特許技術の開発成果に関しては，基本的には「クローズド」な体制で臨んでいることになる。

　21世紀型の新たな事業は，多様な産業分野が競合すると同時に融合し合って構成される「ビジネス生態系」を特質としている。このことは，研究開発・技術開発から事業化に至るいわゆる「死の谷」を超えるプロセスにおいて，「オー

第13章　研究技術開発能力の国際的分散化と研究技術開発体制の国際化

プン」と「クローズド」なシステムとを戦略的に適用させながら，多様な形態の戦略的提携のネットワーク（第5・6章参照）を活用することよって新規事業への転換が追及されてきたことを意味する。本章では，こうした事業化段階前段の研究・技術開発プロセスにおける「クローズド」と「オープン」の戦略的意味と対応をIBMの国際的研究・技術開発体制の事例から検証してきた。

(注)
1) 科学技術論文データベースのINSPECは，物理，電気工学，機械工学，電子，通信，制御工学，コンピュータおよび情報通信分野の科学技術文献データベース。
2) 旧AT&T Technologiesが1996年に独立してLucent Technologiesとして創設。2006年にフランスのAlcatelと統合してAlcatel – Lucentに，そして2016年にNOKIA（フィンランド）に吸収されている。
3) JDREAMのJST Plusより検索。
4) 同社との共同研究論文数（2015年）が10本以上となっている米国の大学機関は，カリフォルニア大（23本），カーネギーメロン大（14本），コロンビア大（13本），イリノイ大（11本），テキサス大（10本）の5大学となっている。
5) アルゴンヌ国立研究所や軍等の政府系研究機関，およびAT&T研究所，インテル，Microsoft等の民間機関の研究者も含まれている。
6) こうした米国IBMによる共同研究のネットワークは必ずしも国内の研究機関とだけではなく海外IBMの研究機関および海外IBM以外の大学をはじめとする研究機関との国際的な共同研究のネットワーク体制の下で行われている。同様に海外IBMの研究体制も同国内の研究機関を中心としながらも域内の多様な研究機関との共同研究のもとでなされている。この傾向は特に，ヨーロッパのIBMのケースで一般的となっている。
7) これについては，林（1999）38 – 39頁，Hayashi（2004）pp. 85 – 112，およびHayashi（2006）pp. 271 – 298，でも分析されている。
8) 米国発明による特許の大部分は，事実上，米国IBM所属研究者によるものと判断しうる。
9) 海外単一発明者国籍による特許は，事実上，海外IBM所属研究者による発明特許といえる。海外IBM単独発明による2015年の米国認可特許数順位は，インド，イスラエル，日本，ドイツ，カナダ，中国，イギリス，スイス（以上，100件以上）の順となっている。
10) IBMの2015年の米国特許出願人をみると，共同出願の事例は，100件に1件みられるかどうかの割合であり，したがって，ほぼ1％ということになる。この事例は，「Global Foundries」との共同出願によるケースが最も多い。同社は元来IBMからスピンアウトして設立された経緯があり，IBMとの共同開発もその意味では「クローズド」であるともいえる。

第14章　グローバル標準化と技術開発
　　　～チャデモを事例に

第1節　技術開発と標準化の競争優位

　新技術の開発は，国内のライバル企業のみならず海外のライバル企業も進めている。そのため，業界内には，様々な類似の技術が併存することとなる。例えば，自動車のエンジンは，各社とも同じような機能を持っているが，世界中の自動車メーカーが独自の仕様で技術開発し，競っている。

　1980年代から1990年代中頃，市場では，複数の強力な技術規格の対立が起こった。例えば，ビデオにおけるビクターのVHS方式とソニーのベータ方式や，ゲーム機では任天堂のファミコンとセガのメガドライブ，パソコンOSにおけるマイクロソフトのWindowsとアップルのMacintoshなどが挙げられる。こうした技術は，基本的に同等の機能を有していたが，互換性はなかった。すなわち，それ単体では機能せず，ハードとソフト（カセットやディスク等）が組み合わさって初めて機能するものであったため，消費者にとってはハードとソフトの互換性が重要な問題となった。

　企業は技術開発に多額の投資を行っている。生まれた技術を元にした商品を市場においてたくさん売らなければ，投資の回収すらできない。消費者が同等の機能を有した商品のうち，どれを選ぶかを決める大きな要因の一つが，互換性である。消費者はより大きな便益を得るために，広く普及し，多くのものが接続可能な商品を選ぶ。いわゆるネットワーク外部性である。広く普及しつつある商品は，さらなる消費者を獲得してゆき，次第に市場の覇権を握るようになる。市場において支配的なシェアを取った技術規格の商品は，消費者より標準的な商品と見なされることから，「デファクト標準（事実上の標準）」と呼ば

れる。一度，市場においてデファクト標準が決まると，消費者は互換性のない商品を購入するメリットが小さいため，市場から他規格技術が駆逐されてゆく。

さらに，デファクト標準の技術は，一般的に，開発した企業によって特許権が取得されている。そのため，他社はデファクト標準の技術を扱いたくとも特許権で守られているため勝手に扱えない。使うためには，特許権を持つ企業からライセンス（使用許諾）を受ける必要があり，ライセンス料を支払うことになる。他社はライセンス料を支払う分，コストが上がるため，開発した企業より価格面で不利になってしまう。

デファクト標準商品は市場での優位性を長期間持続させることができる。なぜならば，次の代替的な技術が出現するまでの間，他社は参入や巻き返しが非常に難しくなるからである。この時代，ビデオのVHSや任天堂のファミコン，パソコンOSのWindowsなどがデファクト標準を獲得し，市場での圧倒的な優位性を長期間にわたり持続させた。

第2節　IT革命＆WTOによる環境変化

1　技術環境の変化

1990年代後半になると，国際競争環境が大きく変化した。いわゆるIT革命である。企業は，プロダクト・ライフ・サイクルの短縮化に伴い，製品開発のリードタイム短縮化が求められ，R＆D費が増大した。さらに，製品を構成する技術が複雑化し，他社の特許技術を侵害することなく開発することが困難になった。加えて，携帯電話やPCに代表されるネットワーク型製品が爆発的に普及したため，互換性の保持が製品開発上極めて重要な意味を持つようになったのである[1]。

このような技術環境の大きな変化は，企業にとって独自技術の開発だけで成長できるとは限らなくなり，また新しい技術の登場が技術開発における将来の不確実性の増大をもたらした。例えば，近年の半導体産業におけるR＆D費は一社あたり年間数百億円にも上っており，技術開発の失敗は企業経営を大きく

第14章　グローバル標準化と技術開発〜チャデモを事例に

左右しかねない[2]。したがって，企業は，必然的に時間面からも成果面からも確実性の高い開発が求められるようになったのである。

　デファクト標準化を巡る競争環境にも変化が見られるようになった。その理由としては，技術革新のスピードが速くなり，公的標準化を待っていては事業機会を逃してしまうこと，規格競争の勝負が決まるまでの期間が短くなり，限られた期間に多くの企業が勝負を賭けてくるようになったこと，企業の技術レベルが拮抗し，一社で標準を取ることが難しくなり，合従連衡が必須となってきたこと，デファクト標準をとることが大きな利益に結びつくことを多くの企業が学習したことが挙げられる[3]。

　従来の摺り合わせ（相互調整）型の産業では，下請け関係や垂直的分業関係として，それぞれが独自の規格を作っていた。そのため，他への転用や譲渡は基本的に設計上考慮されておらず困難であった。それにより，垂直的な企業間協調関係が緊密となった。他方，水平的な同業界内の企業間敵対的関係は限定的であった[4]。しかし，IT革命後，モジュラー化が進んだ。モジュラー化によって企業は，より自由度の高い技術開発が可能となった。その一方で，それぞれのモジュールをつなぎ合わせるためには，厳密な互換性（接続可能性）の担保が極めて重要となった。この互換性は，従来のような組織内部の独自ルールではなく，組織外部にも普遍的に認められなければ接続を担保することができない[5]。すなわち，モジュール間の互換性の担保とは，組織外部へ技術規格を普及させる標準化なのである。

　とりわけ，先端技術産業はグローバルなので標準化のための協調と競争は世界中の企業に及ぶことになる。そして，一旦標準を獲得した企業の競争力は世界的に強固なものとなり，反対に，標準から外れた場合には劣位となる[6]。

2　WTO／TBT協定と標準

　1995年1月1日，WTO（World Trade Organization：世界貿易機関）が設立された。WTO加盟国は，「TBT協定（Agreement on Technical Barriers to Trade：貿易の技術的障害に関する協定）」にも併せて合意することになる。TBT協定とは，

211

第Ⅲ部　現代企業のグローバル化とイノベーション

もともと1979年3月にGATT（General Agreement on Tariffs and Trade：関税及び貿易に関する一般協定）東京ラウンドによって国際協定として合意されたGATTスタンダードコード（基準・認証制度が貿易障壁として用いられないようにする目的で決められたもの）が1994年5月にTBT協定として改訂し合意され，1995年1月にWTO協定に包含されたものである。このTBT協定が，国際標準化において大きな意味を有することとなった。なぜならば，WTO加盟国は，国際的な標準技術を優先して国内で採用しなければならないことを世界的に取り決めたものだからである。したがって，従来の一国内のデファクト標準のような独自の技術規格は，国際的な互換性を確保するにあたり，自由な貿易を妨げる阻害要因となることから，WTO加盟国には国内の標準を決定する際にも国際標準を基本として採用することが義務づけられたのである[7]。このことは，企業にとっては，国際標準に準拠した商品でなければ，国際市場での販売が難しくなったことを意味する。裏を返せば，いち早く国際標準を取ることによって，世界市場にその技術規格を広げることが期待できるようになったのである。

またWTOでは，「TRIPs協定（Agreement on Trade-Related Aspects of Intellectual Property Rights：知的財産権の貿易関連の側面に関する協定）」も発行された。これは，特許権を保護しない国は，モノの自由貿易に参加させないというものであった。これによって，国際的な特許権重視の傾向が強まっていった。

第3節　グローバル標準化：チャデモの事例

1　電気自動車充電技術の競争

近年，電気自動車へのシフトが進みつつある。電気自動車は単なる移動手段としてだけでなくPCやスマートフォンのようにハイテクなものになっていくとみられる。国際的な標準を巡る競争として，代表的なものの一つが，電気自動車の充電方式の技術である。電気自動車の充電方式には，国際的に主に「チャデモ方式」と「コンボ方式」の二つが存在している。チャデモ方式は，日本企業が中心となって開発した技術である。一方，コンボ方式は，欧州と米

第14章　グローバル標準化と技術開発～チャデモを事例に

国の企業が主導している技術である。この方式の違いは，単にコネクタの形状の違いだけではない。技術規格の違いは，電気自動車の設計に大きく関わり，特に充電器と車の通信方法（通信プロトコル）の違いが，開発に深く影響するのである[8]。この二つの技術間には互換性がないため，もし市場競争により，どちらかが淘汰され，勝ち残った方が普及するまで競争を続けるならば，消費者は電気自動車の購入に二の足を踏むことになる。企業も大きなリスクを負いながら技術開発の投資を行わなければならない。結果的に，電気自動車の普及や販売に大きな影響を与えることになる。

　かつて，日本企業は携帯電話の通信規格において，世界的に技術優位のある日本独自の通信方式PDC方式を扱っていた。しかし，欧米が主導するGSM方式が世界的に普及し，日本のPDC方式の携帯電話を世界で売ることができず，「ガラパゴス・ケータイ」と揶揄されるようになった失敗経験がある。電気自動車充電技術では，早くから企業は複数の企業と手を組み，強力な仲間作りをして，技術の世界的普及に努めた。

2　チャデモ方式とコンボ方式の登場

　チャデモ（CHAdeMO）技術の規格策定と普及を行っている組織が，「チャデモ協議会」である。2010年3月に日産自動車，三菱自動車，トヨタ自動車，富士重工，東京電力の5社が中心となり，チャデモ協議会を設立した。設立には，その他に，自動車会社や充電機器メーカー，充電サービス関連企業や行政など，海外企業19社を含む158社・団体が参加した[9]。チャデモ協議会の目的は，チャデモを世界的にいち早く普及させ，国際標準とすることである。そして，世界的な充電インフラが整えば，電気自動車の世界販売が拡大するからである。

　チャデモ協議会の会則には，知的財産権（特に特許権）の扱いについて，明記されている。チャデモの必須技術に関する知的財産権について，会員は他の会員に対して，合理的非差別的条件または無償でライセンスすることを許諾しなければならないことが明記されている[10]。すなわち，チャデモの必須技術に関する特許権を有する企業または団体は，チャデモ協議会の会員に対して極

めて安価な対価または無償で使用の許可を与えなければならないということである。こうして技術を会員に対して広くオープンにすることにより，ライバル企業でさえもチャデモ技術を容易かつ安価に使うことができ，普及を進めることができるのである。1社または少数企業が中核技術を握るデファクト標準化とは大きく方針が異なる点である。こうした組織的に標準を作っていくことを，「コンセンサス標準化」または「コンソーシアム標準化」などと呼ぶ。

チャデモの開発は2005年から始まった。そして，最初のチャデモ量産型充電器が設置され，チャデモ方式の電気自動車の量産販売が開始されたのは，2009年7月である。これは，三菱自動車から販売された「i-MiEV（アイ・ミーブ）」という車種である。さらに，2010年末には，このアイ・ミーブのOEMとして，三菱自動車の提携企業・仏プジョーシトロエングループから，「プジョー・イオン」，「シトロエン・C-ZERO」という車名で販売が開始された。また，同12月には，日産自動車よりチャデモ方式の5人乗り電気自動車「リーフ」が日米で販売開始され，その後欧州にも投入された[11]。

図表14-1　チャデモとコンボの比較（2012年時点）

	チャデモ	コンボ
推進企業	日産，三菱，トヨタ，東京電力など	米GM，独VWなど米独8社
特徴	急速充電に特化。日産自動車のリーフの場合，30分で8割まで充電。	急速と普通の充電を一体化。車両にもよるが最短で15分で充電可能。
通信方法	CAN（Control Area Network）	PLC（電力線通信）
実績	国内外約1500カ所に充電器を設置	なし。2013年に実用化予定
利点	充電を制御する通信方式の安定性などを確認ずみ。	プラグの差し込み口が一つでよく，車体設計が容易。

（出所）　日本経済新聞2012年5月9日，6月8日より作成。

一方，コンボ方式は，欧米では「Combined Charging System（CCS）」と呼ばれている。コンボ方式の登場は，2012年5月，「第26回国際電気自動車シンポジウム」において，独アウディ，独BMW，独ダイムラー，独ポルシェ，独フォルクスワーゲン（VW），米国フォード，米国GM，米国クライスラー，8

社からの支援を受けて，発表された。このとき既に，「欧州自動車工業会（ACEA）」が2017年以降にすべての電気自動車の新車にコンボ方式を採用する方針を示していた。また，同年10月には自動車関連規格の標準化団体「米自動車技術者協会（SAEインターナショナル）」が，電気自動車の急速充電規格にコンボ方式を採用すると発表したのである。これによって，米国内ではコンボ方式が標準と認識されることとなった。この時，GMとVWは，2013年にコンボ方式対応の電気自動車を発売すると発表していた。

　なぜ，先行するチャデモから遅れてGMやVWはコンボ方式を作ったのか。その理由は，日本と米独の自動車メーカー間の競合関係がある。2008年，チャデモは東京電力の技術開発研究所において電気自動車と充電器を開発していた際に，GMとVWにも参加を打診していた。さらに，2009年には米自動車技術者協会にチャデモを提案して国際的な標準化が一気に進む勢いがあった。その時，GMとVWは，次世代自動車である電気自動車の量産化に加えて，充電技術も日本に握られてしまっては，欧米自動車メーカーと電力機器メーカーにとって不利になってしまうと考えたため，参加をしなかったといわれる[12]。この頃の新聞には，「先行日本，標準化ならず」とか「日の丸電気自動車　はや孤立感」などの文字が躍った。

　一方のGMとVWも，2013年に電気自動車を発売予定としながらも，電池コストを想定通りに下げられず，走行距離の課題から量産化が難しく，順調ではなかった。独アウディは2012年末に計画していた電気自動車の発売を無期延期とした[13]。

3　TBT協定と国際標準化機関

　コンボ方式は，2012年発表時，まだ実績もなく，2013年からの予定でしかなかった。一方，チャデモはすでに世界中で1,500カ所に充電器を設置していた。先に述べたように，1995年WTOのTBT協定以降，WTO加盟国は国際標準と認められた技術を国内でも採用するように義務化された。また，国際標準でない技術の製品については，輸出することさえも難しくなった。

215

電気通信や電子技術分野において，国際標準に強い影響力を持つ組織が，「国際電気標準会議（IEC）」である。IECは1906年に設立され，83カ国が加盟しており，7,148規格の標準化を行ってきた（2017年4月時点）[14]。チャデモ協議会は，チャデモをいち早く国際標準とするために，このIECに働きかけ続けた。もちろん，コンボ方式の陣営も同様にIECへ働きかけていた。

チャデモ協議会は，世界的に早く普及させ，IECにも認めさせるために，チャデモ充電器の設置を急いだ。2013年5月には世界設置台数を2,600台に増やした。同年，チャデモ準拠の電気自動車が世界10万台を突破した[15]。2015年5月末には，世界で充電器を8,549台（国内5,418台，欧州1,838台，米国1,235台，他）設置した[16]。

なお，2014年頃，世界の電気自動車の充電方式は大きく4つが併存していた。チャデモの他，コンボ方式に「コンボ2」が発表され欧州方式に，そして従来の「コンボ1」は米国方式となった。また中国では，独自の「GB／T方式」が普及していた。

4　国際標準の認定

2014年3月，IECは，チャデモを標準として認定した（IEC 61851-23，IEC 61851-24，IEC 62196-3）。さらに，同11月には，欧州における電気工学分野の標準を策定するCENELEC（欧州電気標準化委員会）もまた，同じチャデモ技術を標準として認めたのである。

しかし，コンボ方式も同じく，IECとCENELECにおいて，標準と認められていた[17]。IECは，EUにおいて，ドイツ提案のコンボ方式（コンボ2）を欧州標準としながらも，これに加えて，チャデモ方式を備えた「マルチ充電器」の設置を容認することを特記した。このことは，すなわち，マルチ標準を容認したのである。本来，標準は一つであることが，ユーザー側にも企業側にとっても，利便性が高く，コストが下がり，望ましい。しかし，この決定は，充電器側に互換性を持たせることによって，チャデモとコンボの共存が図られたのである。

その後，2015年9月，米国を中心とする電気工学・通信分野の標準化機関であるIEEE（アイトリプルイー）においても，チャデモは標準として認められた（IEEE 2030.1.1）。こうして，チャデモは複数の国際標準機関によって国際標準として認められたのである。

5　近年の競争

2017年時点，チャデモの充電器（マルチ充電器含む）は，世界で13,900台，233機種に上り，世界56カ国に設置されている。また，世界で47社がチャデモ充電器を生産しており，その全ての企業がチャデモ協議会の会員となっている。世界で最も普及している充電方式となった（**図表14－2参照**）[18]。

図表14－2　世界の急速充電方式（2017年）（中国を除く）

	日本	米国	欧州
規　　格	チャデモ	テスラ	コンボ
通　　信	CAN	CAN	PLC
最大出力	150kW	120kW	50kW
シェア	32%	19%	14%

（出所）『日経ビジネス』日経BP社2017年4月10日13頁，およびチャデモHPより作成。

近年，バッテリーがより増量されて，一回の充電での航続距離が延びた。しかし，充電に時間がかってしまうため，より強力な大容量の充電方式が策定されている。チャデモは，2017年に従来の50kWから大出力の150kW充電器を製品化した。

2015年5月，コンボは，「CharIN e. V.」というコンソーシアムを創設し，国際標準化をさらに推進した。このCharINには，独アウディ，独BMW，独ダイムラー，独オペル，独ポルシェ，独フォルクスワーゲンに加えて，プラグメーカーや第三者試験認証機関などが参加して設立された[19]。このCharINでもより高出力なコンボ2の充電方式を策定している。さらに，米国の電気自動車新興企業のテスラが独自の充電方式で猛追してきている（**図表14－2，14－**

3参照)。加えて，中国のGB／T方式とチャデモの通信が似ていることから互換性を模索するなど，充電方式を巡る国際標準化競争は続いている。

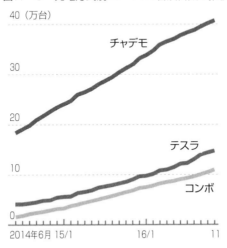

図14-3　充電方式別EV・PHV普及台数の推移

(出所)『日経ビジネス』日経BP社2017年4月10日，13頁。

　これまで見てきたように，電気自動車という新しい技術と製品が生まれ，将来の成長可能性があるもののまだ技術的に不確実な環境の中，企業はこの機会を新たな企業成長の転機とすべく，グローバルな標準化競争をしている。特にIT革命によりネットワークが重要となった近年では，WTOからも国際的に繋がることが重視されるようになった。チャデモの事例は，中核技術をオープンにし，ライバル関係にある他の自動車メーカーのみならず業界の異なる電気関連企業などとも業際的に協力して，普及を促進させ，グローバル標準を獲得したものであった。今後も，新しい技術と製品が企業間で共同開発され，グローバルなネットワークが重要となるものには，こうした国際標準化が行われてゆくと考えられる。

第14章　グローバル標準化と技術開発～チャデモを事例に

(注)
1) Cargill (1989) p.3, 淺羽 (1995) 2－12頁, 野口・夏目・林編著 (1999) 17－41頁, 山田 (1997) 12－56頁。
2) 例えば, DRAMメーカーであるエルピーダメモリの2006年の研究開発費は, 2億ドル (売上高の約10％) である。またCPUの最大手Intelの2006年の研究開発費は, 同58億ドル (売上高の約17％) に上る。GPUの大手nVIDIA社では, 同5億ドル (売上高の約18％) となる (各社2007年アニュアル・レポート, および10－Kによる)。
3) 山田 (2004) 28－29頁。
4) 摺り合わせ型産業の特徴としては, 1. 長期継続取引, 2. 少数サプライヤー間の能力構築競争, 3.まとめて任せる (一括外注) ことが挙げられる (青木昌彦・安藤晴彦編著, 2002)。
5) Cargill (1989), pp.68－76.
6) Farrell and Saloner (1986) p.940, Basen and Farrell (1994) pp.118－119,土井 (2001) 92頁。
7) 日本知的財産仲裁センターによる2008年の報告書によれば, 国際協定によって国際標準を採用してゆくという流れは2000年以降に変化したと指摘している。標準化プロセスの変化は4点指摘されている。(1)国際標準を作る方法と手順が簡便化 (ファーストトラック制, 公開仕様書PAS, 国際ワークショップ協定IWAなどが導入された) されたこと, (2)技術の多様性から生じる革新的な可能性を確保するため国際規格に一定の幅を持たせるという考え方が容認されるようになり, マルチスタンダードが生まれるようになったこと, (3)標準化プロセスにおいて特許等の知的財産権の必須性判断, 権利処理など作業割合が増大したこと, (4)標準化技術をコアにして各種の知的財産を組み込んだビジネス・スキームを構築するケースが増えてきたこと, である。
8) 『日経ビジネス』2017年4月10日, 13頁。
9) チャデモ協議会ホームページ「協議会の沿革」より。
10) 一般社団法人　チャデモ協議会「会則」2016／6／2改訂3頁。
11) 日経産業新聞　2010年10月22日。
12) 日本経済新聞　2012年6月8日。
13) 日経産業新聞　2013年1月4日。
14) 日本工業標準調査会HP「IECの概要」。
(http://www.jisc.go.jp/international/iec-guide.html) (2018年3月20日アクセス)。
15) 日経産業新聞　2013年5月23日。
16) 日経産業新聞　2015年6月9日。
17) ただし, CENELECが認めたのはコンボ2 (欧州式) のみ。
18) チャデモHP資料「充電インフラの技術開発とEV普及への取り組み」2017年3月。
19) CharIN e.V. ホームページ (http://www.charinev.org)

第15章　企業成長とプラットフォーム戦略
～アップルを事例に

第1節　アップルの成長の概観

　アップルは，1976年にパーソナル・コンピュータ（PC）メーカーとして，アップル・コンピュータという社名で創業し，今日では，PCをはじめ，スマートフォンのiPhone，タブレットのiPadなどのデジタル機器を販売する総収入で米国では第3位，世界では第9位の世界的な巨大企業にまで成長している企業である[1]。またアップルは，グーグル，アマゾン，フェイスブックと並んで，今日，四天王や四騎士と呼ばれたり，あるいはその頭文字をとってGAFAやAGFAなどと総称されている巨大IT企業のひとつである。本章はこのようなアップルがいかに成長してきたのか，その成長様式はどのようなものであったのかについて述べ，その現代的な特徴とこれまでとの同一性を明らかにする。

　そこでまずアップルの成長を概観しておくと（**図表15-1**），大きく三つの時期に分けることができる。まず第一期は，1976年の創業から80年代前半の急成長（年平均75％）を経て，80年代後半（年平均約24％）にいたる初期の成長期である。そして第二期は，90年代に入るとその成長率は落ち，90年代前半は年平均約15％，そして90年代後半には年平均でマイナス6％にまで落ち込んでしまったアップル・コンピュータの低迷期である。最後の第三期は，2000年代以降の再成長期であり，低迷からの脱出途上であった2000年代前半の年平均12％から，2000年代後半の年平均36％，2010年代前半の年平均29％と急成長を遂げていった時期である。また売上高の推移を全体的に見ると，2000年代後半以降，急激に成長していることが見てとれる。本章はこの急成長がどのように実現し

第Ⅲ部　現代企業のグローバル化とイノベーション

たのかについて考察する。

図表15-1　アップルの主要業績の推移

年度	売上（百万ドル）	対前年伸び率	年平均成長率	売上総利益（百万ドル）	売上総利益率
1980	117	138.8%		51	43.25%
1981	335	186.3%		173	51.89%
1982	583	74.0%	75.0%	312	53.46%
1983	983	68.6%		500	50.81%
1984	1,516	54.2%		675	44.54%
1985	1,920	26.6%		842	43.92%
1986	1,900	-1.0%		1,062	55.83%
1987	2,661	40.1%	23.7%	1,435	53.94%
1988	4,071	53.0%		2,158	53.01%
1989	5,284	29.8%		2,714	51.36%
1990	5,558	5.2%		3,155	56.76%
1991	6,309	13.5%		3,199	50.71%
1992	7,087	12.3%	14.8%	3,312	46.74%
1993	7,977	12.6%		2,894	36.28%
1994	9,189	15.2%		2,344	25.51%
1995	11,062	20.4%		2,858	25.84%
1996	9,833	-11.1%		968	9.84%
1997	7,081	-28.0%	-6.3%	1,368	19.32%
1998	5,941	-16.1%		1,479	24.89%
1999	6,134	3.2%		1,696	27.65%
2000	7,983	30.1%		2,166	27.13%
2001	5,363	-32.8%		1,235	23.03%
2002	5,749	7.2%	11.8%	1,603	27.88%
2003	6,207	8.0%		1,708	27.52%
2004	8,279	33.4%		2,259	27.29%
2005	13,931	68.3%		4,043	29.02%
2006	19,315	38.6%		5,598	28.98%
2007	24,578	27.2%	36.2%	8,154	33.18%
2008	37,491	52.5%		11,145	29.73%
2009	42,905	14.4%		17,222	40.14%
2010	65,225	52.0%		25,684	39.38%
2011	108,249	66.0%		43,818	40.48%
2012	156,508	44.6%	29.1%	68,662	43.87%
2013	170,910	9.2%		64,304	37.62%
2014	182,795	7.0%		70,537	38.59%

（出所）Apple Computer, Inc., Apple Inc., Annual Report 各年版より作成。

そこで本章では，まず次節でアップルの初期成長期から低迷期に至る過程で，どのような成長を遂げ，また問題が発生し業績を悪化させたのかを概観する。そして第3節では，再成長期を取り上げ，どのような成長様式によって急激な

第15章　企業成長とプラットフォーム戦略～アップルを事例に

成長が実現したのかをiPod事業への展開をとりあげて明らかにする。そして最後に，このような成長がいかなる意味があるのかについて，現代の成長様式の特徴をプラットフォームという概念を用いながら明らかにする。

第2節　アップルの成長と近代企業[2]

1　アップル・コンピュータの初期の成長

　PC産業の黎明期であった1976年，ジョブズとウォズニアックらがApple Ⅰというパーソナル・コンピュータ（PC）を製造，販売する企業，アップル・コンピュータを設立した。その翌年に開発したApple Ⅱの販売が伸び，創業期の成長の基盤となった。そしてPC産業が急速に拡大し始めた1980年代初頭には，IBMが新たにこの産業に参入し，業界に大きな影響を与えた。IBMは，81年に「IBM PC」を投入したが，その際，迅速にこの市場に参入するため，外部企業から多くの部品を調達し，またIBM PCの仕様を公開したので，その周辺機器やソフトウェアを多くの既存の外部企業が開発するようになった。このPCの仕様に適した多数のソフトと周辺機器が開発されることでIBMのシェアが増大し，1984年には設置台数，出荷金額ともに首位となり，優位に立った。仕様が公開されていたこともあり，IBM PCと互換性のある互換機メーカーが多数参入し，これによって80年代半ば以降，IBMと互換性のあるPCが多数を占めていき，互換性のないPCは次第に淘汰されていった。その結果，IBMのPC規格がこの業界の事実上の標準（デファクト・スタンダード）となった。このような市場においてIBMは互換機メーカーと規格内競争を展開し，価格競争が激化した。それゆえPC業界では低価格化が重要な競争要因となり，次第に部品や周辺機器，パソコン本体をも，アジアを中心に海外からのOEMによる調達を活用するようになり，アジアのOEM企業群も成長していった。このような中で，IBMは80年代において，シェア1位を続けたが，次第にそのシェアも低下していった[3]。

　1980年代のアップルについて見ると，80年，株式を公開し，巨額の資金調達

を実現し，その規模を急拡大し，新製品も80年にApple Ⅲ，83年にLISAと相次いで投入した。しかしこれらの製品は，前者が故障の続出により，後者は高価で，性能が十分ではなかったため，販売が不振で，それぞれ84年と85年に発売が中止された。二つの新製品は事実上失敗に終わったが，この間，アップルの80年代前半の成長を支えたのはApple Ⅱであった。Apple Ⅱシリーズは小規模なビジネスや学校，家庭向けに売上を伸ばし，その設置台数は，1979年度末の43,000台から，81年度末の約30万台，82年度末の60万台，そして83年6月には100万台を超えた[4]。そして84年，新製品のMacintoshが発売された。Macintoshは，独自OSによるGUI（グラフィカル・ユーザー・インターフェイス）を実現し，いくつかのソフトも付属して販売された。Macintoshは，大々的な広告と販売キャンペーンにより，発売当初，予想を上回る売上を実現した。しかしなお性能は不十分で，拡張性もほとんどなく，動かせるソフトにも制限があったため，徐々に売上が低迷しはじめ，大量の在庫が発生し，85年のアップルの経営は悪化した[5]。

　この経営悪化に対してアップルは製品ラインの削減・集約，3工場の閉鎖，業務の統廃合，従業員のレイオフなどの諸施策を実施し，事業改革を進めた。この際，ジョブズは，事業運営に直接権限のない会長職に就けられ，これを不服としてアップルを退職した[6]。このような改革とPC産業全体の低迷もあって，アップルの85年度の売上は若干減少したが，事業改革の効果もあり，86年度以降，80年代後半は安定的な成長を実現していった。

　80年代後半，IBM互換機が業界で多数を占めていく中，アップルは非互換機路線を継続しながらも，IBMに次ぐ業界第2位のシェアを維持する成長を続けた。その成長を支えたのはApple ⅡとMacintoshの2つのシリーズである。Apple Ⅱは低価格だが，収益性の高い教育市場で高いシェアを得ていた。Macintoshは，優れたグラフィカル性能によりデスクトップ・パブリッシング（DTP）市場で優位であったため，比較的高価格を設定でき，80年代後半には，特にMacintosh関連製品の売上がApple Ⅱを上回り，成長の柱となった。この時期，アップルは，高価格を設定して粗利益率を高め，研究開発と販売に多く

第15章　企業成長とプラットフォーム戦略～アップルを事例に

の資源を投入し，新モデルを出し続けることで成長を図る「高価格高級機戦略」を採用した[7]。このようなアップルの成長は製品の供給体制としての大量生産体制の確立を伴うものであった。まず80年前後のアップルの急成長に対応して，これまでいくつかの小規模な工場による生産から，80年，テキサス州キャロルトンとアイルランド，81年，シンガポールにそれぞれ大規模な生産拠点を設置し，量産体制を構築した。なお回路基板組立，キーボードやFDDの組立については，多くを外部の企業から調達した。84年には，Macintoshの生産工場として，カリフォルニア州フリーモントに先端的な自動化量産工場を設置し，回路基板組立の自動化ラインも備えていた[8]。85年の業績悪化の際には3工場が閉鎖あるいは売却され，フリーモント工場，シンガポール工場，アイルランド工場の3工場に基板組立，各機種や周辺機器の組立を統合した生産体制が確立し，80年代後半の量産拠点として安定的な供給基盤となった[9]。

　この大量生産体制の形成に対応して，1980年代には，販売，調達，開発の諸機能も統合・強化された。販売機能については，80年ころに小規模の卸売業者を買収して卸売機能を一部垂直統合し，小売店に直接供給できるようにする一方，80年代半ばには，いくつかの大手小売チェーンと契約をし，販路を拡大させた。また88年には，海外販売の拡大に対応して，販売事業部を米国，ヨーロッパ，アジア・太平洋の3地域に分け，海外販売機能を強化して，国際的な販売体制を構築した[10]。購買については，80年代後半以降，調達能力を高めるために，サプライヤーの数を大幅に集約し，アップルの工場近くにサプライヤーの拠点を移動させ，管理を強化した。またサプライヤーとの間で事業計画や販売予測を提示し，部品在庫の負担をかけずに納入させる体制も構築した。販売代理店の販売動向をモニターする仕組みを作り，より正確な販売予測を策定することで，サプライヤーから販売に至るサプライチェーンの管理を強化した[11]。開発機能については，1980年に製品別事業部制を採用し，各事業部が製品開発を推進する体制をとり，新シリーズを立ち上げていったが，事業部間の対立と事業の重複を引き起こしたため，85年に職能別組織へと戻した。これにより，製品の重複が解消され，事業部に分散していた開発機能の資源も共有

され，開発スピードを上げ，新製品の投入期間を短縮化させた。さらに86年には，先端技術グループ（ATG）を設置し，単に次機種の開発だけでなく，長期的観点から画期的な新分野の製品の研究を全社的に行い，開発機能を強化した[12]。

こうしてアップルは80年代末までには，新製品を投入する開発機能，開発された製品の大量生産を実現する調達機能と生産機能，そして大量の製品を海外も含めて効率的に消費者に届ける販売機能を統合化，内部化し，それらを組織内で調整をするという事業構造をもったいわゆる近代企業の形態をもつにいたったといえる。またこの時期のアップルは，継続的に新製品，新機種を国際的な市場に向けて投入することで，持続的な成長を可能としていた。

2　アップルの戦略転換による経営危機とその対応

1990年代初頭のPC産業では，IBM互換機のシェアが9割を超え，価格競争が激化してPCの価格が低下する一方，マイクロソフトからWindows 3.0（91年），3.1（93年）が発売され，IBM互換機でもGUIが利用できるようになることで，アップルの優位性も弱まった。その結果アップルのシェアは大幅に縮小し，80年に13.5％あったシェアは90年には7.5％にまで低下した。それでもアップルのシェアはIBMに次ぐ2位であったが，多様で安価なIBM互換機の充実したソフトウェアや周辺機器などを考慮すると，その地位を持続することが困難であると予想された。そのためアップルは，Apple IIシリーズを93年に出荷停止し，資源をMacintoshに集中しつつ，これまでの高級機戦略から，ローエンドの低価格モデルも市場に投入し，新製品の投入速度を速めて，多品種化を促進する戦略へと転換した[13]。

この戦略に基づいて，1980年代までに発売された全モデルが27モデルであったのに対し，90年から94年までの5年間だけで，8シリーズ84モデルが発売され，発売から出荷停止までの期間も短期化し，市場にあるモデル数も増えていった。さらに，アップルはこの時期，デジタルカメラや携帯情報端末など，非PC分野への進出も図った[14]。このような事業展開により90年代前半は売上

第15章　企業成長とプラットフォーム戦略～アップルを事例に

が上昇する一方，アップルの利益率は急激に低下し，90年に57％あった粗利益率は94年には26％，そして96年には10％を割るまでに低下した。（図表16－1）さらにこの時期，売上の好調と不調を繰り返し，在庫も乱高下を繰り返して，経営が不安定化し混迷した。事実，売上の増加にもかかわらず，91年と93年の2度にわたって経営悪化に直面し，それぞれレイオフを断行したため，93年には，責任を取ってCEOはスカリーからスピンドラーに替わった。こうした混迷を背景として，96年度には深刻な経営悪化に直面した。

　1990年代前半におけるアップルの生産体制を見ると，まずアップルのシェア拡大戦略に対応した供給能力増強のために，91年にコロラド州ファウンテン工場，92年にカリフォルニア州サクラメント工場を加える一方，フリーモント工場をコスト上の問題から93年に閉鎖し，海外2工場と米国国内2工場による供給体制となった15)。また93年の経営悪化の際に実施された組織改革において，それまでの職能別組織から4つの製品別の事業部制組織に再編され，各事業部はそれぞれ開発，調達，製造，マーケティング，販売などの一貫した諸機能を統合し，プロフィット・センターとしてそれぞれが創出する損益に責任を持つ組織となった16)。しかしこのような事業構造の改革にもかかわらず，激しい価格競争が継続する中でのシリーズやモデルの多様化によって，常に過剰在庫と販売機会喪失がもたらされ，経営が不安定化することとなった。結局，アップルの95年度の売上は増加し，過去最高となったが，96年に入ると売上高は前年同期比で11四半期連続減少し，営業利益も8期中7期で赤字を計上し，長期にわたって業績は悪化することとなった。

　1990年代後半以降，この業績悪化に対応した事業改革が進められていった。96年，CEOがスピンドラーからアメリオに交代し，過剰在庫の償却，人員削減を実施した。また新型Mac OS開発のためにジョブズが設立したネクストを96年末に買収し，その際，ジョブズが非常勤顧問としてアップルに復帰した17)。またMacintoshのモデル数を96年度初めの36モデルから年度末の15モデルにまで削減して，在庫を減らし，流通コスト，製造コストを削減しようとした。さらにアップルは，96年4月，ファウンテン工場を受託製造企業（EMS）

227

のSCIシステムズに売却し，人員削減と在庫削減を実施した[18]。このような改革にもかかわらず，業績は回復せず，翌2月には，再びレイオフを実施すると，アメリオはCEOを解任され，アップルを退社した。アメリオ退任後，CEOは一時不在となり，ジョブズが暫定CEOとなったが，2000年に正式にCEOとなってアップルの改革をさらに進めていくこととなった。

第3節　アップルの再成長とその成長様式

　アップルは，製品ラインの集約，ヒット商品のiMacの発売などにより，1997年度以降一時業績が改善したが，2001年にはITバブルの崩壊もあり売上が減少して，再び業績は低迷し，増勢に転じ安定的な成長軌道にのったのは，04年度になってからであった。まさにこの時期に，アップルの再成長への基盤となる事業改革が進められたのであり，PC事業を中心とした構造からiPod，iPhone，iPadといった非PC事業による多角化した事業構造へと転換する基盤を形成した時期といえる。その転換のひとつの契機となったのは，iPodへの多角化であり，これと関連するコンテンツ配信事業の形成と発展であった。

　1990年代末のアップルの中核事業はなおPCであり，ジョブズは98年のiMac，99年のiBookとヒット商品を出し，一時的に業績が回復したが，2000年初頭にはなお低迷が続いていた。この間，ジョブズは，CDプレイヤー，DVDプレイヤー，デジタル・カメラ，デジタル・ビデオカメラ，MP3プレイヤー，携帯電話等のデジタル機器やインターネット上の音楽，画像，動画などのコンテンツを処理・編集するマシンとしてMacを位置づけ，これらを管理・操作するためのビデオ編集，音楽再生・管理，DVDビデオ作成，画像管理・閲覧，音楽制作などの一連のソフトウェアを90年代末以降，自社製品として投入した。これにより様々なデジタル機器をMacで管理・操作・相互利用できるようにし，デジタル機器利用者に対しMacの価値を高め売上を増やそうとした。この方針の下，01年11月，なお有力な製品のなかった携帯音楽プレイヤーの分野へ自らiPodを開発・発売し，すでに開発されていたiTunesを使ってCDから音楽

第15章　企業成長とプラットフォーム戦略～アップルを事例に

ファイルをiPodに転送できる専用PCとしてMacの売上を上げようとした[19]。

当初、iPodの発売直後の2年間ほどは、売上はそれほど伸びなかったが、04年度に増加し始めると、05年度以降、一気に増加した（**図表15-2**）。このような売上急上昇の契機となったのは、まさに売上がまだ伸び悩んでいた時期、特に03年ころからはじまるアップルのいくつかの施策によるものと考えられる[20]。まず、13年4月、アップルは、米国音楽業界の5大レーベルと契約をし、当初、20万曲の楽曲数で、インターネット上に楽曲の配信サイト、iTunes Music Store (iTMS) を立ち上げた。iTMS立ち上げからわずか1週間で100万曲がダウンロードされ、半年後の10月には累積1,400万曲以上がダウンロードされ、その後もダウンロード数が増加を続けていった。iTMSは音楽コンテンツの充実と利便性の向上によりiPodの価値を高め、またダウンロードとiPodとの同期化はiTunesを介してのみ可能だったので、それを唯一利用できるMacの価値を高め、売上が低迷していたMacの売上増加に貢献した。

図表15-2　アップルの製品別・地域別売上高推移

年	売上高	製品別							地域別			
		Mac	iPod		iPhone		iPad		アメリカ	ヨーロッパ	日本	アジア
	百万ドル	百万ドル	百万ドル	千台	百万ドル	千台	百万ドル		百万ドル	百万ドル	百万ドル	百万ドル
1997	7,081	5,671							3,507	1,667	1,070	
1998	5,941	4,862							3,283	1,343	731	
1999	6,134	5,082							3,394	1,317	858	
2000	7,983	6,885							4,145	1,817	1,345	
2001	5,363	4,403							3,037	1,249	713	
2002	5,749	4,534	143	381					3,131	1,251	710	
2003	6,207	4,491	345	939					3,181	1,309	698	
2004	8,279	4,923	1,306	4,416					4,019	1,799	677	
2005	13,931	6,275	4,540	22,497					6,658	3,073	920	
2006	19,315	7,375	7,676	39,409					9,415	4,094	1,208	
2007	24,578	10,336	8,305	51,630	630	1,389			11,907	5,469	1,084	
2008	37,491	14,354	9,153	54,828	6,742	11,628			16,552	9,233	1,728	2,686
2009	42,905	13,859	8,091	54,132	13,033	20,731			18,981	11,810	2,279	3,179
2010	65,225	17,479	8,274	50,312	25,179	39,989	4,958		24,498	18,692	3,981	8,256
2011	108,249	21,783	7,453	42,620	47,057	72,293	20,358		38,315	27,778	5,437	22,592
2012	156,508	23,221	5,615	35,165	80,477	125,046	32,424		57,512	36,323	10,571	33,274
2013	170,910	21,483	4,411	26,379	91,279	150,257	31,980		62,739	37,883	13,462	36,598

（出所）　図表15-1に同じ

次に10月には、iTunesのWindows版が無償で公開され、Windowsでも iTMSを利用することが可能となり、コンテンツ、そしてiPodの潜在的なユーザーが拡大し、Windows版iTunesは3日ほどで100万本以上がダウンロード

され，コンテンツもわずか2か月ほどで1,100万曲がダウンロードされた。しかしiTuneがWindowsでも利用でき，MacがiPodやiTMSの利用のための唯一のPCではなくなったため，Macの価値を相対的に減ずることとなった。それゆえWindows版iTunesを投入したことにより，アップルの事業構造の中でMacの比重が変わり，iPodがアップルの成長を主導する位置に立ったといえる。

　アップルは，このiPodに対して多様なモデルの投入と新たな機種の追加，そしてそれと結びついたコンテンツの量および種類の拡大，さらには配信地域拡大によって，新たな顧客を獲得するだけでなく，買い替えを促進し，継続的な成長を実現してきた。01年に初代iPodを発売してから，iPod mini（04年），iPod shuffle（05年），iPod nano（06年），iPod touch（07年）と，価格帯や大きさなどにバリエーションをつけたいくつかのiPodの機種を発売し，そのそれぞれについて記憶容量や色で様々なモデルを発売し，多モデル化・多機種化を展開した。同時にiPodは，ボイスレコーディング，フォトストレージ，スライドショー作成，TV出力，フルカラー表示，動画再生，ラジオ視聴，映画視聴，ゲームなど次々と機能を追加していった。

　iPodの機能強化に対応してiTMSでは，単なる音楽デジタル・コンテンツの配信から，オーディオブック，ミュージックビデオや短編映画・ドラマ，映画，ゲームソフトといった多様なデジタル・コンテンツを統合し，配信事業を拡張していった。そして06年には，iTMSはiTunes Store（iTS）と名称を変更し，音楽デジタル配信事業から総合的なデジタル・コンテンツの配信事業へと事業を拡大していった。このコンテンツ配信事業も，当初は米国だけの事業であったが，04年以降，イギリス，フランス，ドイツを皮切りに，カナダ，デンマーク，ノルウェー，スウェーデン，スイス，日本と様々な国へと拡張し，13年2月には119か国で2,600万曲が利用できるまでに拡大した[21]。

　以上のようにアップルは，iPodの多様化と機能の向上，そしてこれに対応したデジタル・コンテンツ配信事業の規模の拡大と多様化，多地域化・国際化を継続的に推進することによってiPodの売上を急増させ，2000年代後半以降，急成長を遂げていった。その後，07年にiPhone，10年にはiPadといった新た

第15章　企業成長とプラットフォーム戦略〜アップルを事例に

なデジタル端末を発売し，事業を多角化し，一層の成長を実現していくことになる。その際，iPodと同様の成長パターンを実現していっている。

　iPhoneは，単なる携帯電話ではなく，インターネット通信デバイスやiPodなどの機能を統合した多機能デジタル・モバイル機器である。iPhone発売以来，機能を向上させながらほぼ一年で新機種，新モデルも出し，それぞれ色やメモリの容量で複数のモデルを発売してきた。またiPodの成長により充実させてきたiTSの多様なコンテンツも活用でき，さらにiPhoneが発売されたことにより，08年には新たにアプリの配信サービス，App Storeのサービスを開始した。App Storeでは多数のサードパーティ企業が開発した様々なジャンルのアプリが，無料アプリも含めて当初500以上，直接ワイヤレスでダウンロード可能となり，わずか3日間で1千万本以上がダウンロードされた。それから5年足らずの13年には累積で500億本のアプリがダウンロードされている[22]。

　10年に発売されたiPadについても，ほぼ1年で新機種を出し，それぞれ複数のモデルが発売されている。基本的な技術や機能については，その多くがiPhoneと共通性を持っているので，iTSやApp Storeを活用することができ，当時すでに15万種類のアプリも利用可能となっていた。またiPadは大画面ということで，電子書籍端末としての利用が想定され，iPad発売に先行して，電子書籍配信サービスのiBooks Storeが電子書籍およそ6万冊で立ち上げられ，すぐに10か国で利用可能となり，5か月ほどで150万冊以上の電子書籍がダウンロードされている[23]。

　以上のように再成長期のアップルでは，**図表15－2**に見るように，iPod，iPhone，iPadといった新たな端末へと次々と多角化をし，それぞれ売上を急速に伸ばすことで高成長を実現してきた。その際，それぞれの端末について，新たな機能や新たな部品を追加しながら，継続的に新機種，新製品ラインを投入し，それぞれの機種については多様なモデルを発売することで，各製品に対して持続的に新たな顧客の購買や買い替えを促進することで成長を実現していった。他方，このような高い成長は，これらの端末が利用できる広範に渡る多様なコンテンツやアプリをiTSやApp Storeに統合することによって支えら

第Ⅲ部　現代企業のグローバル化とイノベーション

れていた。すなわちコンテンツやアプリの規模を拡大し，充実させることで，これらを排他的に利用できるMac，iPod，iPhone，iPadといった端末の価値を高め，端末の売上を急拡大させることで高成長を実現していったのである。

第4節　アップルの高成長とプラットフォーム

　最後に，アップルの2000年代以降の成長の意味を考察しておこう。まずその成長の特徴をまとめると，二つの面で捉えることができる。ひとつはMac，iPod，iPhone，iPadといった端末の売上の増大，もうひとつはこの端末の売上を支えるコンテンツ配信事業の拡張である。まさにアップルの2000年代の成長はこの二つが相互に影響を及ぼしあいながら急成長を実現していったといえる。特に後者のコンテンツ配信事業の拡張は，これまでの成長とは異なる特徴を持っており，この点を，近年，注目を集めているプラットフォームという概念で**図表15－3**を参考に説明したい。

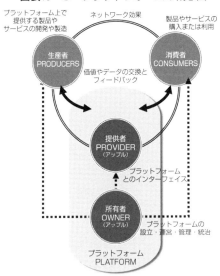

図表15－3　プラットフォームの概念図

（出所）　ヴァン・アルスタインほか（2016）30頁の図をもとに加筆・修正。

第15章　企業成長とプラットフォーム戦略～アップルを事例に

　プラットフォームは，まず，交換を伴う取引を仲介するひとつの場である。たとえばアップルの例で言えば，iTMSやApp Storeはプラットフォームであり，それは，多数のコンテンツ，アプリを提供する「生産者（プロデューサー）」とそれを利用する「消費者（コンシューマー）」の間の取引，売買を仲介している。この場を所有，運営しているのがアップルであり，これをプラットフォームの「所有者（オーナー）」と呼ぶことができる。アップルの例で言えば，コンシューマーがコンテンツやアプリを利用する際には，Mac，iPod，iPhone，iPadといった端末が必要であり，これをコンテンツの「提供者（プロバイダー）」と呼ぶ。したがってこの場合，アップルのみがApp Storeのコンテンツやアプリを利用できる端末のプロバイダーである。またプラットフォームにおける取引は，技術的規格による制限や契約を通じて一定のルールの下で行われ，他のプラットフォームとの接続は制限されている。たとえばApp Storeにプロデューサーがアプリを提供するには詳細な審査基準[24]を遵守しなければならない。これらのルールはオーナーが作成し，これをプロデューサーやコンシューマーが遵守するようモニターし，統治している。またこのようなプラットフォームには，プロデューサーとコンシューマーの間にネットワーク効果が作用している。すなわち，プロデューサーの提供するコンテンツの量が多く，多様で，価値が高いものが多ければ，たくさんのコンシューマーを集めることができ，コンシューマーが多く集まれば，このプラットフォームに多数のプロデューサーが参加し，価値の高いコンテンツが生まれる可能性が高まり，……といった好循環が発生する効果である。アップルの例で言えば，コンテンツに加えて，端末の機能や性能などもまたこのネットワーク効果を生み出し，多数のコンシューマーをひきつける要因となるのである。

　アップルはこのようなプラットフォームを構築し，多数のプロデューサーを擁し，大規模で多様なコンテンツやアプリを有するプラットフォームを構築することで，多数のコンシューマーを獲得し，これを通じて，アップルの主たる収入源であるMac，iPod，iPhone，iPadといった各種の端末の売上をあげ，急成長を遂げていくことができたのである。このような成長のパターンは，

iPod, iPhone, iPadといった事業への多角化と同様, コンテンツ配信事業への多角化として特徴付けられる。しかしこれはこれまでの多角化とは異なり, コンテンツやアプリを提供するプロデューサーのいわば外部の力を借りた成長であり, これまでの内部化を通じた成長とは異なる。まさにプラットフォームの構築を通じた成長は今日の企業の成長にとって新たな様式といえるであろう。

しかしこのような外部化による成長は, 内部化による成長を否定するものといえるであろうか。先に見てきたようにアップルの成長は, 90年代半ばまでは基本的には内部化を通じた成長であったいえる。その後, アップルが低迷する中で, 製造機能をアウトソーシングし, 外部化していった。このような現象からしばしば内部化を通じた成長が転換し, 組織内での「管理による調整」から「市場による調整」に転換したものとして議論がなされるようになった。製造機能の外部化だけではなく, 先のプロデューサーのような外部企業との協力もまたこのような議論を支持するものととらえられている[25]。

しかし2000年代のアップルの成長様式をみると, 近代企業のそれと類似した面もある。iPodを皮切りに相継いでの新たな端末事業へ, またコンテンツ配信事業への進出は多角化による成長である。また2001年以降はアップル・ストアを設置し, 小売機能を垂直的に統合しつつ, 世界中にアップル・ストアを展開して, 増やし[26], コンテンツも含めて海外への拡張が2000年代のアップルの成長を支えたといえる(**図表15-2参照**)。

さらにアップルは, 外部化してきた製造の機能については, 継続的な端末の開発・生産に当たって, 新たな機能や方法を取り入れる際にはしばしば関連する企業や技術を取得し, 統合することで, それを実現してきており, それが成長の源泉ともなっている。また製造に関しては, 関与をやめたわけではなく, 巨額の売上という実績を背景として, サプライヤーに対して継続的に関与し, 垂直的な関係における影響力を保持して, 製造や設計への統合と調整に深く関与している[27]。同様に, コンテンツに関してもプロデューサーに任せるところが大きいとはいえ, コンシューマーとの取引の場という市場そのものをアップルが形成し, それに対する管理と統治を実施して, 少なからずこれらのプロ

第15章 企業成長とプラットフォーム戦略～アップルを事例に

デューサーに対して調整機能を果たしているといえる。まさにアップルは管理と統治を通じてコンテンツを充実させ，多数のプロデューサーに対して調整機能を果たすことで大量の端末を販売し，成長を実現してきたといえるのである。その意味では，規模の優位性を背景としてサプライヤーやプロデューサーという外部企業にも調整機能を果たし，いわば「市場による調整」にまかせるのではなく，「市場における調整」へと「管理による調整」の機能を拡大しながら，プラットフォームという新たな手段を獲得しつつも，なお20世紀以来の近代企業の成長様式に沿ってアップルは成長を実現してきたといえよう[28]。

(注)

1) Fortune 500 (http://fortune.com/fortune 500/ 2018年4月5日アクセス) *Fortune* 2017年版。
2) 本節の執筆に当たっては秋野 (2016) 41-60頁参照。
3) Chandler (2005) pp.136-138.
4) リンツメイヤー (2006) 134-140頁, Swanger (1985) pp.13-20.
5) リンツメイヤー (2006) 278-281頁。
6) スカリーほか (1988) 109-113頁。
7) カールトン (1997)(上) 50頁, 129-130頁。
8) Mace (1982) pp.16-17, Chin (1984) pp.82-84.
9) スカリーほか (1988) 110-111頁。
10) モーリッツ (1985) 333頁, Yoffie et al (1994) p.4.
11) Swanger (1985) p.12, スカリーほか (1988) 139-140頁。
12) カールトン (1997)(上) 136-137頁。
13) カールトン (1997)(上) 213頁。
14) カールトン (1997)(上) 308-314頁。
15) Business Wire (1992).
16) カールトン (1997)(上) 355頁。
17) アメリオほか (1998) 第16章参照。
18) カールトン (1997)(下) 224頁, Business Wire (1996)。その後アップルは2000年代の前半までに残る2工場も切り離し，製造機能はアイルランド工場のみとなった。
19) 林 (2006) 19-25頁。
20) 以下の施策については林 (2006) 38-47頁, アーサー (2012) 第4章参照。
21) Apple Newsroom, 2003年4月28日, 9月8日, 10月17日, 10月21日, 12月16日, 2013年2月7日参照。

22) Apple Newsroom, 2008年7月11日, 2013年5月16日参照。
23) Apple Newsroom, 2010年1月29日, 5月7日参照。
24) たとえばApp Storeについては「App Store審査ガイドライン」参照。https://developer.apple.com/jp/app-store/review/guidelines/#data-collection-and-storage（2018年4月17日アクセス）
25) このような議論の代表的な論者としてラングロワ（2011）がいる。その主張については秋野（2017）63-67頁参照。
26) アップル・ストアについては，秋野（2015）59-60頁参照。
27) 秋野（2015）56-58頁参照。
28) 秋野（2015）58頁参照。

あとがき

　本書は，編集者の一人である秋野晶二を中心として定期的に開催されている研究会活動の一環として企画されたものである。研究会には専門領域が異なる多彩なメンバーが参加し，特定のディシプリンに拠ることのない自由な議論が展開されている。したがって本書も企業成長様式の現代的展開というテーマに対し，企業論，経営組織論，経営戦略論，経営史，国際経営論，生産管理論，イノベーション論，知的財産権論，法と経済などといった，緩やかにつながりつつも領域を異にする多様な分野からのアプローチが試みられることとなった。明確な専門領域に基づいた一般的なテキストと比較すると，本書はいわば"異形のキメラ"と言える書かもしれない。だが，むしろそれゆえに複雑かつ多岐にわたる現代の企業行動を充分に捉えることが可能になると期待するものである。

　出版の実現までには多くの方々にお世話になった。紙幅の制約上，全ての方に感謝を申し上げることはできないが，とくに業務の合間にインタビューや工場見学，ブリーフィングを受け入れてくれた企業，機関，大学などの皆様には深く御礼を申し上げたい。そして，出版事情の厳しい折，本書の出版を快くお引き受けいただき，また本書の企画段階からさまざまなアドバイスを頂戴した税務経理協会の峯村英治氏には心より御礼申し上げたい。

　最後に，本書の出版時期は，奇しくも秋野の還暦の年とも重なることとなった。本書が研究会活動の成果だけでなく，秋野の還暦記念としての意味合いを併せ持つとすれば，日頃，秋野を慕い，研究会活動に勤しんできた研究会メンバーにとっても望外の歓びである。

　2018年盛夏

編集者を代表して

關　　智一

山中　伸彦

坂本　義和

参 考 文 献

＜日本語文献＞

アーサー，C.（2012）（林れい訳）『アップル，グーグル，マイクロソフト－仁義なきIT興亡史』成甲書房（Arthur, C.（2012）*Digital Wars：Apple, Google, Microsoft and the Battle for the Internet*, Kogan Page）.

青木英孝（2009）「日本企業における多角化の推移」『千葉商大論叢』第46巻第4号，19-39頁。

青木英孝（2017）『日本企業の戦略とガバナンス－「選択と集中」による多角化の実証分析』中央経済社。

青木昌彦・安藤晴彦編著（2002）『モジュール化』東洋経済新報社。

青木昌彦・伊丹敬之（1985）『企業の経済学』岩波書店。

秋野晶二（2008）「EMSの現代的特徴とOEM」『立教ビジネスレビュー』創刊号，82-97頁。

秋野晶二（2009）「エレクトロニクス産業におけるグローバルな生産構造の変化とアジアEMS企業の成長」『アジア経営研究』第15号，15-26頁。

秋野晶二（2012）「台湾におけるエレクトロニクス受託製造企業の発展と変容」『工業経営研究』第26巻，140-149頁。

秋野晶二（2013）「台湾エレクトロニクス受託製造企業の成長に関する研究」『アジア経営研究』第19号，51-61頁。

秋野晶二（2015）「アップル社の成長過程と生産体制の現状に関する研究」『立教ビジネスレビュー』第8号，41-60頁。

秋野晶二（2016）「アップル・コンピュータ社における成長過程と事業構造の転換」『工業経営研究』第30巻第1号，73-84頁。

秋野晶二（2017）「アップル・コンピュータ社の成長と近代企業（上）」『立教ビジネスレビュー』第10号，59-78頁。

浅井澄子（1997）『電気通信事業の経済分析－米国の競争政策』日本評論社。

浅川和宏 (2011)『グローバルR&Dマネジメント』慶應義塾大学出版会。

淺羽茂 (1995)『競争と協力の戦略－業界標準をめぐる企業行動』有斐閣。

淺羽茂 (2004)『経営戦略の経済学』日本評論社。

淺羽茂・牛島辰男 (2010)『経営戦略をつかむ』有斐閣。

アベグレン, J. C.・ボストン・コンサルティング・グループ (1977)『ポートフォリオ戦略』プレジデント社。

安部悦生 (2012)「企業の境界（市場と組織の相互浸透）－ポスト・チャンドラー・モデルの探求－」『明治大学社会科学研究所紀要』第51巻第1号, 61-84頁。

阿部容子 (2012)「1980-1995における米国情報・通信産業の『競争』環境の変化と標準化－国家共同研究法・国家共同生産法の成立と活用を中心に」『立教経済学研究』第65巻第4号, 113-132頁。

アマトーリ, F.・コリー, A. (2014)（西村成弘・伊藤健市訳）『ビジネス・ヒストリー－グローバル企業誕生への道程』ミネルヴァ書房（Amatori, F. and Colli, A. (2011) *Business History: Complexities and Comparisons*, Routledge).

天野倫文 (2005)『東アジアの国際分業と日本企業－新たな成長への展望』有斐閣。

アメリオ, G.・サイモン, W. (1998)（中山宥訳）『アップル薄氷の500日』ソフトバンク（Amerio, G., and Simon, W. (1998) *On the Firing Line: My 500 Days at Apple*, Harper business).

アンゾフ, H. I. (1969)（広田寿亮訳）『企業戦略論』産業能率大学出版部（Ansoff, H. I. (1965) *Corporate Strategy*, McGraw-Hill, Inc.).

イアンシティ, M.・レビーン, R. (2007)（杉本幸太郎訳）『キーストーン戦略－イノベーションを持続させるビジネス・エコシステム』翔泳社（Iansiti, M. and Levien, R. (2004) *The Keystone Advantage: What the New Dynamics of Business Ecosystems Mean for Strategy, Innovation, and Sustainability*, Harvard Business School Press).

参 考 文 献

飯田清悦郎（1971）『日米経済交渉－繁栄のメカニズム』三省堂。
池松由香（2015）「ソニー流改善の栄枯盛衰 活かすも殺すも経営次第」『日経ビジネス』2月23日号，53－55頁。
石井淳蔵・奥村昭博・加護野忠男・野中郁次郎（1996）『経営戦略論［新版］』有斐閣。
伊藤宗彦（2004）「水平分業構造が変える製造価値－EMS 企業のグローバル・サプライチェーン戦略」『流通研究』第7巻第2号，57－73頁。
入山章栄（2012）『世界の経営学者はいま何を考えているのか－知られざるビジネスの知のフロンティア』英知出版。
岩田智（1994）『研究開発のグローバル化』文眞堂。
岩田智（2007）『グローバル・イノベーションのマネジメント』中央経済社。
ウィリアムソン，O. E.（1980）（浅沼萬里・岩崎晃訳）『市場と企業組織』日本評論社（Williamson, O. E. (1975) *Markets and Hierarchies: Analysis and Antitrust Implications*, The Free Press）。
上野恭裕（1991）「日本企業の多角化戦略と経営成果」『六甲台論集』第38巻第2号，47－63頁。
上野恭裕（2011）『戦略本社のマネジメント－多角化戦略と組織構造の再検討』白桃書房。
円居総一（1994）「産業と経営」川辺信雄・原輝史編『アメリカの経済』早稲田大学出版部。
大河原克行（2003）『松下電器－変革への挑戦』宝島社。
大木清弘（2012）「知識集約型マザー－量産活動を持たない本国拠点による海外工場への支援」『赤門マネジメント・レビュー』第11巻第9号，565－584頁。
大槻智洋（2014）「EMSを超えたFoxconn 進化の先のゴールは」『日経エレクトロニクス』4月29日号，63－70頁。
岡本勉（2018）『1985年の無条件降伏－プラザ合意とバブル』光文社。
岡本康雄（1972）『ドラッカー経営学－その構造と批判』東洋経済新報社。

萩原伸次郎（1996）『アメリカ経済政策史−戦後「ケインズ連合」の興亡』有斐閣。

萩原伸次郎（2003）『通商産業政策』日本経済評論社。

カールトン，J.（1998）（山崎理仁訳）『アップル（上）（下）−世界を変えた天才たちの20年』早川書房（Carlton, J.（1997）*Apple：The Inside Story of Intrigue, Egomania, and Business Blunders*, Crown Business）.

加護野忠男（1976）「製品市場戦略と企業成果」『国民経済雑誌』第133巻第3号，72−82頁。

加護野忠男（1989）「成熟企業の経営戦略」『国民経済雑誌』第159巻第3号，85−102頁。

加護野忠男（2004）「コア事業を持つ多角化戦略」『組織科学』Vol.37, No.3, 4−10頁。

金森久雄・荒憲治郎・森口親司編（1986）『新版有斐閣経済辞典』有斐閣。

亀井正義（2001）『企業国際化の理論−直接投資と多国籍企業』中央経済社。

亀川雅人・高岡美佳・山中伸彦（2004）『入門現代企業論』新世社。

川上淳之（2017）「多角化企業と生産性」『フィナンシャル・レビュー』財務省財務総合政策研究所，第2号（通巻第130号），83−101頁。

川上桃子（1998）「企業間分業と企業成長・産業発展：台湾パーソナル・コンピュータ産業の事例」『アジア経済』第39巻第12号，2−28頁。

川上桃子（2012）『圧縮された産業発展−台湾ノートパソコン企業の成長メカニズム』名古屋大学出版会。

川邉信雄（2011）『タイトヨタの経営史−海外子会社の自立と途上国産業の自立』有斐閣。

河村哲二（2003）『現代アメリカ経済』有斐閣アルマ。

ガルブレイス，J.（2002）（梅津祐良訳）『組織設計のマネジメント−競争優位の組織づくり』生産性出版（Galbraith, J. R.（2001）*Designing organizations：An Executive Guide to Strategy, Structure, and Process*, Pfeiffer）.

参考文献

ガルブレイス，J. R. ・ネサンソン，D. A.（1989）（岸田民樹訳）『経営戦略と組織デザイン』白桃書房（Galbraith, J. R. and Nathanson, D. A.（1978）*Strategy Implementation: The Role of Structure and Process*, West Publishing Co.）.

ガワー，A. ・クスマノ，M. A.（2005）（小林敏男監訳）『プラットフォーム・リーダーシップ－イノベーションを導く新しい経営戦略』有斐閣（Gawer, A. and Cusumano, M. A.（2002）*Platform Leadership: How Intel, Microsoft, and Cisco Drive Industry Innovation*, Harvard Business School Press）.

菊池航（2016）『マツダの企業成長に関する研究－垂直的な企業間関係の発生と進化』博士学位論文（立教大学・経済学）。

菊池航・佐伯靖雄（2017）「中堅完成車メーカーの部品調達構造－マツダ・三菱自・トヨタの比較分析」『阪南論集』（社会科学編）第52巻第 2 号, 113 － 128頁。

菊澤研宗（2006）『組織の経済学入門』有斐閣。

岸田民樹（2006）『経営組織と環境適応』白桃書房。

木村知史・吉田勝（2004）「このままでは危ういセル生産」『日経ものづくり』7 月号, 38－61頁。

木村知史・高野敦（2005）「独創する日本の工場」『日経ものづくり』10月号, 68－70頁。

木村弘（2016）「マツダおよび部品サプライヤーのグローバル化と関係進化」清晌一郎編『日本自動車産業グローバル化の新段階と自動車部品・関連中小企業』社会評論社。

木村洋介・廣瀬康一・齋藤研作（2006）「映像現場訪問記－松下電器 神戸工場」『映像情報メディア学会誌』第60巻第 6 号, 886－889頁。

清川寛（1999）『プロパテントと競争政策』信山社。

キンドルバーガー，C. P.（2002）（中島健二訳）『経済大国興亡史 1500－1990（下）』岩波書店（Kindleberger, C. P.（1996）*World Economic Primacy*:

1500 to 1990, Oxford University Press).

ギルピン，R.（1977）（山崎清訳）『多国籍企業没落論－アメリカの世紀は終わったか』ダイヤモンド社（Gilpin, R.（1975）*U. S. Power and the Multinational Corporation : the political economy of foreign direct investment*, Basic Books）.

クーンツ，H. D.・オドンネル，C.（1965）（大坪檀訳）『経営管理の原則（1～4）』ダイヤモンド社（Koontz, H. D. and O'Donnell, C.（1955）*Principles of Management : An Analysis of Managerial Functions*, McGraw-Hill）.

クーンツ，H. D.・オドンネル，C.（1979）（大坪檀訳）『経営管理（1～5）』，マグロウヒル好学社（Koontz, H. D. and O'Donnell, C.（1976）*MANAGE-MENT : A Systems and Contingency Analysis of Managerial Functions*, McGraw-Hill）.

久保知一（2011）「新制度派的流通チャネル研究の展開」渡辺達朗・久保知一・原頼利編『流通チャネル論－新制度派アプローチによる新展開』有斐閣.

クリステンセン，C. M.（2001）（玉田俊平太監修・伊豆原弓訳）『イノベーションのジレンマ－技術革新が巨大企業を滅ぼすとき［増補改訂版］』翔泳社（Christensen, C. M.（1997）*The Innovator's Dilemma : when new technologies cause great firms to fail*, Harvard Business School Press）.

クリムスキー，S.（2006）（宮田由紀夫訳）『産学連携と科学の堕落』海鳴社（Krimsky, S.（2003）*Science in the private interest : Has the lure of profits corrupted biomedical research?*, The Rowman & Littlefield Publishers）.

ゲマワット，P.（2009）（望月衛訳）『コークの味は国ごとに違うべきか－ゲマワット教授の経営教室』文藝春秋（Ghemawat, P.（2007）*Redefining Global Strategy : crossing borders in a world where differences still matter*, Harvard Business School）.

コース，R. H.（1992）（宮沢健一・後藤晃・藤垣芳文訳）『企業・市場・法』東洋経済新報社（Coase, R. H.（1937）"The Nature of the Firm", *Econo-mica*, 4（16），pp. 386－405）.

興梠幸広（2011）「日系乗用車メーカーの海外現地生産に伴うサプライヤーの帯同進出についての研究－北米への進出事例を中心とした考察」『広島大学マネジメント研究』第11号，85－97頁。

黃雅雯（2013）「EMS企業における活用と探索の検討－鴻海社の事例」『早稲田商学』第437号，171－208頁。

『工場管理』編集部（1994）「NEC生産革新運動はこうして始まった－三上徹取締役に聞く」『工場管理』Vol. 40，No. 14，12月号，18－21頁。

小嶋健史（1994）『超リーン革命』日本経済新聞出版社。

小浜裕久編著（1992）『直接投資と工業化－日本・NIES・ASEAN』日本貿易振興会。

小橋勉（2004）「フロント－バック組織－グローバル企業の新たな組織構造」『日本経営学会誌』第11号，28－38頁。

小林俊治（1994）「企業経営の実態と特質」川辺信雄・原輝史編『アメリカの経済』早稲田大学出版部。

後藤晃（2000）『イノベーションと日本経済』岩波文庫。

ゴビンダラジャン．V．・トリンブル，C.（2012）（渡部典子訳・小林喜一郎解説）『リバース・イノベーション－新興国の名もない企業が世界市場を支配するとき』ダイヤモンド社（Govindarajan, V. and Trimble, C.（2012）*Reverse Innovation : create far from home, win everywhere*, Harvard Business Review Press）.

佐伯靖雄（2012）『自動車の電動化・電子化とサプライヤー・システム－製品開発視点からの企業間関係分析』晃洋書房。

榊原清則（2002）『経営学入門（下）』日経文庫。

佐藤郁哉・山田真茂留（2004）『制度と文化－組織を動かす見えない力』日本経済新聞出版社。

佐藤一雄（1998）『アメリカ反トラスト法－独占禁止政策の理論と実践』青林書院。

佐藤定幸（1987）「日米経済摩擦－戦後日米経済関係の四十年のなかで」佐藤定幸編『日米経済摩擦の構図』有斐閣。

佐藤幸人（1996）「台湾の経済発展における政府と民間企業－産業の選択と成果」服部民夫・佐藤幸人編著『韓国・台湾の発展メカニズム』アジア経済研究所。

シェラー，F. M.（2010）（石原敬子・宮田由紀夫訳）「保守派経済学と反トラスト政策」ピトフスキー，R. 編『アメリカ反トラスト政策論－シカゴ学派をめぐる論争』晃洋書房（Scherer, F. M.（2008）"Conservative Economics and Antitrust : A Variety of Influences" in Pitofsky, R.（ed.）, *How the Chicago School Overshot the Mark ; The Effect of Conservative Economic Analysis on U.S.Antitrust*, Oxford University Press）.

塩見治人（2009）「チャンドラー・モデルと調整様式」『名古屋外国語大学現代国際学部紀要』第5号，1－30頁。

塩見治人（2010）「ポスト・チャンドラー・モデルへの動向」『名古屋外国語大学現代国際学部紀要』第6号，93－111頁。

志田玲子・白川一郎（2000）「米国通信市場における規制改革－規制産業から競争産業への転換」『政策科学』第8巻第1号，99－115頁。

篠原光伸（1992）「範囲の経済とシナジー効果」山口操・藤森三男編『企業成長の理論』千倉書房。

嶋本久寿弥太編・技術戦略研究会著（1986）『特許戦争－技術支配をめざす企業の死闘』東洋経済新報社。

島本実（2015）「流れの経営史－A・チャンドラーの理論発見的歴史研究」『組織科学』Vol.49, No.2, 40－52頁。

下川浩一（2009）「A. D. チャンドラー教授の経営史学への貢献と今後の展望」『経営史学』第44巻第3号，31－43頁。

新宅純二郎・許斐義信・柴田高編（2000）『デファクト・スタンダードの本質

－技術覇権競争の新展開』有斐閣。

重化学工業通信社編集部工業設備課編（1972）『東洋工業関連企業リスト：中期計画と約300社の現勢と展望』重化学工業通信社。

スカリー，J.・バーン，J. A.（1988）（会津泉訳）『スカリー－世界を動かす経営哲学(下)』早川書房（Sculley, J. and Byrne, J. (1988) *Odyssey: Pepsi to Apple*, Harper Collins）.

スザンヌ，B.・MIT産業生産性センター（2006）（楡井浩一訳）『MITチームの調査研究によるグローバル企業の成功戦略』草思社（Suzanne, B. and the MIT Industrial Performance Center (2006), *How We Compete: What Companies around the World are Doing to Make it in Today's Global Economy*, Currency Books）.

鈴木良隆（2000）「アルフレッド・チャンドラーと経営史学」『一橋論叢』第123巻第4号，557-572頁。

鈴木良隆・安部悦生・米倉誠一郎（1987）『経営史』有斐閣。

ストップフォード，J.・ウェルズ，L.（1976）（山崎清訳）『多国籍企業の組織と所有政策－グローバル講造を超えて』ダイヤモンド社（Stopford, J. and Wells, L. (1972) *Managing the Multinational Enterprise*, Basic Books）.

スミス，A.（1978）（大河内一男監訳）『国富論Ⅰ』中公文庫（Smith, A. (1776) *An Inquiry into the Nature and Causes of the Wealth of Nations*, The University of Chicago）.

ソーベル，R.（2001）（鈴木主税訳）『大企業の絶滅－経営責任者たちの敗北の歴史』ピアソン・エデュケーション（Sobel, R. (1999) *When Giants Stumble: classic business blunders and how to avoid them*, Prentice Hall Press）.

高橋伸夫（1995）『経営の再生－戦略の時代・組織の時代』有斐閣。

竹田志郎（2003）「国際経営と多国籍企業」竹田志郎編著『新・国際経営』文眞堂。

立本博文（2017）『プラットフォーム企業のグローバル戦略－オープン標準の戦略的活用とビジネス・エコシステム』有斐閣。

谷口明丈（2000）「アメリカ－リストラクチャリングと新しいビジネスの創造」湯沢威・谷口明丈・福應健・橘川武郎編『エレメンタル経営史』英創社。

谷口明丈（2017）「ミクロ基礎の崩壊－『競争的経営者資本主義』の盛衰」谷口明丈・須藤功編『現代アメリカ経済史－「問題大国」の出現』有斐閣。

谷原修身（2013）「アメリカ連邦反トラスト政策における基調学派の検証－"Neo-Chicago School"提唱に関する論争点の解明」『青山法学論集』第55巻第1号，1-87頁。

丹沢安治（2000）『新制度派経済学による組織研究の基礎－制度の発生とコントロールへのアプローチ』白桃書房。

ダフト，R. L.（2002）（髙木晴夫訳）『組織の経営学』ダイヤモンド社（Daft, R. L.（1998）*Essentials of Organization Theory and Design*, South-Western College Publishing）。

チェスブロウ，H.（2004）（大前恵一朗訳）『OPEN INNOVATION－ハーバード流イノベーション戦略のすべて』産業能率大学出版部（Chesbrough, H.（2003）*Open Innovation : the new imperative for creating and profiting from technology*, Harvard Business School Press）。

チャンドラー，A. D., Jr.（1967）（三菱経済研究所訳）『経営戦略と組織－米国企業の事業部制成立史』実業之日本社（Chandler, A. D., Jr.（1962）*Strategy and Structure*, The MIT Press）。

チャンドラー，A. D., Jr.（1979）（鳥羽欽一郎・小林袈裟治訳）『経営者の時代』東洋経済新報社（Chandler, A. D., Jr.（1977）*The Visible Hand : The Managerial Revolution in American Business*, The Belknap Press of Harvard University Press）。

チャンドラー，A. D.（1986）（丸山惠也訳）『アメリカ経営史』亜紀書房（Chandler, A. D., Jr.（1978）"The United States : Evolution of

Enterprise", in Mathias, P. and Postan, M. M. (eds.), *The Cambridge Economic History of Europe*, Vol. 7, Cambridge University Press).

チャンドラー，A. D., Jr.（1970）（内田忠夫・風間禎三郎訳）『競争の戦略 GMとフォード−栄光への足跡』ダイヤモンド社（Chandler, A. D., Jr. （1964）*Giant Enterprise：Ford, General Motors, and the Automobile Industry*, Harcourt, Brace & World, Inc.）.

チャンドラー，A. D., Jr.（1993）（安部悦生・川辺信雄・工藤章・西牟田祐二・日高千景・山口一臣訳）『スケール・アンド・スコープ−経営力発展の国際比較』有斐閣（Chandler, A. D., Jr.（1990）*Scale and Scope：The Dynamics of Industrial Capitalism*, The Belknap Press of Harvard University Press）.

都留康・伊佐勝秀（2001）「セル生産方式と生産革新−日本製造業の新たなパラダイム」都留康編著『生産システムの革新と進化−日本企業におけるセル生産方式の浸透』日本評論社。

ティース，D. J.（2013）（谷口和弘・蜂巣旭・川西章弘・ステラ. S. チェン訳）『ダイナミック・ケイパビリティ戦略−イノベーションを創発し，成長を加速させる力』ダイヤモンド社.（Teece, D. J.（2009）*Dynamic Capabilities and Strategic Management*, Oxford University Press）.

遠山恭司・清晌一郎・菊池航・自動車サプライヤーシステム研究会（2015）「トヨタ・日産・ホンダ系サプライヤーシステムにおける中小自動車部品メーカーの特徴−全国約900社アンケート調査から」『立教経済学研究』第69巻第1号，155−179頁。

土井教之編著（2001）『技術標準と競争』日本経済評論社。

ドラッカー，P. F.（1956）（野田一夫監修・現代経営研究会訳）『現代の経営』自由国民社（Drucker, P. F.（1954）*The Practice of Management*, Harper）.

中川威雄（2013）「フォックスコンのモノづくり」『型技術』第28巻第7号，

122-129頁。

中原裕美子（2003）「台湾パソコン産業における，先進国からのOEM・ODM受託を通した技術移転」『産業学会研究年報』第19号，79-89頁。

中原裕美子（2007）「グローバル生産ネットワークへの統合による途上国企業の成長－台湾パソコン産業を事例に」『九州産業大学経営学論集』第18巻第1号，85-99頁。

中山健一郎（2003）「日本自動車メーカーのマザー工場制による技術支援－グローバル技術支援展開の多様性の考察」『名城論叢』第3巻第4号，35-58頁。

名和隆央（2015）「グローバル価値連鎖の統治構造」『立教経済学研究』第69巻第1号，1-24頁。

日経ビジネス編（1995）『1ドル80円工場』日経BP社。

沼上幹（2004）『組織デザイン』日経文庫。

野口祐・夏目啓二・林倬史編著（1999）『競争と協調の技術戦略』ミネルヴァ書房。

ハイマー，S. H.（1979）（宮崎義一訳）『多国籍企業論』岩波書店（Hymer, S. H. (1976) *The International Operations of National Firm*, MIT Press).

荻原俊彦（2007）『多角化戦略と経営組織』税務経理協会。

箱田昌平（1987）『多角化戦略と産業組織』信山社。

橋本輝彦（1997）『アメリカ経営史と企業革新』創風社。

畠山俊宏（2017）「ASEANにおける中堅完成車メーカーのサプライヤー・システムの現状」『経営情報研究：摂南大学経営学部論集』第24巻第1・2号，81-98頁。

羽田裕（2017）「自動車産業における中堅・中小サプライヤーに向けた産学官連携モデルの検討－技術育成型への転換」第55回産業学会全国研究会報告資料。

林倬史（1998）「研究開発のグローバル化とネットワーク化」野口宏・貫隆夫・須藤春夫編著『電子情報ネットワークと産業社会』中央経済社。

林倬史（1999）「競争のグローバル化と技術戦略の重要性」野口祐・林倬史・夏目啓二編著『競争と協調の技術戦略』ミネルヴァ書房。

林倬史（2004）「技術開発力の国際的分散化と集中化」『立教経済学研究』第57巻第3号，63-87頁。

林倬史（2007）「デジタル資本主義時代の戦略的課題と競争優位」井上照幸・林倬史・渡邊明編著『ユビキタス時代の産業と企業』税務経理協会。

林信行（2006）「奇跡の転換をもたらしたiPod」リンツマイヤー，O.（2006）（林信行・武舎広幸・武舎るみ訳）『アップル・コンフィデンシャル2.5J（上）』アスペクト。

バーゲルマン，R. A.・クリステンセン，C. M.・ウィールライト，S. C.（2007）（青島矢一・黒田光太郎・志賀敏宏・田辺孝二・出川通・和賀三和子監修／岡真由美・斉藤裕一・櫻井裕子・中川泉・山本章子訳）『技術とイノベーションの戦略的マネジメント（下）』翔泳社（Burgelman, R. A., Christensen, C. M. and Wheelwright, S. C.（2004）*Strategic Management of Technology and Innovation*, 4th ed., McGraw-Hill／Irwin）．

バートレット，C. A.・ゴシャール，S.（1990）（吉原英樹訳）『地球市場時代の企業戦略－トランスナショナル・マネジメントの構築』日本経済新聞社（Bartlett, C. A. and Goshal, S.（1989）*Managing Across Borders : The Transnational Solution*, Harvard Business School Press）．

バーニー，J. B.（2003）（岡田正大訳）『企業戦略論（上・中・下）』ダイヤモンド社（Barney, J. B.（2002）*Gaining and Sustaining Competitive Advantage*, 2nd ed., Prentice Hall）．

バックレイ，P. J.・カソン，M.（1993）（清水隆雄訳）『多国籍企業の将来』文眞堂（Buckley, P. J. and Casson, M.（1976）*The Future of Multinational Enterprise*, The Macmillan Press）．

ピコー，A.・ディートル，H. M.・フランク，E.（2007）（丹沢安治・宮城徹・榊原研互・田川克生・小山明宏・渡辺敏雄訳）『新制度派経済学による組

織入門［第4版］』白桃書房（Picot, A., Dietl, H. M. and Frank, E. (2005) *Organisation：eine ökonomische Perspektive*, Schäffer－Poeschel）.

フィスマン, R.・サリバン, T.（2013）（土方奈美訳）『意外と会社は合理的－組織にはびこる理不尽のメカニズム』日本経済新聞社（Fisman, R. and Sullivan, T. (2013) *The ORG：the underlying logic of the office*, Twelve）.

フォスター, R.（1987）（大前研一訳）『イノベーション－限界突破の経営戦略』TBSブリタニカ（Foster, R. (1986) *Innovation：the attacker's advantage*, Summit Books）.

福家秀紀（2007）『ブロードバンド時代の情報通信政策』NTT出版。

福田慎一（2015）『「失われた20年」を超えて』NTT出版。

藤坂浩司（2001）『EMSがメーカーを変える！製造アウトソーシングで競争に勝つ』日本実業出版社。

フラハティ, J. E.（1980）（中村元一・大河内信司訳）『企業家精神と経営戦略』日本能率協会.（Flaherty, J. E. (1979) *Managing Change*, Nellen Publishing Company）.

プラハラッド, C. K.・ハメル, G.（1990）「競争力分析と戦略的組織構造によるコア競争力の発見と開発」『DIAMONDハーバード・ビジネス・レビュー』9月号, 4－18頁（Prahalad, C. K. and Hamel, G. (1990) "The Core Competence of the Corporation", *Harvard Business Review*, May－June, pp. 79－91）.

ベサンコ, D.・ドラノブ, D.・シャンリー, M.（2002）（奥村昭博・大林厚臣訳）『戦略の経済学』ダイヤモンド社（Besanko, D., Dranove, D. and Shanley, M. (2000) *Economics of Strategy*, 2nd ed., John Wiley & Sons）.

ペンローズ, E. T.（1962）（末松玄六訳）『会社成長の理論』ダイヤモンド社（Penrose, E. T. (1959) *The Theory of the Growth of the Firm*,

Oxford University Press).

ポーター, M. E. (1989)(土岐坤・小野寺武夫・中辻万治訳)『グローバル企業の競争戦略』ダイヤモンド社(Porter, M. E. (1986) *Competition in Global Industries*, Harvard Business School Press).

松下満雄(1982)『アメリカ独占禁止法』東京大学出版会。

丸山雅祥(2005)『経営の経済学』有斐閣。

マンスフィールド, E. (1985)(加藤裕己訳)「米国における技術と生産性」(宮崎勇監訳『戦後アメリカ経済論－変貌と再生への途(下)』東洋経済新報社(Mansfield, E. (1980) "Technology and Productivity in the United States" in Feldstein, M. (ed.), *The American Economy in Transition*, The University of Chicago Press).

水野里香(2017)「変化する市場への対応－反トラスト政策の変遷」谷口明丈・須藤功編『現代アメリカ経済史－「問題大国」の出現』有斐閣。

三戸公(1971)『ドラッカー－自由・社会・管理』未来社。

宮井雅明(1996)「反トラスト法と技術革新－『技術革新市場』分析をてがかりとして」『立命館法學』第250号, 1452－1474頁。

宮沢健一(1986)『高度情報社会の流通機構－情報ネットワーク型流通システムの展開』東洋経済新報社。

宮沢健一(1988)『業務化と情報化－産業社会へのインパクト』有斐閣。

宮田由紀夫(2011)『アメリカのイノベーション政策』昭和堂。

宮田由紀夫・玉井敬人(2016)『アメリカ経済論入門』晃洋書房。

村上政博(2009)『アメリカ独占禁止法』弘文堂。

モーリッツ, M. (1985)(青木栄一訳)『アメリカン・ドリーム－アップル・コンピュータを創った男たち！企業急成長の秘訣』二見書房(Moritz, M. (1984) *The Little Kingdom：The Private Story of Apple Computer*, William Morrow & Co).

藻利重隆(1959)『ドラッカー経営学説の研究』森山書店。

山口房司(1999)『多分節国家アメリカの法と社会』ミネルヴァ書房。

山崎清(1982)「多国籍企業への理論的アプローチ」山崎清・竹田志郎編『テキストブック国際経営』有斐閣。

山田高敬(1997)『情報化時代の市場と国家』木鐸社。

山田英夫(2004)『デファクト・スタンダードの競争戦略』白桃書房。

山田日登志・片岡利文(2001)『常識破りのものづくり』NHK出版。

吉原英樹・佐久間昭光・伊丹敬之・加護野忠男(1981)『日本企業の多角化戦略 経営資源アプローチ』日本経済新聞出版社。

米倉誠一郎(1999)『経営革命の構造』岩波文庫。

ラングロワ R. N. (2011)(谷口和弘訳)『消えゆく手－株式会社と資本主義のダイナミクス』慶應義塾大学出版会(Langlois, R. N. (2007) *Dynamics of Industrial Capitalism : Schumpeter, Chandler, and the New Economy*, Routledge).

リンツマイヤー, O. (2006)(林信行・武舎広幸・武舎るみ訳)『アップル・コンフィデンシャル2.5J(上)』アスペクト(Linzmayer, O. (2004) *Apple Confidential 2.0 : The Definitive History of the World's Most Colorful Company*, No Starch Press).

李在鎬(2015)「自動車部品サプライヤー視点の成長戦略」『実践経営学研究』No. 7, 129-138頁。

ルメルト, R. P. (1977)(鳥羽欽一郎・山田正喜子・川辺信雄・熊沢孝訳)『多角化戦略と経済成果』東洋経済新報社(Rumelt, R. P. (1974) *Strategy, Structure, and Economic Performance*, Harvard University Press).

ヴァン・アルスタイン, M. W.・パーカー, G. G.・チョーダリー, S. P. (2016)(有賀裕子訳)「プラットフォーム革命」『Diamondハーバード・ビジネス・レビュー』10月号, 26-38頁(Van Alstyne, M. W., Parker, G. G., and Choudary, S. P. (2016) "*Pipelines, Platforms, and the New Rules of Strategy*", Harverd Business Review, April, pp.54-62).

<外国語文献>

参考文献

Abernathy, W. J. (1978) *The Productivity Dilemma : roadblock to innovation in the automobile industry*, John Hopkins University Press.

Ansoff, H. I. (1957) "Strategies for Diversification", *Harvard Business Review*, September - October, pp. 113-124.

Basen, S. M. and Farrell J. (1994) "Choosing How to Compete : Strategies and Tactics in Standardization", *Journal of Economic Perspectives*, Vol. 8, No. 2, Spring, pp. 117-131.

Bessant, J. and Tidd, J. (2015) *Innovation and Entrepreneurship*, 3rd ed., John Wiley & Sons.

Business Wire (1992) "Apple outlines new strategy for worldwide manufacturing and distribution operations", *Business Wire*, 9 September.

Business Wire (1996) "Apple Computer Inc. And SCI Systems, Inc. Make Announcement", *Business Wire*, 5 April.

Cargill, C. F. (1989) *Information Technology Standardization : theory, process, and organizations*, Digital Press.

Caves, R. E. (1971) "International Corporations : the industrial economics of foreign investment", *Economica*, Vol. 38, No. 149, pp. 1-27.

Chandler, A. D., Jr. (2005) *Inventing the Electronic Century : The Epic Story of the Consumer Electronics and Computer Industries*, Harvard University Press.

Chin, K. (1984) "The Macintosh Factory", *Info World*, 19 March, pp. 82-84.

Daems, H. (1980) "the Rise of the Modern Industrial Enterprise : a New Perspective", in Chandler, A. D., Jr. and Daems, H. (eds.), *Managerial Hierarchies : Comparative Perspectives on the Rise of the Modern Industrial Enterprise*, Harvard University Press.

Department of Justice, *Federal Register*, 1985-1995.

Doz, Y., Santos, J. and Williamson, P. (2001) *From Global to Metanational*, Harvard Business School Press.

Dunning, J. H. (1993) *Multinational Enterprise and the Global Economy*, Addision – Wesley.

Dunning, J. H. and Lundan, S. M. (2008) *Multinational Enterprises and the Global Economy*, 2nd ed., Edward Elgar Publishing.

Farrell, J. and Katz, M. L. (1998) "The Effects of Antitrust and Intellectual Property Law on Compatibility and Innovation", *ANTITRUST BULL*, No. 43, pp. 609 – 650.

Farrell J. and Saloner G. (1986) "Installed Base and Compatibility : Innovation, Product Preannouncements, and Predation", *The American Economic Review*, Vol. 76, No. 5, pp. 940 – 955.

Fligstein, N. (1990) *The Transformation of Corporate Control*, Harvard University Press.

Freeman, C. and Hagedoorn, J. (1995) "Convergence and Divergence in the Internationalization of Technology", in Hagedoorn, J. (ed.), *Technical Change and he World Economy*, Edward Elgar, pp. 34 – 57.

FTC, *HSR Annual Reports 1978 – 2016*.

Gereffi, G., Humphrey, J. and Sturgeon, T. (2005) "The Governance of Global Value Chains", *Review of International Political Economy*, Vol. 12, No. 1, pp. 78 – 104.

Gibson, D. V. and Rogers, E. M. (1994) *R&D Collaboration on Trial*, Harvard Business School Press.

Gort, M. (1962) *Diversification and Integration in American Industry*, Princeton University Press.

Greco, A. (2006) "Protective Legislation Relative to Joint Ventures : How Effective has it Been?", *Commentaries on Law & Economics*, Vol. 2, pp. 117 – 134.

Hayashi, T. (2004) "Globalization and Networking of R & D Activities by 19 Electronics MNCs", in Serapio, M. and Hayashi, T. (eds.), *Internationalization of Research and Development and the Emergence of Global R&D Networks*, Elsevier, pp. 85 – 112.

Hayashi, T. and Serapio, M. (2006) "Cross – Border Linkages in Research and Development : Evidence from 22 US, Asian and European MNCs", *Asian Business & Management*, 5, pp. 271 – 298.

Helper, S. and Sako, M. (2010) "Management Innovation in Supply Chain : Appreciating Chandler in the Twenty – first Century", *Industrial and Corporate Change*, Vol. 19, No. 2, pp. 399 – 429.

Johanson, J. and Vahlne, J. E. (1977) "Internationalization process of firm – model of knowledge development and increasing foreign market commitments", *Journal of International Business Studies*, Vol. 8, No. 1, pp. 23 – 32.

Knight, G. A. and Cavusgil, S. T. (1996) "The Born Global Firm : A Challenge to Traditional Internationalization Theory", in Cavusgil, S. T. and Madsen, T. (eds.), *Advances in International Marketing*, Vol. 8, JAI Press.

Knight, G. and Cavusgil, S. T. (2004) "Innovation, Organizational Capabilities, and the Born – Global Firm", *Journal of International Business Studies*, Vol. 35, No. 2, pp. 124 – 141.

Kovacic, W. E. and Shapiro, C. (2000) "Antitrust Policy : A Century of Economic and Legal Thinking", *Journal of Economic Perspectives*, Vol. 14, No. 1, pp. 43 – 60.

Lamoreaux, N. R., Raff, D. M. G. and Temin, P. (2003) "Beyond Markets and Hierarchies : Toward a New Synthesis of American Business History", *The American Historical Review*, Vol. 108, Issue 2, pp. 404 – 433.

Langlois, R. N. (2003) "The Vanishing Hand : the Changing Dynamics of Industrial Capitalism", *Industrial and Corporate Change*, Vol. 12, No. 2, pp. 351 – 385.

Lopes, T. D. S. (1995) "A System View of Corporate Diversification : The Case of the Global Alcoholic Beverages Industry", *International Studies of Management & Organization*, Vol. 45, No. 4, pp. 342 – 358.

Mace, S. (1982) "Assembling micros : they will sell no Apple before its time", *Info World*, 8 March, pp. 16 – 17.

March, J. G. (1991) "Exploration and Exploitation in Organizational Learning", *Organization Science*, 2 (1), pp. 71 – 87.

Nabeshima, K. (2004) "Technology Transfer in East Asia : A Survey", in Yusuf, S., Altaf, S. M. and Nabeshima, K. (eds.), *Global Production Networking and Technological Change in East Asia*, The World Bank and Oxford University Press.

Patel, P. and Pavitt, K. (1998) "Uneven Technological Accumulation among Advanced Countries", in Dosi, G., Teece, D. J., and Chytry, J. (eds.), *Technology, Organization, and Competitiveness*, Oxford University Press, pp. 289 – 317.

Prahalad, C. K. and Doz, Y. (1987) *The Multinational Mission : Balancing Local Demands and Global Vision*. Free Press.

Sable, C. F. and Zeitlin, J. (2004) "Neither Modularity nor Relational Contracting : Inter – Firm Collaboration in the New Economy", *Enterprise & Society*, Vol. 5, No. 3, pp. 388 – 403.

Sturgeon, T. J. (2002) "Modular Production Networks : a New American Model of Industrial Organization", *Industrial and Corporate Change*, Vol. 11, No. 3, pp. 451 – 496.

Sturgeon, T. J. and Lester, R. K. (2004) "The New Global Supply – Base : New Challenges for Local Suppliers in East Asia", in Yusuf, S., Altaf,

M. A. and Nabeshima, K. (eds.), *Global Production Networking and Technological Change in East Asia*, The World Bank and Oxford University Press.

Sturgeon, T. J. (1998) "Network－Led Development and the Rise of Turn－key Production Networks : Technological Change and the Outsourcing of Electronics Manufacturing", *MIT Working Paper E 40-227*, pp.1-39.

Swanger, C. (1985) *Apple Computer : The First Ten Years*, The Board of the Leland Stanford Junior University.

Tain－Jy, C. and Meng－Chun, L. (1998) "Production Networks and Pattern of Trade : Evidence from Taiwan", *Pacific Economic Review*, Vol.3, No.1, pp.49-69.

Vernon, R. (1966) "International Investment and International Trade in the Product Cycle", *The Quarterly Journal of Economics*, Vol.80, Issue 2, pp.190-207.

Yoffie, D. and Hurstak, J. (1994) *Reshaping Apple Computer's Destiny, 1992*, Harvard College.

張殿文（2005）『虎與狐：郭台銘的全球競爭策略』天下遠見出版。

伍忠賢（2006）『億到兆的管理』五南出版。

馬自明（2017）「你未來30年的生活日常離不開鴻海製造」『商業周刊』第1551期,94-98頁。

＜白書・報告書・新聞・WEBサイト＞

大蔵省財政金融研究所編『財政金融統計月報』大蔵省印刷局。

科学技術庁編『外国技術導入年次報告書』各年版, 大蔵省印刷局。

経済企画庁調査局編（1992）『平成5年版 日本経済の現況－調整を続ける日本経済』大蔵省印刷局。

経済企画庁編（1970）『昭和44年 年次世界経済報告－国際交流の高度化と1970

年代の課題』大蔵省印刷局。
通商産業省（1975）『我が国企業の海外事業活動 第5回』大蔵省印刷局。
通商産業省（1980）『我が国企業の海外事業活動 第10・11回』大蔵省印刷局。
通商産業省（1981）『海外投資統計総覧 第1回』大蔵省印刷局。
通商産業省（1987）『海外投資統計総覧 第3回』大蔵省印刷局。
通商産業省（1993）『海外投資統計総覧 第5回』大蔵省印刷局。
通商産業省（1995）『通商白書』大蔵省印刷局。
通商産業省監修『自動車統計年表』各年版，日本自動車工業会。
内閣府編（2002）『平成14年度 経済財政白書－改革なくして成長なしⅡ』財務省印刷局。
内閣府編（2011）『平成23年度 経済財政白書－日本経済の本質的な力を高める』佐伯印刷。
文部科学省編（2002）『平成14年版 科学技術白書－知による新時代の社会経済の創造に向けて』財務省印刷局。
文部科学省編（2015）『平成27年版 科学技術白書－科学技術により社会経済にイノベーションを起こす国へ：科学技術基本法20年の成果とこれからの科学技術イノベーション』日経印刷。
文部科学省編（2017）『平成29年版 科学技術白書－オープンイノベーションの加速：産学官共創によるイノベーションの持続的な創出に向けて』日経印刷。
旭リサーチセンター（2013）『日本及び米国の大学における産学連携活動に関する分析－カリフォルニア大学型，スタンフォード大学型，MIT型』。
株式会社アイアールシー編（2015）『タイ・インドネシア自動車産業の実態：2015年版』アイアールシー。
株式会社アイアールシー編（2017）『世界自動車産業の生産・販売台数予測調査 2017年版：2026年の自動車産業』アイアールシー。
電子情報技術産業協会『民生用電子機器データ集』各年版。
日本経済団体連合会（2016）「産学官連携による共同研究の強化に向けて－イ

ノベーションを担う大学・研究開発法人への期待」。

日本自動車工業会編『自動車統計年報』各年版,日本自動車工業会。

日本政策投資銀行 (2017)『マザー工場機能の経済・社会的機能と地方創成支援』。

日本貿易振興機構(ジェトロ)シンガポール事務所 (2015)「シンガポールにおけるフランチャイズビジネスの手引き」ジェトロシンガポール事務所。

フォーイン企画調査部編 (2016)『世界乗用車メーカー年鑑』2017年版,フォーイン。

Apple Inc., Apple computer, Inc., Annual Report, various issues Apple Newsroom(URL http://www.apple.com/jp/newsroom/)

マツダ株式会社『有価証券報告書』各年版。

JVCケンウッド (2011)『JVCケンウッドレポート2011』。

JVCケンウッド (2017)『JVCケンウッドレポート2017』。

総務省統計局「科学技術研究調査」(URL http://www.stat.go.jp/data/kagaku/index.htm)。

内閣府「国民経済計算 (GDP統計)」(URL http://www.esri.cao.go.jp/jp/sna/menu.html)。

Fortune 500 (http://fortune.com/fortune 500/)

Fortune 500, 1970 Archive (URL http://archive.fortune.com/magazines/fortune/fortune 500_archive/full/1970/).

Fortune 500, 1990 Archive(URL http://archive.fortune.com/magazines/fortune/fortune 500_archive/full/1990/).

Fortune 500, 2005 Archive (URL http://archive.fortune.com/magazines/fortune/fortune 500_archive/full/2005/).

National Science Foundation, N National Science Board, Science & Engineering Indicators 2018 (URL https://www.nsf.gov/statistics/2018/nsb 20181/).

National Science Foundation, Science and Engineering Indicators- 2002 (URL https://wayback.archive-it.org/ 5902/ 20160210231330/http://www.nsf.gov/statistics/seind 02/pdf_v 2.htm#c 4).

U.S. Department of Commerce, Bureau of Economic Analysis, U. S. Direct Investment Abroad : Balance of Payments and Direct Investment Position Data (URL https://www.bea.gov/international/di 1 usdbal.htm).

索　引

人　名

〔あ行〕

青木英孝 …………………………113-115
秋野晶二 …………………………179
淺羽茂 ……………………… 63,64,66
アバナシー, W. J. ………………75,77
アメリオ, G. ……………………227,228
アンゾフ, H. I. ……………… 30,60,61
石井淳蔵 …………………………65
伊丹敬之 ……………………… 59,108
伊藤宗彦 …………………………182
ウィリアムソン, O. E. ……………33,36
ウィリアムソン, P. ………………55
上野恭裕 ……………………… 59,63,110,111
ウォズニアック, S. ………………223
牛島辰男 ……………………… 63-64
奥村昭博 …………………………65
オドンネル, C. …………………15

〔か行〕

郭台銘 …………………… 185,187,189
加護野忠男 ………………59,63,65,108
カソン, M. ……………………… 44-45
カブスギル, S. T. …………………51
ガルブレイス, J. R. ………………33
川上淳之 ………………………110,113
川上桃子 …………………………183
クーンツ, H. D. …………………15
クリステンセン, C. M. ………… 77-80
クリムスキー, S. …………………123

〔さ行〕

ケイヴス, R. E. …………………43
ゲマワット, P. ……………… 53,56,57
ゴート, M. ……………………104,107
ゴシャール, S. …………………53-56
ゴビンダラジャン, V. ……………79

〔さ行〕

佐久間昭光 ……………………59,108
サントス, J. ……………………55
施振栄（スタン・シー）………35
ジェレフィ, G. ………………36
シュンペーター, J. A. ……………73
ジョブズ, S. ……………223,224,227,228
スカリー, J. ……………………227
スタージョン, T. J. ………35,36,182
スピンドラー, M. ………………227
スミス, A.（アダム）…………16,32,36

〔た行〕

高橋伸夫 …………………………68
谷口明丈 …………………………112
チャンドラー, A. D., Jr.
　　……3,4,6,15,25-28,31-38,59,64
　　　68,103,104,106,107,111,181
テミン, P. ………………………36
ドーズ, Y. …………………… 53-55
ドラッカー, P. F. ………………13,23

〔な行〕

ナイト, G. A. …………………51
鍋嶋郁 …………………………183

ネサンソン，D. A. ……………………33
野中郁次郎 ………………………………65

〔は行〕

バートレット，C. A. ……………53,54,56
ハイマー，S. H. …………………… 43,46
萩原俊彦 …………………………………63
箱田昌平 …………………………………63
バックレイ，P. J. ………………… 44,45
ハメル，G. …………………………68,69
ハンフリー，J. …………………………36
フォスター，R. …………………………84
プラハラッド，C. K. ……………53,54,68,69
フリグスタイン，N. ……………………107
ペンローズ，E. T. ……………………64
ポーター，M. E. ……………………53,54

〔ま・や・ら行〕

マーチ，J. G. …………………………76
宮沢健一 …………………………………36
吉原英樹 ………………… 59,62,63,108-110
ラフ，D. M. ……………………………36
ラムロー，N. R. …………………… 36,38
ラングロワ，R. N. ………… 3-5,36,38,181
リグレイ，L. …………………………62
ルメルト，R. P. …………59,62,63,105-109
ロペス，T. D. S. ……………………116

企業・機関

〔英数字〕

ACEA（欧州自動車工業会）……………215
AT&T ………………………… 135,143,199
BCG（ボストン・コンサルティング・グループ）………………………… 66,67
BMW ………………………………214,217
CENELEC（欧州電気標準化委員会）
　…………………………………………216
CharIN e. V. ……………………………217
EEC（欧州経済共同体）…………………90
ETH　チューリッヒ …………………202
FCC（連邦通信委員会）…………… 134,143
FTC（連邦取引委員会）
　……………………… 133,134,139,142
GE ……………………………… 74,79,199
GM ………………………………… 214,215
HP（ヒューレット・パッカード）
　……………………………………… 74,80
IBM ………… 6,74,136-138,195,199-207,
　　223,224,226
IEC（国際電気標準会議）………………216
IEEE ……………………………………217
IIT（インド工科大学）………………202
IISc（インド理科大学院）……………202
JVC・ケンウッド・ホールディングス
　（JVCケンウッド）……………………162
MCI ………………………………………143
NASA（米国航空宇宙局）………………121
NEC ……………………………68,151,200
NEC埼玉 ………………………………149
NIH（国立衛生研究所）…………………121
NSF（国立科学財団）……………… 121,122
OECD ……………………………… 120,129
RCA ……………………… 74,125,126,199
SCIシステムズ ………………………228
Tモバイル US …………………………131
U. S. スチール …………………………26

索　引

VW（フォルクスワーゲン）……214, 215, 217
WTO（世界貿易機関）…211, 212, 215, 218

〔あ行〕

アウディ……………………214, 215, 217
アップル（Apple）………7, 80, 81, 189, 191, 209, 221-235
亜太電信……………………………189
アマゾン（Amazon）………………81, 221
アメリカン・タバコ………………………26
アルマデン研究所……………………202
インターナショナル・ハーベスター……26
インテル………………………80, 144
ウェスタン・エレクトリック……135, 143
ウェスティングハウス………………199

〔か行〕

カシオ…………………………………68
キヤノン…………68, 151, 163, 199, 200
協豊会………………………………170
クアルコム……………………………200
グーグル（Google）………81, 131, 200, 221
国碁電子……………………………189
クライスラー…………………………214
ケンウッド……………………………162

〔さ行〕

三星電子（サムスン）………………200
スタンダード・オイル…………………26
スタンダードオイルトラスト……………132
スプリント……………………………131
セガ…………………………………209

ゼロックス（Xerox）…………………74
ソニー………………………151, 163, 209
ソニー幸田……………………………149

〔た行〕

チャデモ協議会……………………213-218
超LSI技術研究組合………………85, 137
テスラモーターズ……………………217
デュポン（Du Pont）……74, 103, 199, 124
東京電力……………………………213, 215
東芝…………………………………199
トヨタ自動車…………167, 170, 177, 213

〔な行〕

日産自動車…………167, 177, 213, 214
日本経済データ開発センター…………109
日本ビクター…………150, 161-163, 209
日本貿易振興機構（ジェトロ）………179
ネクスト……………………………227

〔は行〕

バイエル……………………………199
パナソニック…………………………163, 200
東友会………………………168, 169, 174
日立製作所…………………………199
ホンダ自動…………68, 167, 177, 185
フェイスブック（Facebook）………81, 221
フォード自動車……168, 170, 171, 174, 214
富士重工……………………………213
富士康科技集団（フォックスコン）
　………………………………………190
米自動車技術者協会
　（SAEインターナショナル）…………215
ポルシェ……………………………214, 217

265

鴻海精密工業 …………… 6,180,185-192

〔ま行〕

マイクロソフト（Microsoft）……144,200
　　　　　　　　　　　　　　　209,226
松下電器産業 ………………126,152,163
マツダ自動車 ………………………167-178
三菱自動車 …………………167,213,214
三菱電機 ……………………………199

〔や・ら・わ行〕

ユーメックス ………………………171
ランド研究所 ………………………120
ルーセントテクノロジー ………200
ローザンヌ工科大学 ………………202
ロスアラモス国立研究所 …………120
ロッキード …………………………79
ワトソン研究所 ……………………202

事　　項

〔英数字〕

6S運動 …………………………169,176
ABC活動 ………………………176
EMS ……………6,35,163,164,179-185
　　　　　　188-189,190,192,227
GAFA ………………………81,86,221
GDP ……………110,113,120,126,129
GUI（グラフィカル・ユーザー・
　インターフェイス）…………224,226
GVC（グローバル・バリュー・
　チェーン）………………36,37,164
IoT ………………………………81,189
M&A ………………………………46,50

NIES（新興工業地域）………98,157,159
ODM ………………………163,179,180,187
OEM ………………35,179,180,214,223
OLIパラダイム ……………………43,45
PPM（プロダクト・ポートフォリオ・
　マネジメント）……………65,66,67
S曲線 …………………………………84
TBT協定 ……………………211,212,215

〔あ行〕

アウトソーシング……6,46,48,69,112,180
　　　　　　　　　　182,183,234
アジア通貨危機 ……………………159
一般環境 ……………………………18-20
営利原則 ……………………11,12,14,18
エントリーモード …………………45-49
エントロピー指数 ………………114-115
オイルショック ……………………95,110
応用研究 …………………………120,128
オープンイノベーション
　…………37,73,74,82,85,94,126,128

〔か行〕

開発研究 …………………………120,215
外部化による成長 …………………234
カルテル …………………………133,135
管理による調整 ……………3,5,234,235
関連型多角化 …………61,69,103,107,112
企業内国際分業 ……………………161
企業の境界線 ………………………85
基礎研究 ……………84,120,122,128,202
競争法 ………………………………131
共同開発車 …………………………171

近代（産業）企業 ……… 3, 4, 6, 15, 181
　　　　　　　　　　　　226, 234, 235
クレイトン法 ………………… 133-135
クローズドイノベーション …… 77, 80-82
　　　　　　　　　　　　　　85, 129
経営管理階層 …………………… 3, 36
研究開発効率 ……………………… 129
技術開発能力の国際的（地理的）
　分散化 ……………… 201, 204, 206
コア・コンピタンス ……………… 68, 69
合理の原則 ……………………… 139-142
互換性 ……… 209-213, 216, 218, 223
顧客の創造 ………………………… 13
国家共同研究法 ………………… 139-140
固定相場制 ………………………… 95
コングロマリット
　……………… 62, 68, 69, 104, 105-107
　　　　　　　　111-112, 136, 171
コンセンサス標準 ………………… 214
コンソーシアム ………… 85, 139, 217
コンソーシアム標準 ……………… 214
コンテンツ配信事業 …… 228, 230, 232, 234
コンピテンシー・トラップ ……… 76-78
コンベアライン …… 149, 150, 152-155, 161

〔さ行〕

サプライチェーン ………… 19, 26-29, 32, 35
　　　　　　　　　　　　36, 181, 225
産学連携 ……………… 75, 90, 123, 128-130
産業政策 ……………………… 137, 142
サンクコスト ………………… 35, 143
事業部制組織 …… 31, 33, 64, 65, 69, 103, 227
事業ポートフォリオ ……………… 115
市場における調整 ……………… 5, 235

市場による調整 ……… 3, 5, 36, 182, 234, 235
シナジー ………………… 30, 60-62, 64
地場サプライヤー ……… 168-171, 174-176
シャーマン法 ……………… 131, 133, 134
職能別組織 ………… 64, 103, 225, 227,
垂直統合 …………… 4, 26-29, 31-33, 35-38
　　　　　　　　62, 74, 103, 111, 137
　　　　　　　　143, 181-184, 225
水平統合 ………………… 26-29, 181
水平分業 ………………… 144, 182-184
スカンクワークス ……………… 79, 80
生産革新 ………………………… 149, 161
生産性のジレンマ ………………… 75
成長ベクトル …………………… 60
成長様式 ………… 1-7, 27, 34-38, 69, 89
　　　　　　　　90, 109, 112, 163
　　　　　　　　221-223, 234, 235
セラー・キーフォーヴァー法 ……… 135
セル生産方式 …………………… 149-164
選択と集中 ………… 47, 69, 112-116
専門化による分業 ……………… 16, 18, 24
全要素生産性 …………………… 129
戦略タイプ ……………………… 109-110
戦略的提携 ………… 6, 85, 94, 144, 207

〔た・な行〕

ダウンサイジング ………………… 112
多角化度指数 …………………… 109
タスク環境 ……………………… 18-20
脱統合化 ………………………… 4, 5, 183
多能工（化）………… 149, 151, 153-155
チャデモ（CHAdeMO）……… 6, 212-217
デファクト標準（事実上の標準）
　……………………… 209-212, 214, 223

伝統企業 …………………………… 3
取引コスト …………32,33,36,45,49,82
内部化による成長 ………………4,5,234
ナイン・ノー・ノーズ ……………… 136
ネットワーク外部性（効果） ……144,145
　　　　　　　　　　　　　　209,233

〔は行〕

バブル崩壊 ……………69,110,115,129
　　　　　　　　　　　156,157,170
バリュー・チェーン …………………15,48
反トラスト法 …………………6,131-145
非関連型多角化………61,68,69,104,107
非出資型国際生産 …………………48-49
開かれた市場 …………………………5,38
プラザ合意 ……………97,157,161,167
プラットフォーム ………7,38,223,232-235
フランチャイズ契約 …………………49,51
フレキシブル生産……………………171

ブレトンウッズ体制 ……………………92
平成不況 ………………………113,156
変動相場制 ………………………95,157
貿易摩擦 …………96,97,100,157,161
俸給経営者 …………………………… 3
保護貿易 ……………………………… 97

〔ま行〕

マザー工場 ……………162,167,174,176
見える手 ………………4,32,33,36,37,38
未利用資源 ……………………26,30,64

〔や・ら行〕

輸出志向工業化 …………………97,98,157
輸入代替工業化 …………………95,100,157
ライセンス契約 ……………………48,142
リーマンショック ………113-116,170,171
リストラクチャリング ………………… 112
ロックイン ………………………144,145

著者紹介

秋野　晶二……序章，第6章，第10章，第15章担当
立教大学経営学部教授。慶應義塾大学大学院商学研究科博士課程単位取得退学。立教大学経済学部専任講師，助教授，准教授，同大学経営学部准教授を経て現職。

阿部　容子……第9章担当
北九州市立大学外国語学部准教授。中央大学大学院商学研究科博士課程単位取得退学。中央大学より博士号（経済学）取得。立教大学経済学部助教を経て現職。

荒井　将志……第14章担当
亜細亜大学国際関係学部准教授。立教大学大学院経済学研究科博士課程修了。立教大学より博士号（経営学）取得。立教大学経済学部助教，杏林大学総合政策学部専任講師，亜細亜大学国際関係学部専任講師を経て現職。

井口　知栄……第3章担当
慶應義塾大学商学部教授。英国レディング大学ビジネススクールよりPhD（International Business）取得。英国Witan International College国際学部 Lecturer，立命館大学経営学部専任講師，准教授，立教大学経営学部助教，慶應義塾大学総合政策学部准教授，慶應義塾大学商学部准教授を経て現職。

菊池　航……第11章担当
立教大学経済学部准教授。立教大学大学院経済学研究科博士課程単位取得退学。立教大学より博士号（経済学）取得。立教大学経済学部助教，阪南大学経営情報学部准教授を経て現職。

坂本　義和……第2章，第4章，第7章担当
日本大学商学部教授。慶應義塾大学大学院商学研究科博士課程単位取得退学。慶應義塾大学より博士号（商学）取得。立教大学経済学部助手，千葉経済大学専任講師，准教授，日本大学商学部准教授を経て現職。

關　智一（せき　ともかず）……第5章，第6章，第8章担当
立教大学経済学部教授。立教大学大学院経済学研究科博士課程中退。立教大学より博士号（経営学）取得。小樽商科大学商学部助手，東洋大学経営学部専任講師，助教授，准教授，立教大学経済学部准教授を経て現職。

林　倬史（はやし　たかふみ）……第13章担当
立教大学名誉教授。慶應義塾大学大学院商学研究科博士課程単位取得退学。立教大学より博士号（経済学）取得。福岡大学商学部専任講師，助教授，立教大学経済学部准教授，教授，同大学経営学部教授，国士舘大学経営学部教授，客員教授を経て現職。

黃　雅雯（ふぁん　やーうぇん）……第12章担当
北星学園大学経済学部准教授。早稲田大学大学院商学研究科博士課程単位取得退学。早稲田大学商学学術院助手，北星学園大学経済学部専任講師を経て現職。

山中　伸彦（やまなか　のぶひこ）……第1章，第4章，第7章担当
立教大学大学院ビジネスデザイン研究科教授。立教大学大学院経済学研究科博士課程中退。立教大学より博士号（経営管理学）取得。立教大学経済学部助手，尚美学園大学総合政策学部専任講師，立教大学大学院ビジネスデザイン研究科准教授を経て現職。

編著者との契約により検印省略

平成30年10月20日　初版第1刷発行 令和4年3月31日　初版第2刷発行	**グローバル化と イノベーションの経営学** 開かれた市場と企業組織による調整

編著者	秋野　晶二 關　　智一 坂本　義和 山中　伸彦 井口　知栄 荒井　将志
発行者	大坪　克行
製版所	税経印刷株式会社
印刷所	山吹印刷所
製本所	牧製本印刷株式会社

発行所　〒161-0033 東京都新宿区下落合2丁目5番13号　株式会社 税務経理協会

振替 00190-2-187408　電話 (03)3953-3301 (編集部)
FAX (03)3565-3391　　　(03)3953-3325 (営業部)
URL http://www.zeikei.co.jp/
乱丁・落丁の場合は、お取替えいたします。

© 秋野晶二・關　智一・坂本義和・　2018　　Printed in Japan
　山中伸彦・井口知栄・荒井将志

本書の無断複製は著作権法上での例外を除き禁じられています。複製される場合は、そのつど事前に、出版者著作権管理機構（電話 03-5244-5088, FAX 03-5244-5089, e-mail：info@jcopy.or.jp）の許諾を得てください。

JCOPY ＜出版者著作権管理機構 委託出版物＞

ISBN978-4-419-06562-1　C3034